L'EUROPE DES LUMIÈRES
sous la direction de Michel Delon, Jacques Berchtold
et Christophe Martin
74

Bandits, pirates et hors-la-loi au temps des Lumières

Ouvrage publié avec le soutien de la faculté des Lettres de Sorbonne Université
et du Centre d'étude de la langue et des littératures françaises
(CELLF – UMR 8599)

Lise Andries

Bandits, pirates et hors-la-loi au temps des Lumières

PARIS
CLASSIQUES GARNIER
2021

Lise Andries est directrice de recherche au CNRS. Son domaine de recherche est la littérature à grande diffusion en France aux XVIIe et XVIIIe siècles. Ses principaux ouvrages sont : *La Bibliothèque bleue au dix-huitième siècle. Une tradition éditoriale* ; avec Geneviève Bollème, *La Bibliothèque bleue* ; *Cartouche, Mandrin et autres brigands du XVIIIe siècle* ; avec Marc André Bernier, *L'Avenir des Lumières*.

ISBN 978-2-406-10989-1 (livre broché)
ISBN 978-2-406-10990-7 (livre relié)
ISSN 2104-6395

INTRODUCTION[1]

C'est par la Bibliothèque bleue, collection de livres vendus par colportage en France du XVIIe au XIXe siècles et reconnaissables à leur couverture bleue, que je me suis intéressée aux brigands. Il existe en effet dans cette collection quelques biographies criminelles de brigands comme Cartouche, Mandrin, et Nivet, le cambrioleur nocturne. Brigands, pirates et hors-la-loi me semblaient être des personnages séduisants et romanesques dont les aventures permettraient peut-être d'esquisser une épopée de la rébellion, en un temps où les hiérarchies sociales, très rigides, rendaient pourtant difficile tout écart. Ce livre se situe dans le prolongement de *Cartouche, Mandrin et autres brigands du XVIIIe siècle*, un ouvrage collectif auquel avaient participé de nombreux chercheurs, historiens et historiens de la littérature[2]. Il s'en distingue cependant dans la mesure où l'itinéraire individuel des brigands ne sera suivi que de manière épisodique, le regard étant porté davantage sur la place des brigands dans les archives, les œuvres littéraires et les textes juridiques[3]. Pour une définition du « brigand », qui doit être pris ici au sens large et concerne aussi bien le brigand de grand chemin que la pègre des villes et le petit délinquant, je me permets de renvoyer à l'introduction de *Cartouche, Mandrin et autres brigands du XVIIIe siècle.*

Des brigands des mers aux brigands de la terre, les points communs sont évidemment nombreux. Il s'agit en général d'hommes (et rarement de femmes) dans la force de l'âge, énergiques et violents. Beaucoup meurent avant 30 ans, dans des combats ou condamnés à mort par les tribunaux. Les brigands de grand chemin et les pirates se déploient dans

---

1 Les citations en anglais qui apparaissent au fil des chapitres ont été traduites par moi.

2 *Cartouche, Mandrin et autres brigands du XVIIIe siècle*, Lise Andries (dir.), Paris, Desjonquères, 2010.

3 Les archives judiciaires que j'ai utilisées proviennent pour l'essentiel de trois sources : les Archives de la Préfecture de police (série A Ancien Régime), la série ADIII des Archives nationales et une petite partie des Archives de la Bastille, dans la série *Prisonniers. Dossiers individuels et documents biographiques*, année 1713.

de vastes territoires. Pour les premiers, s'ouvrent les landes, les forêts, les chemins de traverse, pour les seconds, toutes les mers du globe, de l'Ancien et du Nouveau Monde. Une topologie criminelle particulière caractérise ces espaces à la fois ouverts et secrets où se réfugient les hors-la-loi quand ils sont en danger : grottes et souterrains pour les uns, criques et îles déserte pour les autres qui y cachent (parfois) des trésors. Comme le rappelle Dominique Kalifa, « Les "lieux" jouent un rôle essentiel dans la construction des réalités criminelles[4]. » Dans les récits qui mettent en scène ces brigands des mers et des terres, domine le fantasme qu'ils ont une maîtrise totale de ces espaces, qu'ils soient ouverts ou fermés, et qu'ils les parcourent à la vitesse de la horde ou de la meute. On constate une prédilection, chez les bandits de grand chemin, pour les zones-frontière entre la civilisation et la sauvagerie comme les forêts et les landes, et pour les heures crépusculaires entre chien et loup. C'est cependant au point du jour que le bandit anglais, Claude du Vall, attend les voyageurs sur la lande.

Il existe aussi une dangerosité urbaine avec des rues « assassines », des coupe-gorge et des impasses, et tout un monde souterrain plus rêvé que réel d'égoûts, de carrières et de catacombes, où s'écrit une mémoire de la ville marquée par le crime. Ce décor est souvent celui d'une délinquance occasionnelle, à laquelle participent les classes populaires, à l'échelle plus limitée des solidarités familiales ou professionnelles. Partout cependant, qu'il s'agisse du banditisme professionnel ou des petits truands, on rencontre le phénomène de la bande. Car les activités criminelles se pratiquent, à de très rares exceptions près, de manière collective : on citera la bande des « chauffeurs d'Orgères » qui sévissait dans la Beauce à l'orée du XIXe siècle et d'autres bandes équivalentes, d'une brutalité inouïe, déferlant à intervalles réguliers dans les campagnes. À Paris où les rues ne sont pacifiées qu'après les années 1750, la bande de Cartouche, celle de Raffiat et celle de Nivet ont également laissé des traces dans les mémoires.

Même si les magistrats donnent aux bandes une importance numérique qu'elles n'ont pas, celles-ci témoignent de complicités solides et d'un fonctionnement souvent hiérarchique, avec un chef et ses lieutenants : de nombreux brigands sont d'anciens soldats comme Cartouche et il

4 Dominique Kalifa, « Les lieux du crime. Topographie criminelle et imaginaire social à Paris au XIXe siècle », *Sociétés et représentations*, 2004 (1, N° 17), p. 131-150.

n'est pas étonnant qu'ils organisent leur bande d'une manière militaire. Mandrin de son côté s'attaquait, à la tête de centaines d'hommes armés, aux employés de la Ferme générale qui collectait les impôts indirects sous l'Ancien Régime. Il est possible que ces grands mouvements rebelles soient la préfiguration des luttes sociales que connurent la Révolution française et le XIXe siècle. Cependant ni Cartouche, ni même Mandrin, ni les pirates anglais qui attaquaient aux Antilles les galions espagnols chargés d'or ne me semblent être des « primitifs de la révolte », dans le sens où l'entend Eric Hobsbawm. La question est en tout cas posée et fait l'objet du chapitre 10 du livre.

Malgré l'importance attestée de la bande dans les archives judiciaires, les biographies de brigands de la Bibliothèque bleue parlent presque uniquement de leurs chefs par un processus d'héroïsation décrit dans *Surveiller et punir* et dans *Moi, Pierre Rivière* de Michel Foucault. Dans ces trajectoires faites de gloire et d'infamie, « C'est le meurtre qui fait l'immortalité des guerriers ; c'est le meurtre qui assure la sombre renommée des criminels[5]. » Pourquoi certains brigands ont-ils acquis cette célébrité et sont-ils passé à la postérité, alors que d'autre sont restés dans l'ombre ? Pourquoi Cartouche et pas Raffiat, le chef de la bande des « assommeurs », pourquoi Mandrin et non pas Landouzy, dit le dragon, condamné à être pendu le 8 avril 1729 en place de Grève avec un écriteau indiquant « contrebandier meurtrier » ? Il est vrai que le récit de son évasion retentissante de la prison du Châtelet avait rendu Cartouche populaire et que, de Mandrin les contemporains ont été nombreux à souligner le charme et le charisme. Michel Forest, un marchand de Valence qui lui rendit visite dans sa prison en mai 1755 avant son exécution, décrit ainsi Mandrin dans son journal : « Il avait beaucoup d'esprit [...], la physionomie des plus guerrières et des plus hardies, l'œil vif ; enfin sa figure montrait qu'il était capable d'entreprendre ce qu'il avait fait ; de la taille de cinq pieds et quatre à cinq pouces, cheveux blonds, les épaules larges, bien tourné et une jambe des mieux[6]. » Il y eut aussi, pendant sa longue traque, des articles assez favorables sur Mandrin dans la presse étrangère et même un pamphlet d'Ange Goudar qui attaquait en 1755 le système des impôts et s'intitulait *Testament*

5 Michel Foucault, *Moi, Pierre Rivière*, Paris, Gallimard, 1973, p. 271.

6 Michel Forest, *Chroniques d'un bourgeois de Valence au temps de Mandrin*. Introduction et notes par Roger Canac, Grenoble, Presses universitaires de Grenoble, 1980, p. 43.

politique de Louis Mandrin, généralissime des troupes de contrebandiers, écrit par lui-même dans sa prison.

En dehors des biographies criminelles, les brigands les plus célèbres ont en effet inspiré toute une série de textes « littéraires », des pièces de théâtre, des oraisons funèbres parodiques, des chansons qui s'inscrivent à l'origine dans la tradition de la littérature de gueuserie venue de la Renaissance, avec sa hiérarchie des gueux et son langage secret, l'argot. Quant aux biographies criminelles, ce sont des œuvres de fiction, relatant avec une fidélité toute relative les exploits et méfaits de leurs héros. Ce faisant, elles complètent ce qui manque dans les documents arides des juges, en ajoutant des détails sur la psychologie et sur la vie privée et amoureuse des brigands. Si nécessaire, elles inventent des personnages et font prononcer aux héros criminels des discours qui n'ont jamais été les leurs.

Le brigand des XVIIe et XVIIIe siècles est donc à la fois un héros d'archives et un personnage littéraire. Il se situe toujours à la ligne de crête, instable, entre réalité et fiction, dans des récits qui font la part belle à l'imaginaire, tout en évoquant des individus et des faits décrits dans les archives. C'est pourquoi les premiers chapitres du livre traitent des représentations des marges criminelles, avant d'analyser plus précisément la place des brigands dans la littérature. Il ne s'agira donc pas de répertorier tous les brigands et hors-la-loi dont on a pu conserver la trace dans les archives, mais ceux dont les aventures ont été mises en récit.

Le brigand et le pirate deviennent des personnages romanesques au cours du XVIIIe siècle, quittant les marges à la fois sordides et burlesques de la Cour des miracles. En Angleterre, la *General history of the pyrates*, longtemps attribuée à Daniel Defoe, contribue en 1724 à faire entrer les pirates dans la légende, en fixant les éléments d'un folklore qui reste encore vivant de nos jours : le drapeau noir à tête de mort, le coffre à trésor enterré dans le sable, les cicatrices et les blessures qui sont autant de marques de bravoure. En France et en Angleterre, les brigands des villes et des campagnes deviennent des stéréotypes littéraires, qu'il s'agisse du chef de Bohémiens au cœur généreux, de l'élégant bandit de grand chemin préfigurant le gentleman-cambrioleur ou du chef de bande intrépide aux allures de Robin des Bois. La métamorphose du brigand en héros positif qui fait rêver les jeunes filles, est bien décrite par Stendhal dans *Lamiel* : « Quand elle eut parcouru et cherché à comprendre tous ceux des livres du maître d'école qui n'étaient pas en latin, elle porta les plus vieux et les plus laids chez l'épicier du village, qui lui donna en échange une demi-livre de raisins de Corinthe et l'histoire du Grand Mandrin, puis celle de Monsieur Cartouche. [...]

Bientôt Lamiel ne pensa plus qu'à M. Mandrin, à M. Cartouche et aux autres héros que ces petits livres-là apprenaient à connaître. Leur fin, qui arrivait toujours en lieu élevé et en présence de nombreux spectateurs, lui semblait noble ; le livre ne vantait-il pas leur courage et leur énergie ? Un soir, à souper, Lamiel eut l'imprudence de parler de ces grands hommes à son oncle ; d'horreur, il fit le signe de la croix. – Apprenez, Lamiel, s'écria-t-il, qu'il n'y a de grands hommes que les saints[7]. »

Le livre est centré sur les XVIIe et XVIIIe siècles, époque où se produit une réorganisation de la police et des instances judiciaires. Pendant le règne de Louis XIV, la fonction de Lieutenant général de police est créée à Paris et en 1670, est promulguée la grande Ordonnance criminelle qui régit encore aujourd'hui une partie du droit pénal et confie à un juge d'instruction la responsabilité des dossiers. La période correspond aussi à la naissance d'une littérature criminelle multiforme et foisonnante, depuis les « sentences de mort » sur feuilles volantes, biographies, chansons, pièces de théâtre[8], séries de « Causes célèbres », chroniques judiciaires dans les journaux et comptes rendus de procès d'assises en Angleterre. Les travaux de Hans-Jürgen Lüsebrink sur ce qu'il a appelé la littérature de l'échafaud et sur la série des Causes célèbres ont été précurseurs dans ce domaine[9], comme ceux de Françoise du Sorbier sur les biographies criminelles parues dans la littérature de colportage anglaise[10]. Bien que la France soit privilégiée ici, plusieurs chapitres du livre, en particulier

7 Stendhal, *Lamiel*, Paris, Gallimard, Folio Classique, 1983 [1842], chapitre III, p. 68.

8 Cartouche est devenu, par exemple, le héros d'une pièce de théâtre, *Cartouche ou les voleurs*, jouée avant son exécution. Voir *Cartouche ou Les voleurs : comédie, 1721 / Marc-Antoine Legrand. L'opéra du gueux : 1728 / John Gay ; trad. française de A. Hallam, 1750*, édition établie et présentée par Christian Biet ; avec la collab. de Martial Poirson et Romain Jobez, Vijon, Lampsaque, 2004.

9 H. J. Lüsebrink, *Les représentations sociales de la criminalité en France au XVIIIe siècle*, Paris, EHESS, 1983 ; *Histoires curieuses et véritables de Cartouche et de Mandrin*. Choix de textes établi et présenté par H. J. Lüsebrink, Paris, Montalba, 1984.

10 Françoise du Sorbier, *Récits de gueuserie et biographies criminelles de Head à Defoe*, Berne, Peter Lang, 1983.

les chapitres 3 et 4, font des incursions dans le domaine anglais : en effet les littératures criminelles anglaise et française, par leurs différences mêmes, invitent à des comparaisons éclairantes sur le plan des représentations culturelles. À cela, il y a au moins trois raisons, d'ailleurs liées les unes aux autres : 1) en introduisant la publicité des procès et en créant les jurys d'assises, le système judiciaire anglais devient à la fin du XVIIe siècle le plus moderne d'Europe (tout en jugeant avec la même sévérité qu'ailleurs des délits qui nous sembleraient aujourd'hui mineurs) 2) la littérature criminelle anglaise, à cause de l'absence d'autorisation préalable d'imprimer[11], bénéficie d'une liberté de ton très supérieure à celle du continent 3) le rôle de la presse anglaise devient déterminant au XVIIIe siècle et transforme les brigands en personnages médiatiques. John Beattie a décrit le fonctionnement des cours pénales anglaises au XVIIIe siècle[12], tandis que Peter Linebaugh et J. A. Sharpe étudiaient la spécificité de genres littéraires comme le *last-dying speech*, censé avoir été prononcé par le condamné sur l'échafaud, tout en étant le plus souvent écrit par le chapelain de la prison[13].

Dans le domaine littéraire, les différences sont, elles-aussi, significatives. La mode du roman noir à la fin du XVIIIe siècle rapproche les brigands de Sade de ceux qui existent de l'autre côté de la Manche. Mais la comparaison entre la *General History of the pyrates*, les œuvres de Defoe et de Fielding d'une part, et les romans français d'autre part, y compris ceux de Lesage et de l'abbé Prévost, montre que l'effet de réel n'est pas traité de la même façon dans ces deux littératures et que les romanciers anglais, en cherchant à donner à leurs lecteurs des gages de véracité, anticipent le rôle du reporter de l'époque moderne.

En dehors des archives et des œuvres littéraires mettant en scène des brigands réel ou imaginaires, il m'a également semblé important de

11 Le Licensing Act est abrogé en 1695.

12 John Beattie, *Crime and the courts in England 1660-1800*, Princeton University Press, 1986. Voir aussi *Albion's fatal tree : crime and society in 18th century England*, Douglas Hay, Peter Linebaugh, John G. Rule, E. P. Thompson, Cal Winslow (dir.), New York, Pantheon Books, 1975.

13 Voir Peter Linebaugh, « The Ordinary of Newgate and his account », *Crime in England 1550-1800*, J. S. Cockburn (dir.), London, Methuen & Co, 1977, p. 246-269 ; Peter Linebaugh, *The London hanged. Crime and civil society in the eighteenth century*, London, Verso, 2003. Voir également J. A. Sharpe, « Last dying speeches : religion, ideology and public executions in seventeenth-century England », *Past and Present*, 1985, N° 106-109, p. 144-167.

rendre compte des débats qui, à partir des années 1750, portent, partout en Europe, sur le fonctionnement de la justice, débats qui s'intensifient après la publication en 1764 de l'ouvrage de Beccaria, *Des délits et des peines*. Sous le titre « Le désordre et la loi », les derniers chapitres du livre s'interrogent en effet sur ce que signifie le fait d'être un « hors-la-loi » dans la France de l'Ancien Régime. La lecture de l'*Essai sur les mœurs* de Voltaire et celle de l'*Histoire des deux Indes*, à l'écriture de laquelle a largement contribué Diderot, révèlent que, plus que les brigands, ceux qui bénéficient le mieux de la compréhension des philosophes sont les bandits des mers et les républiques flibustières. Au premier rang de celles-ci, on trouve la société utopique de « Libertalia », décrite dans la *General history of the pyrates*, qui invente une langue commune à tous les peuples de la terre, croit à un Dieu ressemblant à l'Être suprême et traite tous ses membres sur un pied d'égalité, à commencer par les Noirs.

Dans le « Système figuré des connaissances humaines » qui figure dans le Discours préliminaire de l'*Encyclopédie*, la notion de droit apparaît sous le nom de « Science des Loix, ou Jurisprudence ». C'est une branche particulière de la « morale » issue de la « science de l'homme » qui est elle-même un sous-ensemble de la grande catégorie appelée « Philosophie » dépendant de la « Raison ». On voit qu'ici, la science des lois relève de la morale et s'éloigne définitivement de l'histoire ou de la théologie. Ceci est confirmé par les grands articles de l'*Encyclopédie* de Diderot et de d'Alembert consacrés au droit, DROIT NATUREL, LOI, CRIME, PEINE, QUESTION, VOL. Dans l'article CRIME, le chevalier de Jaucourt, qui est avec Boucher d'Argis le principal contributeur de l'*Encyclopédie* sur les questions judiciaires, écrit : « La sévérité des supplices n'est pas le moyen le plus efficace pour arrêter le cours des crimes. » En ce qui concerne le droit pénal, Jaucourt a pour grands modèles Pufendorf et surtout Montesquieu. Avant même la publication majeure du livre de Beccaria, l'*Encyclopédie* montre combien les attitudes sont en train d'évoluer à l'égard de la criminalité : les articles BRIGAND dans le premier volume publié en 1751 et VOLEUR en 1765 soulignent, grâce à l'ordre alphabétique du dictionnaire, comment s'adoucit en un peu plus de dix ans l'idée que le hors-la-loi est un individu qu'il faut retrancher définitivement de la société, car il a péché contre Dieu, le roi et les hommes. Or le droit pénal est, bien plus que le droit civil, le domaine juridique qui déclenche les foudres des opposants à l'entreprise des philosophes.

Le juriste Muyart de Vouglans, beaucoup plus réactionnaire que son collègue Daniel Jousse, et pour qui *L'Esprit des lois* de Montesquieu est l'ouvrage impie par excellence, fait partie de ceux, avec Joly de Fleury, président à mortier du Parlement de Paris, qui obtiennent l'interdiction de l'*Encyclopédie* en 1759. Il publie en 1767 une *Réfutation des Principes hasardés dans le* Traité des délits et des peines[14], ainsi qu'une *Lettre sur le système de l'auteur de l'*Esprit des Loix *touchant la modération des peines.*

Il sera donc question ici de « La sombre fraternité des parias[15] » et du regard porté sur eux aux XVIIe et XVIIIe siècles, parias auxquels appartiennent Cartouche et Mandrin mais aussi Jack Sheppard, Jonathan Wild et toutes les femmes, prostituées ou compagnes de truands, considérées par les magistrats comme les principales coupables du désordre des mœurs. À lire les archives de police, il est clair que la misère est le motif principal des délits, une misère particulièrement sensible dans les Cours des miracles subsistant à Paris au temps du Roi-Soleil. Exclusion, pauvreté, criminalité, marginalité choisie ou subie se confondent longtemps pour les contemporains. Selon eux, la distinction fondamentale reste celle qui sépare les « bons » pauvres des « mauvais » pauvres. Mais dans les années 1750, les temps changent. De nombreux débats interrogent la relation entre crime et châtiment, à une époque où les journaux et les romans donnent une image de plus en plus positive des brigands et des pirates. C'est cette évolution générale que le livre tente d'analyser.

Je remercie Nicole Dyonet et Michèle Fogel pour leur rigueur historique, Pascal Bastien qui m'a facilité l'accès aux archives de la collection Gueullette, Michel Grimberg et Jean Mondot pour avoir partagé généreusement avec moi leur connaissance de la littérature allemande. Merci aussi à Nicholas Cronk grâce à qui j'ai pu travailler à la Bibliothèque Bodléienne dans des conditions favorables. Je souhaiterais enfin dédier ce livre à Dominique Kalifa, trop tôt disparu.

14 Pierre-François Muyart de Vouglans, *Réfutation des principes hasardés dans le* Traité des délits et peines, Lausanne & Paris, Desaint, 1767.

15 Gilles Lapouge, *Les pirates. Forbans, flibustiers, boucaniers et autres gueux de mer*, Paris, Gallimard, Libretto, 2012 [1987], p. 26.

PREMIÈRE PARTIE

LES REPRÉSENTATIONS DES MARGES CRIMINELLES

COURS DES MIRACLES ET BRIGANDS AU TEMPS DU ROI SOLEIL

> Le 13 décembre 1838, par une soirée pluvieuse et froide, un homme d'une taille athlétique, vêtu d'une mauvaise blouse, traversa le pont au Change et s'enfonça dans la Cité, dédale de rues obscures, étroites, tortueuses, qui s'étend depuis le Palais de Justice jusqu'à Notre-Dame.
>
> Le quartier du Palais de Justice, très circonscrit, très surveillé, sert pourtant d'asile ou de rendez-vous aux malfaiteurs de Paris. N'est-il pas étrange, ou plutôt fatal qu'une irrésistible attraction fasse toujours graviter ces criminels autour du formidable tribunal qui les condamne à la prison, au bagne, à l'échafaud !
>
> Cette nuit-là, donc, le vent s'engouffrait violemment dans les espèces de ruelles de ce lugubre quartier : la lueur blafarde, vacillante, des réverbères agités par la bise, se reflétait dans le ruisseau d'eau noirâtre qui coulait au milieu des pavés fangeux. Les maisons couleur de boue étaient percées de quelques rares fenêtres aux châssis vermoulus et presque sans carreaux. De noires, d'infectes allées conduisaient à des escaliers plus noirs, plus infects encore[1].

Belle page romanesque peignant une cour des miracles imaginaire ou vision réaliste de ce qui reste du vieux Paris médiéval dans l'Île de la Cité, lorsqu'Eugène Sue écrit ces lignes au début des *Mystères de Paris* en 1842 ? Dix ans plus tôt, Victor Hugo avait déjà évoqué une cour des miracles dans *Notre-Dame de Paris.* Alors que le Moyen Âge est redécouvert et réhabilité par les écrivains du XIXe siècle, la description de Paris conduit à une réinvention de la ville gothique à l'ombre de sa cathédrale, avec ses cours des miracles, le labyrinthe de ses ruelles, les sorcières et le royaume des Argotiers.

Pendant le règne de Louis XIV, Paris se métamorphose. L'enceinte la plus récente, édifiée sous Louis XIII, est détruite à la fin du siècle, laissant place à un large cours bordé d'arbres qui suit l'itinéraire de nos actuels grands boulevards. Les anciennes portes de la ville, la porte

1 Eugène Sue, *Les Mystères de Paris*, Paris, C. Gosselin, 1842-1843, 5 volumes, vol. 1, p. 5.

Saint Denis, la porte Saint Antoine etc. qui étaient autant de bastions défendant les entrées de la ville, sont supprimées et remplacées, pour certaines, par des arcs de triomphe romanisants, célébrant le règne du grand Roi. L'ancienne dualité entre ville et faubourg, matérialisée par l'existence du rempart, disparaît et permet une expansion rapide de la capitale. La superficie de Paris augmente fortement, de 8 kms d'est en ouest, tandis que la population passe de 350.000 environ à 500.000 habitants à la fin du XVIIe siècle. La ville ancienne, fortifiée, se transforme en une ville moderne. Paris est alors divisée en trois parties, l'Université (rive gauche), la Cité (Notre-Dame et le Palais de Justice), la Ville, et 17 quartiers ainsi répartis : 14 rive droite, un pour les îles, 5 rive gauche. L'Île Saint-Louis a été aménagée sous Louis XIII par la réunion des deux îlots, Île Notre-Dame et Île aux vaches. La campagne est proche : dès qu'on a passé les portes de la ville, on se promène dans les champs de seigle. Au XVIIe siècle, il existe encore à Paris des terrains vagues et des jardins au fond des cours où l'on élève des poules, des cochons, des lapins, des marais et des « coutûres », dépendant des couvents et des abbayes. « Coutûres » signifiaient alors « cultures » ou « champs ». Il existe encore aujourd'hui certains lieux qui conservent leur appellation d'origine comme les « Coutures-Saint-Gervais » dans le quartier du Marais, et « Bagnolet-Coutures » dans la banlieue.

Les débuts du règne de Louis XIV sont marqués par une crise économique grave. Des récoltes catastrophiques en 1660 et 1661 aboutissent à une flambée du prix du pain provoquant émeutes et misère. En 1662-1663, la peste s'installe à Paris. Une nouvelle famine éclate en 1667. Les années qui suivent sont relativement prospères mais en 1692-1694 les récoltes sont à nouveau mauvaises dans toute la France. En deux ans, la population passe de 22 millions à 20 millions d'habitants. Puis arrive le terrible hiver 1709-1710 au cours duquel la température, de janvier à mars, descend à -20° dans Paris et dans la Beauce. Les nombreuses campagnes militaires menées par Louis XIV aggravent la situation économique. Deux traités importants encadrent en effet le règne : le Traité des Pyrénées signé en novembre 1659 met fin à la guerre franco-espagnole, appelée guerre de 30 ans et le Traité d'Utrecht en 1713 conclut la Guerre de Succession d'Espagne. À chaque fois, des troupes de soldats sans ressources se déversent dans le pays et dans les villes. Il s'agit d'une population flottante, violente et connaissant le maniement des armes. Voici ce qu'indique un texte de police de 1714 en tête d'un gros dossier d'arrestations de voleurs sur les grands chemins : « À la Paix qui fut faite le 14 avril 1713 [...] après la longue guerre de 1701 pour la Couronne d'Espagne, le Roy fit une réforme très considérable de ses troupes, ce qui répandit par tout le royaume une multitude de soldats réformés et de Brigands qui voloient et assassinoient à toute outrance. [...] On arrêta en grand nombre à Paris des Voleurs et des Vagabonds[2]. »

Il existe donc une misère extrême aux portes de Paris et dans Paris même, tout au long du règne de Louis XIV. Les mendiants, les vagabonds, les prostituées, tous ceux qu'on appelle alors les gueux, et dans lesquels se glissent voleurs et coupeurs de bourses, constituent au moins 10 % de la population de la capitale. Selon Henri Sauval, l'auteur d'une *Histoire et recherches des antiquités de la ville de Paris* rédigée dans les années 1660, « On jugeoit qu'il y en avait plus de 40.000 avant le renfermement des pauvres[3]. »

À cela s'ajoute un système d'assistance insuffisant. Il existe quelques établissement hospitaliers, l'Hôtel-Dieu où l'on reçoit gratuitement les malades depuis le Moyen Âge, les Quinze Vingt, l'Hôpital Saint-Louis et l'Hôpital des incurables, les Bureaux des pauvres dans chaque paroisse et, à partir des années 1640, une maison accueillant les enfants trouvés grâce à l'action de Saint Vincent de Paul. Saint Vincent de Paul est en effet une figure marquante du renouveau spirituel du XVIIe siècle et l'un de ceux qui ont le plus contribué à une prise de conscience de la dignité des pauvres. Il fut d'abord aumônier général des galères à Marseille, une expérience qui le confronta à la misère de condamnés envoyés parfois aux galères pour des fautes vénielles, puis il fonda en 1623 la Compagnie des Filles de la charité dont la mission était la sauvegarde corporelle et spirituelle des pauvres.

La Compagnie du Saint-Sacrement, une société catholique secrète, surtout puissante pendant la Régence d'Anne d'Autriche joua, elle, un rôle majeur dans la décision prise par Mazarin de créer l'Hôpital général, institution comportant la Salpêtrière, Bicêtre, la Pitié et bientôt l'Hôpital des Enfants trouvés. Selon l'Édit royal d'avril 1656 fondant l'Hôpital général, sa mission est d'accueillir « les pauvres mendiants de

---

2 Archives du Musée de la Police, AA 6, pièce 365.

3 Henri Sauval, *Histoire et recherches des antiquités de la ville de Paris*, Paris, Charles Moëtte et Jacques Chardon, 1724, 3 tomes [Minkoff reprint, Genève, 1973], tome I, p. 526.

tous sexes, lieux et âges, de quelques qualité et naissance, et en quelque état qu'ils puissent être, valides ou invalides, malades ou convalescents, curables ou incurables. » Pour les inspirateurs de cet édit, il s'agit d'une conception à la fois religieuse et politique de la charité visant à faire en sorte que des âmes égarées puissent vivre dans des conditions plus décentes. La pauvreté devient une affaire d'État, et l'État apparaît déjà comme une sorte d'État-Providence.

Pourtant les motifs de la fondation de l'Hôpital général sont ambivalents dès l'origine : charité et coercition s'unissent dans ce que Michel Foucault appellera « le grand renfermement des pauvres », phénomène qui commence à Paris en 1656 et deviendra un modèle pour l'Europe entière. Car l'Édit royal oblige les mendiants à prendre le chemin de l'hôpital, sous peine de prison. On trouve ici l'association contradictoire entre bienfaisance et répression, que le contrôle administratif de l'Hôpital général par des autorités concurrentes, Lieutenant général de police, Église et Parlement de Paris ne fera qu'exacerber. On devine aussi dans ces mesures l'expression des nouvelles peurs urbaines devant l'expansion de la capitale et d'une population jugée dangereuse. Exclusion, pauvreté, criminalité, marginalité choisie ou subie se confondent pour les contemporains. Une lettre adressée à Mazarin en 1657 par les nouveaux directeurs de l'Hôpital général illustre bien l'absence de nuance exprimée par les Autorités entre pauvres, vagabonds et mendiants, absence de nuances qui conduit à les définir sous un vocable méprisant, celui de gueux : « Son Excellence aura sans doute beaucoup de joie de voir Paris sans pauvres, c'est-à-dire sans désordre. 40.000 vagabonds chassés par 40 personnes, une police générale établie sans contrainte, un repos public sans aucun trouble[4]. » Celui qui incarne le mieux toutes ces peurs est le vagabond, c'est-à-dire la misère errante. L'Hôpital général, d'abord destiné aux mendiants et aux plus démunis, accueille bientôt une population hétérogène de pauvres, de vagabonds, de fous, libertins, prostituées, malades, enfants à éduquer, gens sans aveu et devient, surtout au XVIIIe siècle, un lieu de réclusion dont la police de Paris se sert à des fins punitives. Dorénavant, les textes établissent une distinction entre les bons et les mauvais pauvres. Les bons pauvres sont ceux qui travaillent ou qui vont à l'Hôpital général, faute de pouvoir se prendre

4 Nicolas Sainte Fare Garnot, « L'Hôpital général de Paris ; institution d'assistance, de police ou de soins ? », *Histoire, économie et société*, 1984, vol. 3, N° 3-4, p. 535-542.

en charge (maladies, handicaps etc.), les mauvais pauvres, ceux qui vivent de mendicité, dans l'oisiveté et la rapine. Les ordonnances royales contre les mendiants, les vagabonds et « les gens sans aveu » se succèdent d'ailleurs à la fin du siècle et au début du siècle suivant.

Les débuts du règne personnel de Louis XIV en 1661 sont marqués de leur côté par la réorganisation d'un système judiciaire extrêmement compliqué dans lequel s'imbriquent et se concurrencent justice royale, seigneuriale, ecclésiastique et justice des villes sous l'autorité du prévôt des marchands. La Commission de réformation de la police pilotée par Colbert et présidée par le roi est mise en place en 1666-1667. Elle aboutit à des mesures affirmant la prééminence de la justice royale et faisant de Paris le lieu exemplaire pour la mise en place de ces mesures. En 1667 est créée la charge de Lieutenant général de police. Le Lieutenant général de police dépend directement du Secrétaire d'État à la Maison du Roi et préside le tribunal royal du Châtelet. Il possède un large champ de compétences puisqu'il a sous son contrôle la tranquillité et la sécurité publique, l'approvisionnement de la capitale et la voirie, et qu'il est habilité à intervenir dans les affaires de mœurs et les affaires religieuses. Ainsi se met en place une relation directe entre l'autorité royale et la ville. Peu à peu, les différentes polices parisiennes, la Compagnie du guet et la Compagnie du Lieutenant criminel, passent sous son autorité. C'est d'abord La Reynie de 1667 à 1697 puis d'Argenson de 1697 à 1718 qui assurent cette fonction.

L'une des tâches du Lieutenant général de police sera de faire en sorte de contrôler progressivement l'espace parisien. Il existait en effet au XVIIe siècle à Paris de nombreuses zones de « non droit » ou plutôt des zones qui échappaient à la justice et à la police royales : l'Abbaye de Saint Germain des Prés contrôlait par exemple tout le Faubourg Saint Germain et le quai de Seine rive gauche, l'Abbaye de Sainte Geneviève le Faubourg Saint Marcel, (c'est-à-dire le quartier Mouffetard), le grand prieur du Temple possédait des terres importantes sur lesquelles il exerçait pouvoir de police et de justice. Il en était de même pour les maisons des princes et des seigneurs, et même pour l'enceinte du Palais de Justice qui dépendait du Parlement de Paris et qui, paradoxe surprenant, servait de refuge aux malfrats de toute espèce. Or l'enclos du Palais de Justice est vidé de ses intrus entre 1661 et 1666, et les hautes-justices parisiennes abolies en 1674.

Parmi les zones de non-droit, il y avait les cours des miracles. Elles sont visibles dans le plan de Paris de Jacques Gomboust qui date de 1652 et dans celui de Nicolas de Fer en 1697. Dans le plan de Gomboust, la Seine est encore disposée verticalement au milieu du plan et s'écoule de haut en bas (comme dans la carte du Tendre). Cette présentation qui est aussi celle de la cartographie de la ville à la Renaissance change définitivement à la fin du siècle, par exemple dans le plan de Nicolas de Fer. Dans le plan de Gomboust, on constate que la Rive gauche est beaucoup moins habitée. On peut y voir le « Pré aux clercs », grand terrain vague longeant la Seine à l'emplacement de l'actuelle Académie française. Le Pré aux clercs est alors le lieu privilégié des duels clandestins au petit matin. Une cour des miracles apparaît sur la planche IV du plan de Gomboust près de la Porte Saint-Denis, à l'extrémité nord de la ville donc, derrière le couvent des Filles-Dieu et à proximité d'une “Boucherie”, c'est-à-dire d'un abattoir. On voit une autre cour des miracles, plus petite en superficie, sur la planche VIII, également à côté d'une “boucherie”, rue Neuve Saint-Honoré, près de l'église Saint Roch, alors un des hauts lieux de la prostitution. Dans le plan de Bullet de 1676, la cour des miracles de la Porte Saint-Denis est toujours présente mais l'autre a disparu. Il en est de même dans le plan de Nicolas de Fer (1697) et dans celui de Delagrive en 1737 qui indiquent l'un et l'autre une seule cour des miracles, celle de la Porte Saint-Denis, dont la surface se réduit d'ailleurs progressivement d'un plan à l'autre. Doit-on en conclure, comme certains historiens, que c'est La Reynie qui aurait “nettoyé” la Cour des miracles située au centre de Paris[5] ? Pour Piganiol de la Force, auteur en 1742 d'un guide destiné aux étrangers et aux honnêtes gens, intitulé *Description historique de la ville de Paris*, la cause en serait plutôt liée au développement urbain du centre de la capitale : « Lorsqu'au commencement du siècle dernier, on bâtit de grandes maisons dans les rues de la Truanderie, des Francs-Bourgeois & dans quelques autres, & que d'honnêtes gens vinrent y demeurer, les fripons, les gueux, et les mauvais pauvres qui jusqu'alors y avoient fait leur demeure, furent obligés d'en sortir[6]. »

5 Pierre Clément, *Histoire de Colbert et de son administration*, Genève, 1980, tome 2, p. 322.

6 Jean-Aymar Piganiol de la Force, *Description historique de la ville de Paris*, Paris, Théodore Legras, 1742, tome II, p. 255-256.

Henri Sauval, dont l'*Histoire et recherche des antiquités de la ville de Paris* a servi de source principale à tous ceux qui s'intéressaient à la cour des miracles, en particulier à Victor Hugo dans *Notre Dame de Paris*, avait le plan de Gomboust sous les yeux quand il écrivit son ouvrage et il le cite à plusieurs reprises. L'ouvrage d'Henri Sauval doit être utilisé avec circonspection puisque l'auteur, mort en 1676, l'avait laissé inachevé et qu'il a été remanié et publié en 1724, mais il reste un bon témoignage sur le Paris du XVIIe siècle. Sauval évoque les deux cours des miracles du plan de Gomboust et plusieurs autres encore, la « cour Brisset » et la « cour Gentien » dans la rue de la Mortellerie (qui partait de la place de Grève et longeait la Seine vers le quai des Célestins), ou la cour « Jussienne » donnant dans la rue Montmartre. Plusieurs guides de Paris des XVIIe et XVIIIe siècles mentionnent également les cours des miracles : dans *Les rues de Paris et de ses fauxbourgs*, guide publié par François Colletet en 1671, est évoquée « la rue de la Court [*sic*] des Miracles, proche Saint-Sauveur », c'est-à-dire celle de la Porte Saint-Denis. Quant au guide de Piganiol de la Force datant de 1742, il reprend le texte d'Henri Sauval qui cite les principales cours des miracles de Paris et il fait figurer dans son plan du « quartier saint-Denis » la Cour des miracles attenant au couvent des Filles-Dieu qui est devenue toute petite[7].

Je crois donc pouvoir affirmer que les cours des miracles ont bel et bien existé dans le Paris du XVIIe siècle. Quel que soit le nom qu'on puisse leur donner aujourd'hui, bidonvilles, favelas, logements de fortune, elles abritaient une population misérable qui s'entassait dans le centre puis, chassée du centre, aux portes de la capitale. Pour Henri Sauval, « les Cours des miracles dans lesquelles se retirent les gueux ou les mauvais pauvres [...] sont peut-être aussi anciennes que les gueux et la gueuserie. » Il a sans doute raison. La description que Sauval donne de la plus grande d'entre elles, celle des environs de la Porte Saint-Denis, est spectaculaire :

> De tant de cours des miracles, il n'y en a point de plus célèbre que celle qui conserve encore, comme par excellence, le nom de la Cour des Miracles. Elle consiste en une place d'une grandeur très-considérable, et en un très-grand cul-de-sac puant, boueux, irrégulier, qui n'est point pavé. Autrefois il confinoit aux dernières extrémités de Paris. À présent, il est situé dans l'un des quartiers des plus mal bâtis, des plus sales et des plus reculés de la ville, entre la

7 *Ibid.*, p. 148.

> rue Montorgueil, le couvent des Filles-Dieu et la rue Neuve-Saint-Sauveur, comme dans un autre monde. Pour y venir, il se faut souvent égarer dans de petites rues vilaines, puantes, détournées ; pour y entrer, il faut descendre une assez longue pente, tortue, raboteuse, inégale. J'y ai vu une maison de boue, à demi enterrée, toute chancelante de vieillesse et de pourriture, qui n'a pas quatre toises en carré, et où logent néanmoins plus de cinquante ménages chargés d'une infinité de petits enfants légitimes, naturels ou dérobés. On m'a assuré que, dans ce petit logis et dans les autres, habitoient plus de cinq cents grosses familles entassées les unes sur les autres. Quelque grande que soit cette cour, elle l'étoit autrefois beaucoup davantage. De toutes parts, elle étoit environnée de logis bas, enfoncés, obscurs, difformes, faits de terre et de boue, et tous pleins de mauvais pauvres[8].

Soulignons que cette cour des miracles, comme celle du quartier Saint-Roch, se trouvait près d'abattoirs, lieux de miasmes et de puanteurs diverses, comme le rappelle Alain Corbin dans *Le miasme et la jonquille*[9]. Elle se trouvait aussi à proximité du plus grand égoût à ciel ouvert de la capitale, celui qui partait au XVIIe siècle du bas de Ménilmontant et longeait la Porte Saint-Denis, avant de se jeter dans la Seine à la hauteur de l'actuelle place de l'Alma. Selon un rapport d'inspection de 1636, cet égoût était bouché en permanence et encombré d'immondices. Toujours selon ce rapport, « Il est à remarquer que la puanteur desdites eaux est beaucoup plus puante et infecte en cet endroit qu'en d'autres, à cause des bouchers et chaircuitiers qui ont leurs tueries sur ledit égoût[10]. » La saleté de Paris, sa boue, ses odeurs pestilentielles étaient bien connues. Il suffit de relire le chapitre consacré à ce sujet par Louis-Sébastien Mercier dans le *Tableau de Paris* pour se convaincre que rien n'avait changé à la fin du XVIIIe siècle :

> Si l'on me demande comment on peut rester dans ce sale repaire de tous les vices et de tous les maux entassés les uns sur les autres, au milieu d'un air empoisonné de mille vapeurs putrides, parmi les boucheries, les cimetières, les hôpitaux, les égouts, les ruisseaux d'urine, les monceaux d'excréments, les boutiques de teinturiers, de tanneurs, de corroyeurs ; au milieu de la fumée continuelle de cette quantité incroyable de bois, et de la vapeur de tout ce charbon ; au milieu des parties arsenicales, sulfureuses, bitumineuses, qui

8 Henri Sauval, *Histoire et recherches des antiquités de la ville de Paris*, tome I, p. 510 et suivantes.

9 Alain Corbin, *Le Miasme et la jonquille*, Paris, Flammarion, 1986.

10 Voir Pierre-Denis Boudriot, « Les égoûts de Paris aux XVIIe et XVIIIe siècles. Les humeurs de la ville préindustrielle », *Histoire, économie et société*, 1990, vol. 9, N° 9-12, p. 197-211.

> s'exhalent sans cesse des ateliers où l'on tourmente le cuivre et les métaux : [...] je répondrai que l'habitude familiarise les Parisiens avec les brouillards humides, les vapeurs mal faisantes et la boue infecte[11].

Il est surtout frappant de constater que les « gueux » ont été relégués loin du centre, près des anciens remparts, dans l'endroit le plus sale de la capitale. Dans le plan de Gomboust, il y a même près de la grande Cour des miracles une « rue du Bout du monde ». On retrouve, avec force, toute la symbolique des bas-fonds : c'est près des égoûts et des eaux croupies que vit la lie ou la fange de la société. Représentations sociales, réalités topographiques et paysages urbains se rejoignent ici et se confortent, suscitant un imaginaire qui trouvera son épanouissement au XIXe siècle. On pense évidemment à la fuite de Jean Valjean dans les égoûts parisiens mais aussi à ce passage de *Notre-Dame de Paris* où Victor Hugo décrit ainsi la Cour des miracles : « Cité des voleurs, hideuse verrue à la face de Paris ; égoût d'où s'échappait chaque matin, et où revenait croupir chaque nuit ce ruisseau de vices, de mendicité et de vagabondage toujours débordé dans les rues des capitales[12]. »

Mais pourquoi ce nom de Cour des miracles ? Parce que, tout simplement, c'est le lieu où les fripons quittent enfin le masque : le faux invalide se met à marcher, l'aveugle recouvre la vue, le muet parle etc. Le caractère péjoratif de cette dénomination est d'ailleurs souligné par Piganiol de la Force dans sa *Description historique de la ville de Paris* : « Bien que la plupart de ces lieux soient aujourd'hui habités par de pauvres gens qui gagnent honnêtement leur vie, on ne laisse pas de les appeler encore quelquefois Cours des miracles en mémoire de leur origine, quoique ce nom déplaise beaucoup à ceux qui y demeurent. »

Il semble que l'appellation date des débuts du XVIIe siècle. On la trouve dans un texte de 1616, *Le carabinage et matoiserie soldatesque* mais surtout dans le *Jargon ou Langage de l'Argot réformé* d'un certain Olivier Chéreau paru vers 1630 et destiné à une belle postérité dans la littérature de colportage. Selon Olivier Chéreau, la Cour des miracles qu'il appelle aussi « piaule franche », est « le lieu auquel font retraite les gueux et les argotiers », c'est-à-dire ceux qui parlent l'argot. Royaume de la tromperie,

---

11 Louis-Sébastien Mercier, *Tableau de Paris*, ». Édition établie sous la direction de Jean-Claude Bonnet, Paris, Mercure de France, 1994, tome 1, chapitre XLV, « Détermination de l'habitude », p. 122-123.

12 Victor Hugo, *Notre-Dame de Paris*, Paris, J. Hetzel et A. Lacroix, 1865, p. 44.

la Cour des miracles, dans le *Jargon ou Langage de l'Argot réformé*, est organisée comme une contre-société défiant la société établie, possédant son propre langage, l'argot et sa propre hiérarchie, à la tête de laquelle trône le roi des gueux appelé le grand Coëfre ou le grand Coësre. Si les cours des miracles semblent avoir vraiment existé comme en témoigne la cartographie de la capitale, l'existence du grand Coëfre et de sa suite, cagous, francs-mitoux, sabouleux et autres fripons, me semble relever de la création littéraire. Henri Sauval reprend pourtant cette terminologie dans son *Histoire et recherche des antiquités de la ville de Paris* et il ajoute : « Chacun y vivait dans une grande licence ; personne n'y avait ni foi ni loi, on n'y connaissait ni Batême, ni mariage, ni sacremens. ». [On n'entrait] « dans l'église que pour gueuser, & couper des bourses. Des filles et des femmes les moins laides se prostituaient pour deux liards, [...] la plupart pour rien[13]. » Ce jugement moral concernant « les gueux » est représentatif de la manière dont la société du XVIIe siècle considère ses marges et ses déviances. Le « mauvais » pauvre n'a droit ni à la charité chrétienne, ni à la rédemption à cause de son comportement sacrilège. Il ne relève que des forces de répression. C'est ainsi qu'est progressivement intériorisée l'assimilation du pauvre et du criminel.

Aux cours des miracles sont associés d'autres paysages urbains « criminogènes », tels le dédale des ruelles du vieux Paris, les culs-de-sac et les carrières, tandis que les bandits de grand chemin sont censés fréquenter de préférence les forêts et les souterrains à la tombée de la nuit. Une feuille volante de 1730, vendue par colportage, indique par exemple :

> Les habitants de Montmartre s'étant aperçu qu'un grand nombre de personnes se retiroient tous les soirs dans des carrières des environs, ne pouvoient rien augurer de bon de pareille retraite et en avertirent la Maréchaussée qui se transporta sur les lieux. Elle prit si bien ses mesures qu'elle découvrit l'endroit par où ils entroient dans la carrière qui étoit bouchée d'une porte couverte de terre [...] Ils se saisirent de ces malheureux qui étoient au nombre de 23 hommes et deux femmes, parmi lesquels il y en avoit quelques-uns qui avoient des béquilles, contrefaisant les estropiés ; on les a tous menés dans la prison du Grand Châtelet. Cette découverte rassure non seulement les habitants de Montmartre qui avoient tout à craindre d'un pareil voisinage, ainsi que le public pour sa sûreté[14].

13 Henri Sauval, *Histoire et recherches des antiquités de la ville de Paris*, tome I, p. 512.
14 *Relation nouvelle & veritable de 25 Voleurs qui ont été pris la nuit du 13 au 14 de ce mois de cette année mil sept cent trente dans les carrieres de Montmartre*, Paris, Louis Coignard. Archives Nationales, ADIII, 5, pièce 132.

Si l'on ne trouve nulle part mention dans les archives judiciaires d'une quelconque hiérarchie de la gueuserie présidée par le grand Coësre, les magistrats qui interrogent les prisonniers ont pourtant la hantise qu'ils appartiennent à des contre-sociétés secrètes, ou du moins à des « bandes » de voleurs dont ils ont souvent tendance à grossir le nombre : 136 pour une bande de « voleurs, recéleurs et coupeurs de bourses » arrêtée à Paris en 1678, plus de 700 pour la bande de Cartouche entre 1721 et 1724. L'idée que les voleurs ont une langue à part apparaît très tôt dans les archives judiciaires : dans les pièces du procès concernant les coquillards, une bande de brigands qui sévissait à Dijon dans les années 1450, il est déjà question du « jargon » qu'ils utilisaient pour communiquer entre eux.

Pourtant les archives judiciaires parisiennes montrent, surtout pour les affaires de première instance concernant la petite criminalité, que les coupables ne proviennent ni d'un monde à part, ni d'une contre-société défiant l'ordre établi, mais d'une sociabilité ordinaire. Elles décrivent en majorité des bandes de voleurs dont le nombre se limite à quelques individus, qui font partie du peuple urbain et se perdent d'autant plus facilement dans la foule, une fois leur coup réussi. On vole souvent en famille : les frères, le père, l'oncle, la compagne. Ainsi de Jean de Scairac et Marie Dartois, un couple arrêté le 26 janvier 1685 pour avoir volé dans dix-huit auberges et garnis de Paris des « cuillères, fourchettes et autres vaisselles d'argent ». Ils vivent en concubinage, Marie Dartois entretenant avec son amant une relation d'adultère, ce qui constitue un crime supplémentaire aux yeux des magistrats. Jean de Scairac est condamné aux galères, elle emprisonnée pour bigamie[15]. Pour de plus amples développements sur le rôle des bandes criminelles, on peut se référer au chapitre 9 de ce livre.

Ces couches populaires parisiennes où se recrutent les délinquants font partie des classes laborieuses, celles du moins qui appartiennent à leur frange la plus précaire, toujours menacée de basculer dans la misère et dans le vol quand les moyens légaux de survie font défaut. Les 4/5es de ceux qui sont arrêtés sont des hommes, surtout des hommes jeunes et, pour une partie d'entre eux, des migrants de fraîche date encore mal intégrés dans le monde du travail. Ce monde loge le plus souvent dans des garnis qui constituent de véritables fourmilières humaines

15 Arrêt du Parlement de Paris, Archives Nationales, AD III 4, pièce 114.

au cœur de Paris. On rencontre aussi quelques escrocs de haut vol, tel Jean Girard en 1713 « se disant chevalier à l'Éperon d'Or et comte de Saint Jean de Latran » qui, selon les archives de police, « escroquait le public à la faveur des fausses qualités qu'il prenait[16]. » Dans l'ensemble cependant, il s'agit d'une masse mobile d'hommes et de femmes se trouvant à la lisière du monde du travail, dont parle Arlette Farge dans son ouvrage, *La Vie fragile*[17], et qui n'appartiennent pas vraiment au monde de la gueuserie.

Ces côtés sombres du grand Siècle, la misère, la violence sociale et la fragilité de tant de vies qui en résulte ont donné lieu, étrangement, chez les contemporains à une littérature décrivant souvent les gueux, les pauvres et les truands sous des couleurs burlesques, voire comiques, dans la continuité de la littérature de « gueuserie » qui se développe en Europe dès la Renaissance[18]. Le discours changera au XVIIIe siècle, faisant du pauvre et du brigand des personnages à part entière dans la littérature et les arts, et bientôt dans l'action politique.

Cette littérature burlesque, en vogue dans les années 1640 à 1660, se fonde sur une représentation carnavalesque du monde, dans laquelle les sujets nobles sont traités dans un style bas ou familier. On pourra citer le *Virgile travesti* de Scarron, publié de 1648 à 1653, où Didon et Énée parlent comme une harengère et un crocheteur. Le « Ballet de la nuit », ballet de cour de Benserade, est présenté le 23 février 1653 devant Anne d'Autriche dans la salle de théâtre du Petit-Bourbon et remporte un vif succès. Dans ce ballet, le roi Louis XIV âgé de 15 ans danse, déguisé en soleil. C'est la fin de la Fronde, les Grands se sont soumis. Un an plus tard, le sacre du roi a lieu à Reims. Or la scène d'ouverture du Ballet de la nuit se passe à la Cour des miracles, lorsque les gueux s'y retirent vers 9h du soir. Tout y est figuré, les faux estropiés, les mendiants, les épileptiques, tous joués par des seigneurs de haut rang pour la plus grande joie des courtisans. Ce sont les ombres et les lumières du Siècle de Louis XIV.

16 Archives du Musée de la Police, série AA5, pièce 359.

17 Arlette Farge, *La Vie fragile : violence, pouvoirs et solidarités à Paris au XVIIIe siècle*, Paris, Hachette, 1986.

18 Voir *Figures de la gueuserie*, Textes choisis et présentés par Roger Chartier, Paris, Montalba, 1982 ; « Les élites et les gueux », *Revue d'histoire moderne et contempo*raine, juillet-sept. 1974, p. 376-389 ; « La "Monarchie d'argot" entre le mythe et l'histoire », *Les Marginaux et les exclus dans l'histoire*, Paris, UGE, 1979, p. 275-311.

LA FEMME ET LE BRIGAND

Dans le commerce licite ou illicite auquel peut se livrer le petit peuple parisien, la femme occupe une place particulière. Les archives judiciaires que j'ai étudiées concernent aussi bien la petite criminalité (archives de police du Châtelet présentes dans le fonds dit de la Bastille[1]) que ce qu'on appelle à l'époque « le grand criminel » (série ADIII des Archives nationales[2] et *Table des accusés jugés en appel devant le Parlement de Paris* de 1700 à 1789[3]). Si les archives du Châtelet traitent uniquement de la ville de Paris, la série ADIII et la *Table des accusés jugés en appel* rendent compte d'une criminalité qui se déploie dans un territoire beaucoup plus vaste, aux dimensions de l'Île de France, de la Normandie et de la Champagne, régions qui étaient toutes sous la juridiction de Parlement de Paris. Il faut dire d'emblée le réalisme cruel dont témoignent les documents. Au XVIIIe siècle, la mort est souvent au bout du chemin pour le brigand et pour ses victimes. Les voleurs, lorsque le vol est commis avec des circonstances aggravantes (vol nocturne, vol domestique, vol dans les églises), peuvent être condamnés à la pendaison et les meurtriers au supplice public de la roue, après avoir été soumis à la « question », interrogatoire accompagné de tortures, destiné à leur faire avouer les noms de leurs complices éventuels.

Selon le *Dictionnaire universel* de Furetière (1688-1689) le brigand est un « voleur de grands chemins, et à main armée ». Comme le bandit, il

1 Sous l'Ancien Régime, c'est le tribunal royal du Châtelet, une cour de justice dite « inférieure », qui traite les affaires civiles et criminelles de première instance survenues à Paris.

2 La série ADIII des Archives nationales a été constituée au XVIIIe siècle par Thomas-Simon Gueullette, homme de lettres et substitut du procureur du Chatelet de 1709 à 1766. Elle regroupe un grand nombre de documents liés aux affaires criminelles, actes du Parlement de Paris, brochures, chansons, gravures, et pièces manuscrites de Gueullette.

3 Lorsque les cours de justice dites inférieures, bailliages, sénéchaussées, prononcent des peines « afflictives » comme le pilori, le carcan, le marquage des corps et la peine de mort, l'affaire est automatiquement transférée en appel devant la chambre criminelle du Parlement de Paris qui adoucit souvent la sentence.

est associé à l'idée de bande, Furetière donnant comme exemple « une troupe de brigands désole tout le pays ». Or, dans les bandes, les femmes jouent un rôle secondaire. Le plus souvent, elles sont là parce qu'elles sont les concubines ou les épouses des brigands. Ce sont des éléments subalternes, rarement des personnages menant l'action. Elles ont cependant des rôles spécifiques dans l'économie parallèle de redistribution des richesses dont relève le banditisme dans la France d'Ancien Régime. On appelle par exemple « anquilleuses », selon la terminologie des magistrats, les voleuses qui cachent les objets volés dans une poche cachée sous leur jupe. C'est ce que fait Anne Caterine Braconnel, qualifiée par l'officier de police de « femme intriguante et Escrocque ». Elle a « escroqué différentes marchandises : mousselines brodées, robes de gros, quatre paires de bas » et volé aussi de l'argent[4]. Mais la principale spécialité des femmes dans les bandes est d'être « recéleuses », c'est-à-dire de cacher les biens volés et d'organiser leur écoulement. De Barbe Gosset, condamnée à mort comme recéleuse et membre de la bande parisienne de Collot au début des années 1730, « On dit qu'elle ne voulut rien annoncer, et mourut sans vouloir rencontrer le confesseur[5]. »

Les revendeuses de vêtements, nombreuses à Paris, sont particulièrement bien placées pour écouler les marchandises volées. Mais elles ne sont pas toujours des auxiliaires fiables car beaucoup d'entre elles servent d'« indics » auprès de la police : les papiers du Lieutenant général de police Lenoir montrent en particulier qu'à partir des années 1770 « une foule d'individus et de professions [sont] engagés dans des activités d'enregistrement et de surveillance. Les fripiers et autres revendeurs doivent tenir un registre des articles usagés qu'ils achètent afin de faciliter la lutte contre le recel[6]. » Dans la bande de Cartouche qui défraya la chronique entre 1721 et 1724 et conduisit à 350 arrestations, 73 personnes sont arrêtées en 1722. Parmi elles, on trouve une dizaine de femmes dont Antoinette Néron, « fille de débauche, maîtresse et l'une des concubines de Louis Dominique Cartouche ». Convaincue d'être « anquilleuse » et d'avoir été présente lors des meurtres commis par la bande, elle est condamnée à mort.

4 Archives du Musée de la Police, AA7, pièce 35.

5 Archives Nationales, ADIII, 5, pièce 200.

6 Voir Vincent Milliot, « L'œil et la mémoire : réflexions sur les compétences et les savoirs policiers à la fin du XVIIIe siècle, d'après les "papiers" du lieutenant général Lenoir », *Revue d'Histoire des Sciences Humaines*, 2008/2 n° 19, p. 60.

La *Table des condamnés jugés en appel par le Parlement de Paris* cite de nombreux autres cas de femmes ayant commis des vols, sans qu'elles fassent nécessairement partie de bandes : Anne Dupardant est marquée au fer rouge de la lettre V de voleur et bannie 9 ans pour un vol de mousselines le 20 mars 1713, Élisabeth Le Page vole de l'argent à Loudun en utilisant de fausses clés et elle est bannie à perpétuité ; Marie Juliette Meunier, une servante de 37 ans, est coupable d'avoir volé ses maîtres. Le tribunal de bailliage de Châlons où elle comparaît d'abord, la condamne à mort mais l'affaire passe en appel devant la chambre criminelle du Parlement de Paris qui adoucit la sentence et la condamne à l'enfermement à l'Hôpital général de la Salpétrière[7]. D'autres femmes comme Antoinette Pierratte sont accusées de faux saunage, c'est-à-dire de commerce illicite de sel. Cette dernière, d'abord enfermée à la Salpétrière, est relâchée deux ans plus tard en mai 1716 et reléguée dans la ville de Moulins dont elle est originaire, grâce à un geste de clémence de la part des magistrats du Châtelet, conscients « qu'elle a eu le malheur de tomber [dans cette faute] par son extrême pauvreté[8] ». Ce type de commentaire prenant en compte la misère comme motif du délit est rare dans les archives judiciaires. La misère est pourtant la principale cause des conduites criminelles.

Dans la bande de Rafiat (ou Raffiat), une terrible bande d'assassins surnommée la bande des « assommeurs », qui sévit dans les rues de Paris entre 1741 et 1743, les femmes sont relativement nombreuses et ce sont des dures à cuire. La spécialité de cette bande est de voler les passants, la nuit, dans un périmètre englobant la place de Grève à Paris, la rue des Quatre Fils, la rue du Roi de Sicile et l'actuel Marais. Si les victimes tentent de résister à leurs agresseurs, elles sont tuées « à coups de masses de baston et de pezons attachés aux manches en bois[9]. » 35 personnes sont arrêtées en février 1742, dont le chef de la bande, Rafiat, âgé de 21 ans, qui est « crieur de billets de loteries » ainsi que 14 femmes qui sont presque toutes les concubines, les femmes ou les filles de membres de la bande. Hommes et femmes appartiennent au petit peuple de Paris, à cette frange de la société qui vit à la limite du dénuement. Ainsi d'Anne

7 L'Hôpital général de Paris, fondé en 1656 pour l'enfermement des pauvres, comporte deux établissements principaux, la Salpétrière pour les femmes et Bicêtre pour les hommes.

8 Archives de la Bastille, *Prisonniers. Dossiers individuels et documents biographiques*, année 1713, Ms 10606, pièce 259.

9 Archives Nationales, ADIII 7, pièce 20.

François, femme de René Falconnet, « cuisinière sans condition » et de Françoise Magny, veuve de Quierceau, gagne-denier. Marie Falconnet est « fille apprentisse brodeuse », Marie-Jeanne Danel, crieuse de billets de Loterie et Marguerite Gauthier, « fille vendant du chocolat ».

Catherine Perin, Marie-Geneviève Aubin, Marie Sanglier et Marie-Françoise Lefort, fille ouvrière en linge, sont les recéleuses de la bande de Rafiat. Catherine Perin est accusée le 7 mai 1743 « d'avoir acheté à vil prix, & rescellé sciament différents effets provenans de plusieurs vols faits nuitamment à main armée dans les rues de Paris, & avec effraction, & d'avoir rescellé pendant le jour la masse dont Raffia, Desmoulins et autres se sont servis pour assassiner nuitamment[10]. » Elle est condamnée à être pendue. La sentence est la même pour Marie-Françoise Lefort, dont Gueullette[11] nous apprend qu'elle était jolie femme. Dans une note manuscrite, il souligne sa déception de n'avoir pas pu la voir lors de son exécution : « On dit que cette Marie-Françoise Lefort étoit fort jolie. Je me trouvay par hasard à son passage lorsque vers 8h du soir on la conduisit en greve, mais ny moy ni personne ne put voir son visage elle l'avoit bridé avec sa cornette et rattachée avec une épingle & toutes ces misérables de la séquelle de raffia ont obtenu d'être ainsy conduites à la potence[12]. » Ce commentaire est révélateur : les jolies coupables excitent en effet le voyeurisme des hommes. Peut-être retrouve-t-on cette dimension de sadisme mêlé d'érotisme dans la différence de traitement des femmes et des hommes concernant les peines afflictives : aux hommes, le carcan et le pilori ; aux femmes, les fesses mises à nues par le bourreau et la flagellation sur les places publiques. Si l'humiliation est la même, l'exposition des corps et la violence exercée sont différentes.

L'une des femmes de la bande de Rafiat, Suzanne-Antoinette Dion, possède un pseudonyme ; on l'appelle « la frisée ». C'est peut-être la preuve qu'elle appartient, plus que d'autres, au monde de la criminalité. Les brigands ont en effet presque tous un nom d'emprunt, les fausses identités permettant de brouiller les pistes et de rendre plus difficile la tâche de la police. Suzanne-Antoinette Dion est « convaincue d'avoir eu part à l'assassin[at] commis nuitamment dans les rues de Paris ». Avant d'être pendue, elle est condamnée à subir la question « qu'elle

10 Archives Nationales, ADIII, 7, pièce 51-58.

11 Voir la note 2.

12 Archives Nationales, ADIII, 7, pièce 61.

n'eut pas parce qu'elle déclara qu'elle avoit part à tous les crimes dont elle était chargée[13]. »

La « frisée » commet donc des meurtres aux côtés des hommes de la bande de Rafiat mais elle fait figure d'exception. Dans les archives judiciaires, rares sont en effet les femmes coupables d'homicides. Ces cas sont tellement hors du commun que la littérature s'en empare immédiatement. Ainsi le crime de Madame Doineau, « maîtresse voiturière et marchande de vin à l'étape de Versailles », est-il raconté en détail en 1709 dans une feuille de colportage qui explique comment elle a « donné une charrette attelée de 3 bons chevaux et 20 louis d'or neufs à son charretier pour aider elle & son fils à assassiner son mary[14] », avant de tuer le malheureux à coups de hache dans la forêt d'Orléans. Le cas le plus fameux est celui de la femme Lescombat qui fit tuer son mari par son amant, le sieur Mongeot, et fut pendue en 1755. Comme Marie-Françoise Lefort, elle avait la réputation d'être une jolie femme et son visage fut caché sous un linge, lors de son exécution, pour ne pas exciter, dit-on, la pitié des spectateurs. Sa geste criminelle fut longuement célébrée dans des oraisons funèbres parodiques, des chansons et même une correspondance amoureuse fictive parue dans la Bibliothèque bleue sous le titre de *Lettres amoureuses de la dame Lescombat et du sieur Mongeot*[15].

Suzanne-Antoinette Dion dite la « frisée » est « vendeuse de la Marée », c'est-à-dire marchande de poisson. Certaines professions sont associées plus que d'autres à la violence et au monde de la criminalité, les bouchers pour les hommes et les marchandes de poisson pour les femmes. Les harengères ou marchandes de harengs des Halles ont, au moins depuis le XVIIe siècle, la réputation d'avoir leur franc parler et d'aimer se quereller et se battre. Ce sont des personnages de premier plan dans la littérature burlesque du XVIIe siècle et dans le genre poissard que Vadé met à la mode au XVIIIe siècle. Ces littératures mettent principalement en scène le petit peuple parisien avec ses excès de langage, sa brutalité et son goût de l'invective. Des œuvres comme

13 Archives Nationales, ADIII, 7, pièce 39. Note manuscrite de Gueullette.

14 *Le cruel et sanglant assassinat commis par Mme Doineau, maîtresse voiturière et marchande de vin à l'étape de Versailles*, Archives Nationales, ADIII, 4, Pièce 183.

15 *Lettres amoureuses de la dame Lescombat et du sieur Mongeot, ou l'histoire de leurs criminelles amours*, Troyes, Veuve Garnier, s.d. La Bibliothèque bleue est une collection de brochures vendues par colportage du XVIIe au XIXe siècles.

La Foire Saint-Germain en vers burlesques de Scarron parue en 1643, *La Ville de Paris* en vers burlesques de Berthod, petit volume d'une quarantaine de pages publié en 1652 ou *Le Tracas de Paris ou la seconde partie de la ville de Paris* de François Colletet, publié en 1665, dépeignent la violence domestique et conjugale, la violence à l'atelier, celle de la foule et de la rue. Berthod, dans *La Ville de Paris*, fait ainsi dialoguer de manière particulièrement crue deux harangères qui se disputent un client sur le carreau des Halles, dans un texte intitulé « Compliment des Harangères de la Halle » :

> La malle-peste de la femme,
> Elle, & la sœur à Jean Pignon,
> Nous portent toutes deux guignon,
> À cause qui sont un peu belles,
> Tout chacun veut aller fieux elles,
> Tous ces guiebles [diables] d'Hommes y vont,
> Je sçavons bien ce qu'ils y font.
> [...] Mais tous les jours ne sont pas festes,
> A naron [Elles n'auront] pas tourjour bon tans,
> Peut estre avant qui set deux ans,
> Y pourraient bien avoir les huitres,
> Pu salles que de vieilles vitres[16].

De la compagne de brigand à la prostituée, la frontière est parfois fragile. Le couple brigand-prostituée est même un cliché littéraire, par exemple dans *The Beggar's Opera* de John Gay, joué avec succès à Londres en 1728, où Macheath, chef des voleurs, a pour amies les prostituées Dolly Trull et Betty Doxy. On pourrait évoquer aussi les courtisanes dont Daniel Defoe a fait des personnages de romans comme Lady Roxana et Moll Flanders. Il n'est pas surprenant que le monde de la pègre côtoie celui de la prostitution dans un milieu social où la misère est partout présente et la frontière entre le licite et l'illicite vite franchie : à la violence à main armée pour les hommes correspond bien souvent le commerce de leur corps pour les femmes. Rappelons qu'à Paris où l'on compte 500.000 habitants au début du XVIIIe siècle, on évalue le nombre des prostituées à près de 13 % de la population féminine[17].

---

16 *Le tracas de Paris*, sieur Berthod, s.l.n.d., 84 p., p. 58-59.

17 Selon Daniel Roche, la population de Paris est de 500 à 600.000 habitants au début du XVIIIe siècle (voir Daniel Roche, *Le Peuple de Paris : essai sur la culture populaire au*

Dans les archives judiciaires, les magistrats accentuent ce lien entre crime et prostitution, même s'il relève parfois davantage du fantasme que de la réalité. À partir du moment où un individu s'écarte de la loi, pourquoi ne pas lui prêter en effet d'autres déviances ? Dans la bande de Cartouche, Jeanne Rey est qualifiée de « femme de débauche » et Jeanne Roger, de « femme de débauche et complice ». Même dans des affaires qui relèvent de petits délits comme les arrestations de diseuses de bonne aventure dans les rues de Paris, l'association est souvent faite par les magistrats avec le monde de la prostitution et, pire, avec le métier d'avorteuse ou le maquerellage : Isabeau du Martray est « accusée d'avoir travaillé à la recherche des trésors, de dire la bonne aventure de faire réussir des mariages par le moyen de quelques Drogues & la nommée Clement de débaucher les jeunes filles & les tenir chez elle pour en faire mauvais commerce[18] », une autre est qualifiée de « femme suspecte de donner des secrets pour l'amour et pour faire avorter les filles et les femmes grosses[19] ». En août 1700, Marie Moreau, d'abord emprisonnée à la Bastille, est transférée à l'Hôpital général un an plus tard car elle est « accusée de pactes avec le diable pour soutirer de l'argent des particuliers, travaillant à la recherche des trésors, donnant des secrets pour rendre invulnérables, [...] secrets pour l'amour et faire réussir les mariages ». D'ailleurs, ajoute le magistrat, elle « prêtoit à usure et faisoit avorter les femmes[20]. »

À la répression du désordre sur la voie publique correspond en effet la répression du désordre des mœurs, l'un accompagnant fréquemment l'autre aux yeux des magistrats. Morale et justice criminelle sont intrinsèquement liées tout au long du XVIIIe siècle. Dans le procès de la bande des chauffeurs d'Orgères, une bande de mendiants qui s'attaquaient aux fermes isolées de la Beauce dans les années 1799-1800, le président du Tribunal évoque des « ennemis implacables de l'ordre social[21] » et l'un

---

XVIIIe siècle, Paris, Aubier-Montaigne, 1981) et on évalue à environ 40.000 le nombre de prostituées, soit à peu près 13 % de la population féminine. Voir également Erica-Marie Benabou, *La prostitution et la police des mœurs au XVIIIe siècle*, Paris, Perrin, 1987.

18 Archives du Musée de la Police, AA4, pièce 870.

19 Archives du Musée de la Police, AA5, pièce 233.

20 Archives du Musée de la Police, AA4, pièce 855. Voir aussi Ulrike Krampl, *Les secrets des faux sorciers. Police, magie et escroquerie à Paris au XVIIIe siècle*, Paris, Éditions de l'EHESS, 2011.

21 *Discours et résumés dans l'affaire d'Orgères instruite* etc., par le citoyen Liendon, Paris, le Livre d'Histoire, 2010, p. 15.

des greffiers ajoute : « Du libertinage au crime, il n'est qu'un pas, ils le firent et s'y précipitèrent[22]. »

Il existe cependant une différence de traitement, dans le domaine des mœurs, entre les femmes et les hommes.

Si les femmes sont aisément qualifiées de prostituées ou de débauchées, les brigands, de manière beaucoup plus positive, sont entourés de l'aura des grands séducteurs. Un légendaire des grands brigands se construit dès les années 1720, au moment de l'affaire Cartouche, et se prolonge au XIXe siècle jusque dans l'imagerie d'Épinal. Cartouche et Mandrin, les brigands français les plus célèbres du XVIIIe siècle, ont été visités, tels des stars, dans leur prison par les hommes et les femmes de la haute société. Ils ont été célébrés dans des poèmes, des biographies et des pièces de théâtre. Même si les textes sont ambigus et se terminent toujours par le récit édifiant du supplice, ils exaltent la force physique et le charisme de leurs héros.

Dans *l'Histoire de la vie et du procès du fameux Louis-Dominique Cartouche*, une biographie publiée dans la Bibliothèque bleue et vendue par colportage tout au long du XVIIIe siècle, on peut lire :

> Il ajouta à ces dépositions les noms et les demeures de ses maîtresses, et on envoya sur-le-champ des archers qui les amenèrent devant lui. Il y en avait trois. L'une était une fille grande, bien faite, d'un air modeste, et qu'il appelait sa *Sœur grise*. Il déclara qu'elle avait eu plusieurs enfans de lui, et qu'elle en avait défait un ; et sur cette déclaration et les preuves qu'il en apporta, elle fut jetée au cachot. Sa seconde maîtresse, qui était alors maîtresse en charge, ou la sultane régnante, comme il disait lui-même, parut ensuite, et elle parut d'un air hardi et avec des habits magnifiques. Il ne chargea point celle-là. Ainsi, on se contenta de la raser en sa présence, et de l'envoyer à la maison de force pour dix ans. La troisième qui vint était une de ces fameuses poissonnières de la halle. Il l'avait toujours aimée plus que les autres. Cependant il ne l'épargna point, et il lui imputa d'avoir été une de celles qui recélaient ses vols. En effet, on trouva chez elle une montre et un calice, dont il assura qu'il l'avait priée de se charger, et on la transporta dans le même moment au Châtelet[23].

Dans la *Table des accusés jugés en appel devant le Parlement de Paris*, la sévérité des magistrats à l'égard des femmes est manifeste lorsqu'il s'agit du

22 P. Leclair, *Histoire des brigands, chauffeurs et assassins d'Orgères*, Paris, Éditions la Bibliothèque, 2006, p. 31.

23 Jacques Albin Simon Collin de Plancy, *Histoire des bandits et des brigands les plus célèbres des quatre parties du monde*, Paris, Corbet aîné, 1836, p. 79-80.

désordre des familles[24]. Ni les mœurs, ni les relations amoureuses ne sont en effet une affaire privée au XVIIIe siècle. La relation public/privé ne se pose pas dans les mêmes termes qu'aujourd'hui. Le roi, représentant de Dieu sur terre, se considère comme le défenseur de l'ordre familial et moral. Si ses sujets commettent des écarts, c'est donc au bras armé du souverain, c'est-à-dire à sa police et à ses magistrats d'intervenir. Selon les historiens du droit pénal André Laingui et Arlette Lebigre, « À côté des droits du roi, ce sont surtout des considérations touchant l'ordre public, d'ailleurs facilement confondu avec l'ordre moral, qui provoquent l'activité législative du souverain[25]. » La protection de la famille, l'adultère, l'infanticide, le viol, le « rapt de séduction » relèvent de la justice royale. C'est pourquoi les archives judiciaires du XVIIIe siècle, et en particulier les lettres de cachet du fonds de la Bastille, mais aussi la *Table des accusés jugés en appel devant le Parlement de Paris* rendent compte des conflits familiaux, de la mésentente entre parents et enfants, des problèmes de mésalliance conjugale et des adultères. Les archives mettent en scène, avant tout, le peuple parisien (et non les classes privilégiées), lorsque son comportement met en péril le bon ordre de la société, désordres sur la voie publique, désordre dans les familles. Dans ces affaires, la grande coupable est la femme. Rappelons que la femme mariée est au XVIIIe siècle un personnage mineur sur le plan juridique et qu'une fille reste sous l'autorité de ses parents jusqu'à l'âge de 25 ans. On est donc vite hors-la-loi dans un tel système et à plus forte raison quand on veut vivre ses choix amoureux, en s'affranchissant de la tutelle parentale.

Dans la *Table des accusés jugés en appel devant le Parlement de Paris*, les hommes comparaissent majoritairement pour actes de violence divers, rixes, duels, homicides, alors que les femmes sont jugées pour des affaires d'adultère et d'infanticide qui, toutes, relèvent du « grand criminel ». Sous l'Ancien Régime, l'infanticide est en principe puni de mort. On trouve cinq cas d'infanticide pour la seule année 1713. Marie Bonnel, fileuse de profession, d'abord condamnée à mort, voit en août 1713 sa peine commuée par le Parlement de Paris en « ad omnia citra mortem », c'est-à-dire tout châtiment à l'exclusion de la peine capitale. C'est la même condamnation qui frappe Claire Thuillier de Nemours.

---

24 Voir Arlette Farge et Michel Foucault, *Le désordre des familles. Lettres de cachet des Archives de la Bastille au* XVIIIe *siècle*, Paris, Gallimard, 1982.

25 André Laingui et Arlette Lebigre, *Histoire du droit pénal*, Paris, Cujas, 1979, tome I, p. 7.

Mais une autre, Madeleine Dupin, est pendue le 20 juin 1713 pour infanticide et Catherine Coadon, habitant Melun, est marquée au fer rouge des lettres VV (voleuse récidiviste), battue de verges, et bannie neuf ans le 13 mars 1714 pour « recel de grossesse[26] ».

Concernant l'adultère, pour lequel seules les femmes sont punies sous l'Ancien Régime, la sentence est d'être « authentiquée », c'est-à-dire, selon le dictionnaire de Furetière, d'être condamnée à « perdre sa dot & ses conventions matrimoniales, & à être rasée & mise dans un couvent pour y demeurer 2 ans, pendant lesquels il est permis à son mari de la reprendre, à faute de quoy elle y doit demeurer renfermée à perpétuité[27]. » Anne Bardon est « authentiquée » en 1713[28]. C'est ce qui se passe aussi, la même année, pour la femme de Michel Meunier, « brodeur ». Elle est accusée par son mari d'adultère et conduite à la Salpêtrière. Mais cinq ans plus tard, le mari demande qu'elle en sorte « dans la crainte qu'il a qu'après cinq années de rudes soufrances (sic), elle ne tombe dans un désespoir[29] ». Or on trouve dans son dossier une note manuscrite de Phelippeaux, secrétaire de la Maison du Roi, adressée en 1718 au Lieutenant général de police Louis de Machault, dans laquelle Phelippeaux demande qu'on arrête également l'amant par souci de justice : « S'il estoit jugé à propos de donner un ordre d'arrester et conduire à Bissestre Resegaire lorsqu'on aura pu le trouver, il semble que ce seroit couper le nœud gordien, et empescher à l'avenir tout inconvénient de sa part : aussi bien n'a-t-il rien souffert pour son crime ; au lieu qu'il y a cinq années que ladite femme est dans les soufrances[30]. » Ce texte est tout à fait exceptionnel et isolé, dans la mesure où il tente d'établir une égalité de traitement entre l'homme adultère et la femme. La femme de Michel Meunier sera d'ailleurs libérée cette année-là.

L'accusation d'adultère lorsqu'elle concerne un homme, n'est pas retenue par les magistrats. Il en est de même pour l'accusation de viol, sauf si la victime est un enfant. Pour eux, il n'y a pas matière à légiférer

26 *Table des accusés jugés en appel devant le Parlement de Paris, chambre criminelle, de 1700 à 1790*, Archives Nationales.

27 Antoine Furetière, *Dictionnaire universel contenant généralement tous les mots français tant vieux que modernes*, Amsterdam, Arnoud et Reinier Leers, 1690, volume 1.

28 *Table des accusés jugés en appel devant le Parlement de Paris.*

29 Archives de la Bastille, *Prisonniers. Dossiers individuels et documents biographiques*, année 1713, Ms 10607, pièce 97.

30 *Ibid.*, pièce 99.

et l'accusé est le plus souvent « renvoyé de l'accusation », c'est-à-dire relâché. Ce que montrent en effet les archives est que, dans les affaires de mœurs, la justice d'Ancien Régime se caractérise par un traitement très inégal des hommes et des femmes et une grande misogynie. Dans le tome I du *Traité de la police* paru en 1707, Delamare, commissaire de police au Châtelet, consacre un chapitre aux « femmes de mauvaise vie, et lieux de débauche et de prostitution[31] ». Pour lui, « la débauche des femmes qui se dévouent publiquement à la lubricité », mais aussi « le concubinage des particuliers et le crime d'adultère » sont des fautes qui relèvent de la police car ils mettent en péril le bon ordre des familles, dont le monarque est le garant[32].

En dehors des infanticides qui témoignent surtout de la détresse morale et sociale des femmes qui les commettent, et de quelques cas exceptionnels où des femmes se rendent coupables de meurtres comme Madame Lescombat, la violence féminine est donc peu présente dans les affaires judiciaires. Dans les bandes de brigands, les femmes jouent par ailleurs, comme on l'a vu, un rôle tout à fait secondaire. En revanche, la littérature du XVIIIe siècle fait de la violence criminelle des femmes un thème de prédilection. Bien avant le marquis de Sade et l'impitoyable Juliette qui se complaît dans le vice et dans le meurtre, Courtilz de Sandras invente dans les *Mémoires de M. d'Artagnan* le personnage sulfureux de Milady que lui empruntera Alexandre Dumas dans *Les Trois Mousquetaires*. Mais c'est surtout l'abbé Prévost qui fait de la violence féminine un thème récurrent de l'action romanesque, comme on le voit dans le chapitre 6. Il est probable qu'il faille chercher les grandes figures féminines du crime non dans les archives judiciaires mais dans la littérature.

31 Nicolas Delamare, *Traité de la police*, Paris, Michel Brunet, 1722, tome I, livre III, titre V.
32 *Ibid.*, p. 515.

HISTOIRES CRIMINELLES ANGLAISES

L'intérêt pour le crime occupe en Angleterre une place considérable dans la production imprimée, dans les gravures et dans la littérature, pour des raisons qui tiennent en particulier à la situation juridique et politique de ce pays. La proclamation de l'*Habeas Corpus* en 1679 qui interdit qu'un prisonnier soit détenu plus de 24 heures sans comparaître devant un magistrat, puis celle du *Bill of Rights* dix ans plus tard au moment de la « Glorious Revolution[1] », garantissent bien avant le reste de l'Europe les droits et la liberté du citoyen, ce « free-born Englishman » dont se réclament nombre d'accusés. D'autre part la procédure criminelle est accusatoire et non pas inquisitoire, publique et non pas secrète, orale et contradictoire en présence d'un procureur et de témoins, le juge jouant le rôle d'arbitre et restant impartial. Autre différence importante, c'est la jurisprudence (*common law*) qui prédomine par rapport au droit écrit (*statute law*) dans le domaine criminel[2]. Pour les affaires criminelles graves comme l'homicide, le vol, le faux-monnayage et le crime de trahison, les accusés passent devant les « Assizes », tribunal qui se réunit dans chaque Comté deux fois par an. Londres fait cependant exception puisque son tribunal d'assises, the Old Bailey, se réunit huit fois par an et traite les délits majeurs commis dans la Cité de Londres et dans le Comté de Middlesex. Il est présidé par le Lord-Maire, assisté de conseillers et de juges.

Les peines infâmantes sont comme ailleurs le fouet, la marque et le pilori mais, contrairement à la France qui envoie une partie de ses droits communs aux galères puis dans les bagnes, l'Angleterre condamne de

1 En 1688, Guillaume d'Orange instaure en Angleterre une monarchie constitutionnelle, avec l'appui du Parlement.

2 Voir Philippe Chassaigne, *Ville et violence. Tensions et conflits dans la Grande-Bretagne victorienne (1840-1914)*, Paris, Presses de l'université de Paris-Sorbonne, 2005 et J. H. Baker, « Criminal Court and Procedure at Common Law 1550-1800 », *Crime in England 1550-1800*, J. S. Cockburn (dir.), London, Methuen & Co, 1977, p. 15-48.

nombreux prisonniers à la déportation dès le début du XVIIIe siècle, moyen efficace de peupler ses colonies[3]. La peine capitale est non pas le supplice public de la roue pratiqué en France, mais la pendaison pour les roturiers et la décapitation pour le clergé et la noblesse. Depuis la fin du XVIIe siècle, on ne pratique plus ni tortures, ni mutilations, à quelques exceptions près[4]. De ce point de vue, l'Angleterre est en avance sur le reste de l'Europe. Elle a réglé depuis la Glorieuse Révolution certaines des questions de notre modernité et elle fait l'admiration des philosophes des Lumières. Mais l'exercice de la justice n'en est pas moins rigoureux : le nombre de délits punis de la peine capitale augmente en Angleterre au XVIIIe siècle. Le *Shoplifting Act* de 1699 punit par exemple de la peine de mort tout vol dépassant 5 shillings, soit l'équivalent de 5 livres françaises[5]. Cependant, selon John Beattie, 1/3 de ceux qui passaient devant les Assises au XVIIIe siècle étaient acquittés. 10 à 20 % des procès se terminaient par une condamnation à la peine capitale et, parmi les condamnés, 50 % n'étaient pas exécutés[6].

Dès les années 1670 circulent dans le large public des comptes-rendus des séances des tribunaux criminels, les *Old Bailey sessions papers* et les *Assizes proceedings*. Il s'agit de brochures d'une vingtaine de pages sur deux colonnes qui se présentent sous la forme de courts paragraphes résumant chacun des cas. Au cours du XVIIIe siècle, ces textes tendent à se développer jusqu'à représenter 40 à 50 pages pour chaque session. Les *proceedings* de Old Bailey parurent régulièrement de 1674 à 1834[7]. Degré zéro de la littérature, ils trouvent pourtant des lecteurs, surtout quand il s'agit de procès importants et de condamnations à mort. Les procès d'assises étant publics, les comptes-rendus pouvaient être rédigés par les greffiers des tribunaux mais aussi par des sortes de reporters spécialisés qui venaient assister aux séances et monnayaient ensuite leurs textes auprès des imprimeurs. On sait que certains d'entre eux recouraient

3 C'est le *Transportation Act* de 1718 qui institue ce nouveau châtiment.

4 Jusque dans les années 1730, on coupe les oreilles à ceux qui répandent de fausses rumeurs et impriment des libelles séditieux et, comme en France, on coupe la main du meurtrier.

5 Aujourd'hui environ 45 euros.

6 Voir John Beattie, *Crime and the courts in England 1660-1800*, Princeton University Press, 1986. Voir aussi *Albion's fatal tree : crime and society in 18th century England*, Douglas Hay, Peter Linebaugh, John G. Rule, E. P. Thompson, Cal Winslow (dir.), New York, Pantheon Books, 1975.

7 Il est possible de les consulter en ligne sur le site suivant : www.oldbaileyonline.org.

déjà à la sténographie (*short-hand*), tel un certain Joseph Gurney, dont les textes étaient « *All taken down in Short Hand by Joseph Gurney and published by permission of the Judges*[8] ». Contrairement à ce que dit ce dernier, il n'existait cependant aucune publication officielle et autorisée des procédures criminelles, alors qu'en France et à Paris en particulier, le contrôle des imprimés judiciaires était très strict, qu'il fût soumis à l'autorisation du Parlement de Paris, ou à celle de la Lieutenance générale de police[9].

La lecture de ces *Proceedings* est intéressante dans la mesure où elle révèle, au jour le jour, la manière dont fonctionne la justice criminelle ; elle nous renseigne aussi sur la nature des délits et sur les accusés : leur origine, leur profession, leur âge etc. Ainsi la brochure intitulée *The true and authentic trials of all the felon prisoners Tried, Cast, and condemned, At Justice Hall, in the Old Bailey*, compte-rendu des sessions de Old Bailey publié à Londres en 1797, indique-t-elle que sur 27 accusés, quatre sont punis de la peine capitale, pour cambriolage avec effraction, vol sur les grands chemins et vol en boutique avec récidive.

Dans la plupart des cas, les vols concernent des objets de peu de valeur, une paire de chaussures ou quelques rouleaux de tissu. James Flowers comparaît par exemple devant la Cour d'Assises du Kent en 1810 pour le vol d'un bougeoir, d'un châle et d'une paire de bas dans une maison. Si, à Londres, les accusés appartiennent en général au monde de l'artisanat et de la domesticité, devant les tribunaux de l'Essex et du Kent c'est le monde de la campagne anglaise qui défile : cordonniers, boulangers, ouvriers agricoles, largement majoritaires, dont le principal délit est le vol d'animaux domestiques, moutons, cochons, volaille. La caractéristique de ceux qui passent en Cour d'assises est leur jeunesse : la moitié d'entre eux ont moins de 25 ans[10].

---

8 « Tous écrits en sténographie et publiés avec la permission des juges ». Cité par John Beattie, *Crime and the courts in England 1660-1800*, p. 25.

9 À Paris, quand les jugements émanaient de la Chambre criminelle du Parlement de Paris, ils étaient d'abord proclamés sur les places publiques par des jurés-crieurs puis publiés par Pierre Simon et ses successeurs, imprimeurs du Parlement. Quand les jugements émanaient d'autres instances comme la Prévôté ou le Châtelet, les textes imprimés étaient soumis au contrôle du Lieutenant général de police. Voir sur ces questions Pascal Bastien, *L'Exécution publique à Paris au* XVIII*e siècle. Une histoire des rituels judiciaires*, Seyssel, Champ Vallon, 2006.

10 *The trials of all the felon prisoners Tried, Cast, and condemned, At Justice Hall, in the Old Bailey Sold at N° 42, Long-Lane [1794] ; The true and authentic trials of all the felon prisoners*

En dehors des comptes-rendus d'assises, il existait aussi tout un commerce de feuilles volantes et de brochures vendues par les colporteurs le jour des exécutions, le long du cortège emmenant les condamnés au gibet. Ainsi Hogarth, dans une série de douze gravures illustrant en 1747 le travail et l'oisiveté (*Industry and Idleness*), choisit-il de consacrer la dernière des gravures à l'exécution de Tom Idle, le mauvais apprenti ; dans cette gravure, on trouve au pied du gibet et au premier plan une jeune femme qui vend à la criée la feuille volante racontant la vie de Tom Idle. Comme un nombre limité de gens pouvaient assister à une exécution même s'il s'agissait parfois d'une foule de plusieurs milliers de personnes, les brochures et les comptes-rendus d'assises permettaient de donner un écho beaucoup plus large aux affaires criminelles. Dans les brochures, composées de 16 à 24 pages et vendues à la criée de 6 pence à un shilling, on trouvait le dossier du condamné et presque toujours un texte censé reproduire les derniers mots du condamné, le *last-dying speech*.

On pouvait aussi se procurer les *Ordinary's accounts*, comptes-rendus rédigés par les chapelains (*ordinary*) de la prison de Newgate, la grande prison de Londres au cœur de la City. La spécialité des chapelains de Newgate était de recueillir les confessions des futurs condamnés à mort, sous la menace sans doute qu'ils iraient en enfer ou, au contraire, avec la promesse d'un pardon de Dieu dans l'au-delà. Les chapelains exerçaient une situation de monopole dans ce commerce macabre et sans aucun doute profitable. L'historien Peter Linebaugh a répertorié une grande partie de ces brochures et retrouvé les noms de ceux qui en étaient les auteurs, ou du moins les inspirateurs[11] : Paul Lorraine au début du XVIIIe siècle, auteur de pas moins de 56 comptes-rendus, Robert Sanders, puis John Villette. Tous sont à un moment ou l'autre chapelains dans la célèbre prison. Dans la seconde moitié du XVIIIe siècle, ces comptes-rendus sont réunis en recueils et se vendent à des prix qui les mettent hors de portée

Tried, Cast, and condemned, At Justice Hall, in the Old Bailey, London [1797] ; *The Calendar of the Prisoners at the Chelmsford Summer Assizes for the County of Essex Holden on Monday, Aug. 13, 1810 ; Kent Gaol Calendar For the Summer Assizes At Maidstone, On Monday, the 24th of July, 1820.*

11 Voir Peter Linebaugh, « The Ordinary of Newgate and his account », *Crime in England*, 1977, p. 246-269 ; voir également J. A. Sharpe, « Last dying speeches : religion, ideology and public executions in seventeenth-century England », *Past and Present*, 1985, N° 106-109, p. 144-167.

du public populaire : Robert Sanders publie en 1764 le *Newgate Calendar* en six volumes et John Villette une collection en quatre volumes des *Annales de Newgate* en 1776. Ces recueils continueront d'être réédités tout au long du XIXe siècle avec des modifications et des ajoûts.

Les *last-dying speeches* et les confessions sont un genre éditorial à part dans la littérature criminelle anglaise. Ils témoignent de stratégies d'écriture et de formes de représentation de la criminalité, différentes de celles qui existent en France. Alors qu'en France le grand mode populaire d'expression est la complainte criminelle (il en existe aussi en Angleterre sous le nom de *ballads*), en Angleterre, la confession occupe une place centrale dans la biographie du condamné, certainement à cause de la culture protestante du pays. Bien que les *last-dying speeches* ne soient pas à proprement parler des confessions, ils répondent à des logiques qui en sont proches. En pays protestant, on a le droit de s'exprimer devant la foule avant de mourir, sans que ce soit forcément une attitude de contrition. On peut aussi écrire son autobiographie, dans un acte volontaire et une expérience intime avec Dieu, pour faire la paix avec sa conscience. Cette démarche est très différente de l'aveu extorqué ou non sous la torture qui se pratique sur le continent. Alors que les autobiographies manuscrites se multiplient au XVIIe siècle en Angleterre, y compris en milieu rural, sous l'influence notamment du mouvement Quaker[12], les « confessions » criminelles, sortes de testament de mort plus ou moins consentis, et les *last dying speeches* deviennent une des principales formes d'expression de la littérature criminelle anglaise. C'est pour ces raisons que le genre des « dernières paroles », même s'il répond partiellement à une rhétorique convenue, garde une grande liberté de ton et présente une variété d'attitudes devant la mort à venir. La distance est grande entre le bandit de grand chemin Richard Hainam qui demande à tous de prier pour lui « *To sail through this violent storm and tempest, that so at the last I may arrive at the haven of happiness, there to cast my anchor of faith and lay hold of my Lord God*[13] », et le pirate James Turner qui, au moment de monter

12 Voir à ce sujet *The World of Rural Dissenters 1520-1725*, Margaret Spufford (dir.), Cambridge, CUP, 1995.

13 « Afin que je puisse traverser sans encombre cet océan de tempête et parvenir au havre de félicité où jeter l'ancre de la foi ». *The witty rogue arraigned or the history of the incomparable thief Richard Hainam*, London, printed for E. S. & are to be sold at the Greyhound in St Pauls'churchyard, 1656.

sur l'échafaud, envoie un baiser à une dame à sa fenêtre et lui dit avec insolence : « *Your servant, Mistress*[14] ».

Proches du genre des *last dying speeches* dont la diffusion continuera tout au long du XIXe siècle, on trouve également une série de biographies criminelles écrites pour la plupart de manière anonyme. Elles mettent en scène les grandes figures criminelles de l'Angleterre des XVIIe et XVIIIe siècles : James Hind, « le Gusman anglais », Claude Du Vall, bandit de grand chemin, la pickpocket Moll Cutpurse, Jack Sheppard, Jonathan Wild et Dick Turpin. La comparaison de ces textes avec leurs équivalents français, c'est-à-dire les biographies criminelles publiées dans la Bibliothèque bleue, a révélé plus de différences que de similitudes, notamment à cause du lien étroit qui existe entre les brochures de colportage anglaises et la littérature juridique au sens large. On trouve en effet souvent à la suite des biographies, des pièces du dossier judiciaire de l'accusé qui servent de garants à l'authenticité des textes et produisent un effet de réel que n'ont pas les biographies criminelles françaises. Ainsi la biographie de Claude du Vall contient-elle son interrogatoire devant the Old Bailey, comme celle de James Turner, de Mary Mauders qui se faisait passer pour une princesse allemande et se défendit avec noblesse devant ses juges, ou le procès de James Hind, bandit de grand chemin.

Dans la biographie de ce dernier, *The English Gusman or the history of that unparallel'd thief James Hind* publiée en 1652, on trouve une requête de James Hind adressée à ses juges, demandant à être libéré de ses fers et à connaître des conditions de réclusion plus dignes d'un Chrétien[15] (le livret indique qu'à la suite de cette requête, Hind obtiendra de dormir dans un lit). La brochure rend également compte de l'entrevue de Hind avec son père et sa femme dans la prison de Newgate juste avant son exécution, scène pathétique au cours de laquelle Hind tombe aux genoux de son père en larmes, tandis que sa femme tord ses mains de désespoir et se penche pour l'embrasser.

Atteignant 20 à 30 pages, les biographies criminelles sont de petites brochures de format in 4° ou in 8° presque toutes publiés à Londres dans le quartier traditionnel de la Librairie, c'est-à-dire à l'intérieur des vieux murs de la City, autour de la Cathédrale saint Paul et sur le Pont de Londres : au XVIIe siècle *The English Gusman* se vend à l'enseigne

---

14 *The life and death of colonel James Turner, the grant pyrate*, London, 1663.

15 « a more Christian-like condition ».

de « Bishops-Head » dans le cimetière de la cathédrale, *The Memoirs of Monsieur Du Vall* à l'ouest de la cathédrale, à l'enseigne du "Gun". Une adresse qui revient fréquemment dans les brochures du début du XVIIIe siècle est celle d'Edward Midwinter sur le Pont de Londres à l'enseigne du miroir (« at the looking-glass »). C'est en effet Edward Midwinter qui domine le marché des brochures de colportage jusque dans les années 1740. Son inventaire après décès montre que ce commerce l'a rendu fort prospère, témoignage du succès de ces brochures[16].

Sur le dos de couverture d'un recueil de *Small histories and merry books* vendu vers 1800 par James Hodges, l'un des successeurs d'E. Midwinter « at the Looking-glass », on peut lire : « *At the afore-mention'd place, any Country Chapman or others may be furnished with all sorts of small books and Ballads*[17]. » Le fait qu'environ 30 % des hommes savaient lire dans l'Angleterre du XVIIe siècle, taux d'alphabétisation nettement supérieur à celui de la France à cause de la culture protestante qui encourageait à la lecture de la Bible, fut sans aucun doute une incitation au développement des éditeurs de feuilles volantes, d'almanachs et de brochures dont les ventes étaient en plein essor dès les années 1660[18]. On ne connaît pas les chiffres de tirage des brochures criminelles mais ils furent probablement élevés. Une note manuscrite au dos de la page de titre des *Memoirs of Monsieur Du Vall* indique ainsi que la brochure eut tant de succès et se vendit si bien qu'on en imprima 10.000 exemplaires.

Les lieux de vente des brochures criminelles à l'intérieur de la City correspondent aux quartiers populaires de Londres et de sa partie la plus ancienne. Ce sont eux qui concentrent la plus grande densité de population et c'est aussi là que se trouvent deux des hauts lieux de la geste criminelle : la formidable prison de Newgate et tout à côté le Old

---

16 Margaret Spufford, *Small Books and Pleasant Histories*, London, Methuen & Co, 1981, p. 89.

17 « Ici, les colporteurs de la campagne et les autres peuvent se fournir en petits livres et chansons ».

18 Margaret Spufford, *Small Books and Pleasant Histories*, p. 22. Sur la littérature de colportage anglaise, voir aussi Peter Burke, *Popular Culture in Early Modern Europe*, London, 1978, B. Capp, *Astrology and the Popular Press 1500-1800*, London et Boston, 1979, Victor Neuburg, *Popular literature, a history and guide from the beginning of printing to the year 1897*, London, Penguin, 1977 [reprint], Gilles Duval, *Littérature de colportage et imaginaire collectif en Angleterre à l'époque des Dicey (1720-v. 1800)*, Presses universitaires de Bordeaux, Bordeaux, 1991 et Françoise du Sorbier, *Récits de gueuserie et biographies criminelles de Head à Defoe*, Berne, Peter Lang, 1983.

Bailey où siège la Cour d'Assises. Comme dans les prisons parisiennes, il existait à Newgate des chambres confortables pour les prisonniers qui pouvaient subvenir à leurs frais de logement mais les autres devaient se contenter des « charity wards », cellules surpeuplées où sévissaient les épidémies de typhus[19]. Le gibet de Tyburn, principal lieu des exécutions, se trouve, lui, à l'endroit actuel de Marble Arch, soit à environ 3 kms de Newgate, ce qui permet aux convois de condamnés de parcourir un long itinéraire qui fait partie intégrante du rituel entourant la peine capitale. La City au XVIIIe siècle est un labyrinthe de rues mal tenues et peu éclairées. Comme Whitechapel, Saint Giles' et Holborn, elle fait partie des quartiers de la capitale qui incarnent la dangerosité urbaine. C'est par exemple près de la cathédrale Saint Paul que « travaille » la bande de jeunes pickpockets dans le roman de Daniel Defoe intitulé *Colonel Jack* (1722). La révolution industrielle et l'urbanisation qu'elle entraîne commencent en Angleterre beaucoup plus tôt que sur le continent, et Londres devient au cours du XVIIIe siècle la plus grande ville d'Europe, passant de 600.000 à un million d'habitants[20]. Or ce formidable développement de la capitale génère des peurs et un imaginaire de la ville ressentie comme tentaculaire et monstrueuse, qui entre en résonance avec l'univers des bas-fonds dépeint dans les biographies criminelles.

Les biographies criminelles anglaises datent, pour une part, de la seconde moitié du XVIIe siècle. C'est une période précoce pour ce genre de littérature, au regard de ce qui se passe dans le reste de l'Europe. En France, les biographies criminelles entrent plus tard dans la littérature de colportage, au début du XVIIIe siècle. La *Vie des frères Guilleri* paraît dans la Bibliothèque bleue en 1716. Elle sera suivie quelques années plus tard de l'*Histoire de la vie et du procès de Louis-Dominique Cartouche* puis dans la seconde moitié du siècle de l'*Histoire de Louis Mandrin* et de brochures criminelles consacrées à Nivet, à la dame Lescombat et à Desrues pour citer les affaires les plus célèbres[21]. C'est probablement en partie parce qu'elles appartiennent encore au monde du XVIIe siècle que les Vies de brigands anglaises rendent compte d'une topographie du

19 Voir W. J. Sheehan, « Finding Solace in Eighteenth-Century Newgate », *Crime in England 1550-1800*, p. 229-245.

20 Voir M. J. Daunton, *Progress and poverty. An economic and social history of Britain 1700-1850*, Oxford, OUP, 1995.

21 Voir *Histoires curieuses et véritables de Cartouche et de Mandrin*, Textes présentés par H. J. Lüsebrink, déjà cité.

crime qui se déploie dans de larges espaces. Le brigandage rural sévit encore dans les forêts et sur les grands chemins. C'est par exemple sur la lande au petit matin, que Claude du Vall attend sa proie, en compagnie de trois hommes masqués à cheval. Le fameux Dick Turpin, mort à York sur le gibet en 1739[22] et dont le roi George II avait mis la tête à prix, s'attaque, lui, pour l'essentiel aux fermes isolées avec sa bande.

Le décor est celui des romans picaresques, les auberges, les *pubs*, les débits de gin où se rassemblent les brigands. C'est dans un pub qu'est pris Claude du Vall en 1669 près de Drury Lane. Après son exécution, son cadavre est emporté à la Tangier Tavern pour une veillée mortuaire puis enterré dans l'église de Covent Garden. C'est aussi dans un pub, au Black Lyon, à Drury Lane, que Jack Sheppard rencontre ses complices et c'est dans un débit de gin qu'il est arrêté en 1724, après avoir réussi à s'évader trois fois de Newgate. Le rythme des récits est parfois échevelé comme celui d'une course-poursuite dans un western. Richard Hainam prépare par exemple avec son beau-père un mauvais coup dans une auberge de Saint Swithins-lane à Londres mais il est pris sur le fait et s'enfuit par les toits. Revenu ensuite sur les lieux pour tuer l'aubergiste qui pourrait être un témoin gênant, Hainam se précipite sur lui avec deux poignards mais voici qu'un sergent passant dans la rue entend du bruit, se saisit d'une épée et se bat avec le bandit qu'il blesse à la cuisse. C'est l'arrivée d'un jeune homme également armé d'une épée qui permet de mettre fin à la bagarre et d'arrêter le brigand[23]. Le Londres dont il est question est le Londres populaire et même misérable qui se trouve à l'est de la City : les paroisses de Spitalfields et celle de Whitechapel où est né Jack Sheppard et où sévit un siècle plus tard Jack l'éventreur, la paroisse de Saint-Giles, lieu de rassemblement des mendiants où se trouvent les débits de gin les plus sordides. Un Londres encore champêtre apparaît aussi comme ces prés et cette étable près de Tottenham Court Road où, après l'une de ses évasions, Jack Sheppard se réfugie et s'abrite alors qu'il tombe une pluie fine. Les beaux quartiers enfin sont mentionnés car c'est là qu'officient les pickpockets de haut vol, dans le West End, à Mayfair et Piccadilly.

---

22 Voir James Sharpe, *Dick Turpin. The Myth of the English Highwayman*, London, Profile Books, 2005.

23 *The witty rogue arraigned or the history of the incomparable thief Richard Hainam*, déjà cité.

Les deux grandes figures criminelles du XVIIIe siècle anglais sont Jack Sheppard et Jonathan Wild, figures d'ailleurs indissociables l'une de l'autre puisque Sheppard est devenu le héros populaire par excellence alors que l'autre est son portrait en négatif. Jack ou John Sheppard est né dans une famille misérable. Après avoir été mis en apprentissage chez un charpentier, il commet ses premiers vols dans le quartier de Charing-Cross puis cambriole une maison à Mayfair. Joseph Blake alias Blueskin devient son complice. Mais Jack Sheppard est surtout célèbre par ses trois évasions de la prison de Newgate qui font immédiatement l'objet de récits dans la presse populaire. Sa dernière évasion est particulièrement spectaculaire car il parvient à sortir de la chambre forte de Newgate, en ayant les fers aux pieds et en passant par les toits. Il est beau, s'habille avec élégance, commet des vols mais jamais de crimes. Il est exécuté le 10 novembre 1724 à l'âge de 22 ans. Les brigands souvent meurent jeunes. La brochure qui fut vendue le jour de son exécution, *A Narrative of the Life of Jack Sheppard*, fut attribuée à Daniel Defoe mais cette attribution est contestée.

Aussi détesté que Sheppard fut aimé et admiré, Jonathan Wild, qui était son contemporain, fut d'abord longtemps redouté. Né en 1683, il était le fils d'un charpentier et d'une marchande d'herbes des Midlands. Parti à Londres vers 1700, il avait d'abord connu la prison pour dettes puis il avait réussi à mettre progressivement sur pied une véritable armée du crime dans l'Angleterre des années 1720[24]. Il faisait même travailler un capitaine de vaisseau qui partait écouler la marchandise volée sur le port d'Ostende. Non seulement il organisa un large réseau de malfaiteurs mais il tint pendant dix ans, de 1714 à 1724, un Bureau de renseignements pour aider à retrouver les objets volés, qui se trouvait à côté de Old Bailey. Indic, escroc et recéleur, il se faisait appeler « *Thief-taker general* », portait l'épée au côté comme un gentilhomme et avait des complices dans la police. Il fut pendant un temps l'associé de Charles Hitchin, policier véreux et City Marshal que le Lord-Maire finit par limoger. Parmi les charges retenues contre lui en 1725, les juges de The Old Bailey l'auraient accusé, selon une édition du *Newgate Calendar*, d'avoir :

> divisé la ville et le pays en autant de districts placés, chacun, sous le contrôle d'une bande de brigands qu'il avait désignés et qui lui rendaient compte

24 Voir Gerald Howson, *The Thief-Taker General : the Rise and Fall of Jonathan Wild*, London, Saint Martin's Press, 1970.

> régulièrement de leurs vols ; d'avoir aussi sous ses ordres un groupe spécialisé dans le vol dans les églises au moment du service religieux et d'autres groupes qui fréquentaient la Cour à l'occasion des anniversaires, des bals etc., les deux Maisons du Parlement, les circuits et les foires de campagne[25].

Toutes ces biographies racontent la vie de personnages réels qui sont morts sur l'échafaud. Deux seulement sont consacrées à des femmes, Mary Frith, alias Moll Cutpurse, et Mary Mauders, alias Stedman, alias Day, alias Mary Carleton, alias Henrietta Maria de Vulva. Ce ne sont pas des criminelles. Elles sont voleuses, prostituées, pratiquent l'escroquerie et se dissimulent sous de fausses identités. Un thème qui revient souvent dans les Vies criminelles est l'idée que les hommes s'écartent du droit chemin par ambition sociale et désir de gloire, alors que pour les femmes, c'est le goût de la parure et de l'apparence qui les entraîne sur le chemin de la perdition. Il existe cependant de nombreux exemples prouvant que les hommes tout autant que les femmes aiment à soigner leur mise. Il semble que ce soit particulièrement vrai au moment du dernier voyage : dans la charrette les conduisant vers le gibet, les condamnés (qui sont assis sur leur cercueil) rivalisent souvent d'élégance, ironie du désespoir ou désir de montrer à la foule leur plus beau visage. Richard Hainam était vêtu « *in a stuffe suit laced in the seames with a small silver lace, a most pure rough hat, a black cloak with things suitable thereto ; all which upon the ladder he bequeathed to the hangman*[26]. » Et Dick Turpin s'était acheté une chemise de satin et une paire de bottes, contributions indéniables à la beauté lugubre du cérémonial.

Le déguisement n'est pas l'apanage des femmes : Jackson, brigand de grand chemin, raconte dans sa confession en 1674 qu'il est utile de posséder perruques et fausses barbes pour échapper plus facilement aux poursuites[27]. Mais il semble tout de même s'appliquer davantage aux femmes qu'aux hommes dans les biographies criminelles :

---

25 G. Thompson, *Newgate Calendar containing the lives of the most notorious characters*, London, J. S. Pratt, 1842.

26 « D'un costume de drap dont les coutures étaient soulignées de fine dentelle argentée, il portait aussi un chapeau de belle allure et une cape noire assortie à l'ensemble ; toutes choses qu'il remit au bourreau au pied de l'échelle ».

27 *Jackson's Recantation or the life and death of the notorious highwayman now hanging in chains at Hampstead delivered to a Friend, a little before execution*, London, printed for T. B. in the year 1674, 76 p.

déguisement, goût du luxe et fausses identités concernent aussi bien Moll Cutpurse que Mary Mauders. Cette dernière porte des bijoux factices, est accompagnée d'une complice qu'elle fait passer pour sa domestique et dit qu'elle est une princesse allemande en exil, afin de pouvoir faire un beau mariage. Nous ne sommes pas loin des héroïnes de Daniel Defoe, Moll Flanders et Lady Roxana, qui vivent de leurs charmes, ne craignent pas de dérober les objets qui se trouvent à leur portée et multiplient aussi bien les identités que les maris. Une édition de colportage de *Moll Flanders* parue dans les années 1720 porte ainsi ce titre extraordinaire et cocasse auquel Defoe n'est sans doute pas étranger : *The history of Moll Flanders, who was born in Newgate, and during a life of continued variety for threescore years, was twelve years a whore, five times a wife, whereof once to her own brother, twelve years a thief, was eighteen times in Breidewell [...], twenty-five times in Newgate, fifteen times whipt at the Carts Arse, four times burnt in the hand, once condemned for life, eight years a transported felon to Virginia. At last grew rich and liv'd honest, and died penitent*[28]. Les femmes peuvent aussi se déguiser en hommes pour brouiller les pistes. Le *Newgate calendar*, dans une édition du XIXe siècle, passe d'ailleurs sans transition du travestissement au soupçon d'homosexualité et à la monstruosité. Ainsi Maria Theresa Phlipoe alias Mary Benson, prostituée qui tue ses clients pour les voler, est-elle décrite comme une « femme abandonnée à ses vices, remarquable pour son attitude masculine[29].

Moll Cutpurse, Mary Mauders et même Moll Flanders doivent être rapprochées d'autres personnalités féminines de la littérature populaire anglaise, femmes au caractère bien trempé et combatives qui n'ont pas leurs correspondantes en France. Par exemple, Long Meg of Westminster, une des grandes héroïnes de la littérature de colportage anglaise, passait pour une géante à l'époque d'Henry VIII, s'habillait et se battait comme un homme et venait au secours des opprimés. À cette cohorte de fortes femmes, il conviendrait d'ajouter les bonnes sorcières comme

28 *Histoire de Moll Flanders qui était née à Newgate, [...] fut douze ans putain, cinq fois épouse, dont une fois celle de son propre frère, douze ans voleuse, dix-huit fois prisonnière à Bridewell, vingt-cinq fois à Newgate, quinze fois fouetté, quatre fois brûlée à la main, une fois condamnée à mort, huit ans déportée en Virginie. Elle devint finalement riche, vécut dans l'honnêté et mourut dans la penitence.* E. Midwinter, London Bridge, 21 p., s.d.

29 *This abandoned woman was remarkable for her masculine behaviour.* Voir G. Thompson, *Newgate Calendar containing the lives of the most notorious characters*, London, J. S. Pratt, 1842.

Mother Shipton et Mother Bunch dont les brochures content les exploits. D'ailleurs les femmes des biographies criminelles anglaises ne sont pas exactement des délinquantes, mais plutôt des femmes vivant en marge qui luttent pour leur indépendance en employant au besoin des moyens illicites. Comme le dit Lady Roxana, « J'estimais que la femme était un être libre aussi bien que l'homme. »

Y-a-t-il place dans les livrets pour la vie amoureuse et les idylles ? Bien que l'univers dans lequel évoluent les brigands frappe par sa brutalité, cette réalité là affleure parfois. Dans *The cheating sollicitor cheated : being a true & perfect relation of the life and death of Richard Farr with an exact character of his wench, Mrs Eleanor Chadwick*, une biographie criminelle consacrée à Richard Farr et à sa compagne Mrs Chadwick condamnés à mort pour escroquerie en 1665, la brochure décrit ainsi leur départ pour le gibet de Tyburn :

> *When they went to execution (many thousands from all parts of the city coming to see them), Farr and Chadwick were put in a cart together, he was in a purple coloured shagged gown, she in a black gown, a black hood with a white sarcenet hood under it. When he was under the gallows, turning to Mrs Chadwick, he said: My dear, dost thou forgive me? She answered "Yes I do forgive thee with all my heart, though the acquaintance cost me dear." With that he reached her to kiss her, she also bending forward to meet him: but the halters were too short as they could not quite meet to kiss*[30].

Mais les brochures criminelles insistent plus sur la vie dissolue des brigands que sur leur fidélité conjugale : selon la brochure qui lui est consacrée, the *True and genuine account of the Life and Actions of the Late Jonathan Wild*, Wild a eu six femmes. On en prête trois à Cartouche simultanément. Deux personnages se rencontrent assez fréquemment dans les brochures criminelles anglaises : le brigand séducteur, héros en général positif, et la femme tentatrice qui détourne le jeune homme du droit

30 « Quand ils partirent dans la charrette, des milliers de gens vinrent assister à l'exécution. Il portait un manteau usé de couleur pourpre et elle un manteau noir avec une capuche doublée de satin blanc. Au pied du gibet, il se tourna vers Mrs Chadwick et lui dit : "Ma chère, me pardonnes-tu ?" Elle lui répondit : "Oui, je te pardonne de tout mon cœur bien que notre rencontre m'ait coûté cher." À ces paroles, ils se penchèrent l'un vers l'autre pour s'embrasser mais les liens étaient trop serrés pour qu'ils puissent le faire. » *The cheating sollicitor cheated : being a true & perfect relation of the life and death of Richard Farr with an exact character of his wench, Mrs Eleanor Chadwick*, London, printed for T. J., 1665.

chemin et qui, elle, est chargée de tous les crimes. Ainsi, c'est parce que Jack Sheppard fait la connaissance d'Elizabeth Lyon qu'il devient voleur et il en est de même de Jonathan Wild après sa rencontre avec Mary Milliner. Le plus galant parmi les brigands est sans conteste Claude Du Vall, auquel la biographie criminelle qui lui est consacrée prête une origine française. Lorsque Claude Du Vall attaque avec ses hommes un carrosse à l'aube, c'est avec beaucoup de grâce et au son de la flûte qu'il invite à danser sur la lande la jeune dame qui s'y trouve. D'ailleurs la brochure suggère l'épitaphe suivante pour sa tombe :

> *Here lies Du Vall: reader, if male thou art,*
> *Look to thy purse; if female, to thy heart*[31].

À l'image du brigand séducteur se mêle souvent celle du héros généreux, annonçant les gentlemen cambrioleurs des siècles suivants. D'ailleurs, nettement avant l'Arsène Lupin de Maurice Leblanc, on pourrait citer le bien réel MacLean, fils de pasteur et brigand sur les grands chemins dans les années 1750 ou Macheath, le héros de *The Beggar's Opera* / *L'Opéra du gueux*, auquel il servit de modèle. Le brigand au grand cœur, généreux avec les pauvres et sans pitié pour les riches, est très présent dans la littérature criminelle anglaise, alors que le thème est pour ainsi dire inexistant dans les brochures de la Bibliothèque bleue. La figure tutélaire est manifestement celle de Robin des Bois, incarnation durable du brigand au grand cœur. *A true tale of Robin Hood* entre dans la littérature de colportage anglaise dès la fin du XVIe siècle, se trouve dans le catalogue de titres d'Edward Midwinter et reste largement diffusée du XVIIe au XIXe siècle[32]. Or le texte de colportage prend quelques libertés avec l'histoire puisqu'il fait de Robin des Bois un véritable bandit de grand chemin. Dans la brochure de colportage du XVIIIe siècle, on peut lire par exemple que Robin des Bois s'attaquait aux riches dès qu'ils opprimaient les pauvres mais qu'il ne répandait jamais une goutte de sang et que c'était seulement si le vol sur les grands chemins ne rapportait pas suffisamment, qu'il allait cambrioler les maisons. Le texte se termine sur une sorte de devise

---

31 « Ci-gît Du Vall : lecteur, si tu es un homme / Surveille ta bourse ; si tu es une femme prends garde à ton cœur ». *The memoirs of Monsieur Du Vall containing the history of his life an death*, London, H. Brome, 1670.

32 Voir A. J. Pollard, *Imagining Robin Hood. The late-medieval stories in historical context*, London and New York, Routledge, 2004.

décrivant Robin des Bois comme un héros « redouté des riches et adoré des pauvres » (*feared of the rich, loved of the poor*). La morale est sans doute simpliste mais on la retrouve dans les brochures et tout particulièrement dans les discours que prononcent les brigands eux-mêmes. Ainsi le voleur de grand chemin James Hind déclare-t-il pendant son procès : « *Neither did I wrong any poor man of the worth of a penny; but I must confess I have made bold with a rich Bompkin, or a lying lawyer, whose full fed fees from the rich farmer doth too much impoverish the poor cottage keeper*[33]. »De même Richard Hainam qui avait appris le latin et aurait pu être « le miroir de son temps » restitue-t-il son argent à un pauvre quand il apprend sa condition, en lui disant : « *There, honest man, take your money, I come not to rob the poor*[34]. » Jusqu'à quel point les bandits assumaient-ils le rôle social qui leur était attribué ? Il me semble qu'on a peut-être dans ces quelques exemples la trace fugace de lectures effectuées par les condamnés eux-mêmes et d'une forme de mémoire partagée.

Les biographies criminelles anglaises s'inscrivent à l'origine dans une continuité littéraire assez semblable à celle que connut la France. Elles sont issues au XVIIe siècle de la littérature de gueuserie de la Renaissance avec ses dictionnaires d'argot et ses représentations de la hiérarchie de la Cour des miracles, ses faux soldats et ses faux estropiés, ses mendiants, ses colporteurs et ses prostituées. À la littérature de gueuserie se mêlent également des éléments provenant des romans picaresques espagnols du Siècle d'Or. Ainsi la vie du bandit de grand chemin James Hind s'intitule-t-elle *The English Gusman or the history of that unparallel'd thief James Hind*, en référence au *Guzman de Alfarache* de Matéo Aláman (1599) et l'on apprend dans l'avertissement au lecteur « que notre Gusman anglais est aussi célèbre aujourd'hui que l'espagnol en son temps. » Mais à la fin du XVIIe siècle, les comptes-rendus des juridictions criminelles qui circulent largement en Angleterre transforment et renouvellent complètement cette tradition littéraire. La relation entre fiction et réalité se déplace : aux *picaros* de la littérature espagnole et aux personnages-type de la littérature de gueuserie se substituent des personnages réels dont on vend le récit au moment de leur exécution.

33 « Je n'ai jamais fait de tort à un pauvre homme, même pour la valeur d'un penny. Mais j'ai volé, je dois l'avouer, les riches et les hommes de loi qui engraissent les gros fermiers et réduisent à la misère les petits paysans ». *The English Gusman or the history of that unparallel'd thief James Hind*, London, Paul's Churchyard, 1652.

34 « Voyons, honnête homme, prenez votre argent, je ne viens pas voler les pauvres ».

Il faut souligner également le rôle de plus en plus déterminant de la presse anglaise dès le début du XVIIIe siècle dans cette évolution qui sépare alors l'Angleterre de la France : les journaux diffusent rapidement les nouvelles des délits, le montant des récompenses attribuées pour l'arrestation d'un suspect, la description des fugitifs. Au début du XVIIIe siècle, il existe à Londres plusieurs journaux paraissant trois fois par semaine comme *The London Evening Post*, *The Post-Boy* et *The London Journal* qui consacrent un espace régulier à l'actualité judiciaire. On peut y ajouter *The Applebee's Weekly Journal* qui paraît une fois par semaine à Blackfriars, quartier de la City proche de la prison de Newgate. Or la presse anglaise fait très tôt des crimes des événements médiatiques. Il ne s'agit pas forcément de donner au public des informations objectives mais d'être le lien ou le relais de la rumeur publique et des nouvelles en une sorte de conversation imprimée.

Je donnerai un seul exemple : la manière dont la presse londonienne fait écho de façon très moderne à l'arrestation de Jack Sheppard à la fin d'octobre 1724. On lit dans *The Post-Boy* daté du 31 octobre toutes les circonstances de l'arrestation :

> *John Sheppard, the famous thief, house-breaker, and jail-breaker, who being under sentence of death, had made his escape out of Newgate two several times in a very surprising and wonderful manner, was retaken on Saturday Night last, about Twelve*[35].

Le journal ajoute que Sheppard a été arrêté dans un débit de boisson, alors qu'il s'apprêtait à offrir un verre à Moll Frisky, l'une de ses complices. *The London Journal* décrit, lui, Sheppard au moment de son arrestation :

> *When he was searched, they found a pair of pistols about him, ready charged. He was equipped every way like a gentleman, having on a wig worth about six or seven guineas, a diamond ring on his finger, a watch and snuff box in his pocket, and some gold, being also dressed in a suit of black*[36].

Enfin dans *The Weekly Journal Saturday's Post* du 7 novembre, on trouve après le récit de son arrestation cette remarque extraordinaire : « *And*

35 « John Sheppard, le célèbre voleur et cambrioleur, qui a été condamné à mort et qui s'est évadé à deux reprises de Newgate d'une manière très surprenante et admirable, a été repris samedi dernier vers minuit ». *The Post-Boy*, Bodleian Library.

36 « Ils trouvèrent sur lui une paire de pistolets chargés. Il était habillé tout à fait comme un gentilhomme, vêtu d'un costume noir, portant une perruque valant six à sept guinées, un diamant au doigt, une montre, une boîte à priser dans la poche et quelques pièces d'or ».

as all accidents which happen to great men have an effect upon public affairs, it is worth notice that upon the news of his being retaken, the Stocks rose, especially that of the York-building company[37]. » La presse suit donc l'actualité judiciaire en lui accordant une large place. Elle fait aussi de la publicité pour la littérature criminelle. *The Post-Man* daté du 10 au 12 novembre annonce ainsi une nouvelle édition du *Newgate Calendar* vendue 10 shillings (prix élevé qui ne la met à la portée que de la classe aisée) « qui contient les procès des criminels les plus connus depuis ces cinquante dernières années avec leurs dernières paroles » et le *Evening Post* du 3 novembre 1724 propose pour 6 pence chacune une gravure représentant Jack Sheppard enchaîné dans la chambre forte et une autre avec l'itinéraire de son évasion. On a affaire à un phénomène qui vise à faire de Jack Sheppard une star, processus de fabrication bien connu dans la presse moderne qui se sert du relais de divers media, ici les gravures, les livres, les articles. Le fait que l'arrestation de Sheppard ait aussi des effets sur la cote des actions en Bourse (vraie nouvelle ou plaisanterie ?) en dit long non seulement sur la célébrité du personnage mais sur le pouvoir des journaux. Car la célébrité du brigand n'existerait pas sans cette rumeur immense qu'ils produisent.

Il a déjà été question ici des héroïnes de Daniel Defoe. Or Defoe travaille pour le *Applebee's Weekly Journal* de 1720 à 1726 et semble s'être spécialisé dans la chronique judiciaire. L'imprimeur John Applebee avait par ailleurs le monopole entre 1720 à 1740 de la publication des comptes-rendus des chapelains de Newgate. Applebee publie en 1724 une *Vie de Jack Sheppard* au moment de son exécution, brochure anonyme d'une vingtaine de pages intitulée *A narrative of all the robberies and escapes of Jack Sheppard* et destinée à la vente par colportage, et il récidive en 1725 avec *The true and genuine account of the life and actions of the late Jonathan Wild*. Pendant ces mêmes années, Defoe écrit trois romans criminels, *Colonel Jack* (1722), *Moll Flanders* (1722) et *Lady Roxana* (1724). *Colonel Jack* en particulier décrit une bande de très jeunes pickpockets, enfants abandonnés qui survivent dans les bas-fonds de Londres sous l'autorité de leur chef âgé de 11 ans. Daniel Defoe côtoya

37 « Et comme tous les événements qui arrivent aux grands hommes ont un effet sur les affaires publiques, il vaut la peine de souligner qu'à la nouvelle de son arrestation, la Bourse remonta, particulièrement les actions de la York-building company ». *The Weekly Journal Saturday's Post* N° 315. Bodleian Library.

de près le monde criminel puisqu'il fut lui-même emprisonné pour dettes à Newgate et condamné à deux reprises au pilori pour avoir publié des pamphlets contre le gouvernement. *Moll Flanders* comme *Robinson Crusoe* font l'objet peu de temps après leur publication de versions abrégées vendues par les éditeurs de colportage (notamment Edward Midwinter) et il est probable que Defoe lui-même ait procédé au remaniement. Enfin Defoe publie en 1728 un essai sur le vol, *Street-robberies considered : the reason of their being so frequent* (Les vols dans les rues et la raison de leur fréquence) et on lui attribue une traduction de la *Vie de Cartouche* en 1722.

Daniel Defoe est donc sur tous les fronts dans le domaine de la littérature criminelle : chroniqueur, romancier, essayiste. Son cas n'est pas unique au XVIIIe siècle où le crime devient en Angleterre, et surtout dans la ville de Londres, un problème de société qui préoccupe l'ensemble de l'opinion. Le crime est en même temps un sujet qui passionne les écrivains. On peut en effet souligner l'intérêt d'un certain nombre d'écrivains anglais dès les années 1720 pour le monde des bas-fonds, un intérêt qui reste proche de la littérature picaresque mais qui la renouvelle et même s'en détache progressivement en adoptant le ton réaliste du reportage de presse, alors que circulent auprès du grand public écrits criminels de toutes sortes et littérature de faits divers. Il faut citer au moins trois écrivains qui, comme Defoe, ont choisi leurs personnages parmi les brigands de grand chemin et les voleurs. John Gay écrit en 1728 *The Beggar's Opera* (l'Opéra du Gueux) qui inspirera plus tard *L'Opéra de quat'sous* de Bertold Brecht, Henry Fielding *Tom Jones* (1748) et Tobias Smollett *Les aventures de Roderick Random* (1748), romans picaresques avec rencontre de brigands le long des routes, bagarres dans les auberges etc.

Avant d'écrire *The Beggar's Opera*, John Gay avait rédigé en 1712 une pièce de théâtre intitulée *The Mohocks*, du nom d'un gang de voyous qui terrorisait alors la population de Londres et s'attaquait aux beaux quartiers (préfiguration des *Mohicans de Paris* d'Alexandre Dumas et des futurs apaches des fortif' ?), puis en 1724 *The Newgate garland* où il mettait en scène Wild et Blueskin. *L'Opéra du gueux* remporte un immense succès. La pièce, qui comporte des parties chantées comme les vaudevilles en France, et se sert de la tradition populaire alors très vivante des *ballads*, connaît 62 représentations au Théâtre de Lincoln's

Inn. Elle marque l'avènement d'un genre, le « ballad-opera », qui sera cependant de courte durée. Les personnages de *L'Opéra du gueux* appartiennent aux bas-fonds de Londres et sont aisément identifiables pour les contemporains : Polly, la fille de Peachum (alias Jonathan Wild), est amoureuse de Macheath, séduisant voleur et bandit de grand chemin (alias Jack Sheppard). Toute l'action se passe dans le monde de la pègre, des voleurs, des recéleurs, des prostituées et des souteneurs, et l'argot est introduit dans la pièce avec des notes en bas de page. Bien qu'on retrouve là les thèmes de la littérature de gueuserie de la Renaissance, le ton est vraiment nouveau. D'abord la Cour des miracles ne fait plus peur puisqu'elle devient un sujet de comédie. Elle est même utilisée par John Gay comme une satire du beau monde dont elle présente le miroir déformé. À la scène 16 de l'Acte III qui sert de dénouement à l'intrigue, le gueux constate que « *Through the whole piece, you may observe such a similitude of manners in high and low life, that it is difficult to determine whether (in the fashionable vices) the fine gentlemen imitate the gentlemen of the road, or the gentlemen of the road the fine gentlemen*[38]. » D'autre part le monde des gueux est considéré comme un sujet littéraire à part entière, signe qu'une nouvelle esthétique se met en place, balayant l'ancienne hiérarchie des genres qui continue de prévaloir en France où genre noble et genre burlesque sont soigneusement séparés. L'acteur déclare ainsi dans le Prologue : « *The Muses, contrary to other ladies, pay no distinction to dress, and never partially mistake the pertness of embroidery for wit, nor the modesty of want for dulness*[39]. » Au moment de l'exécution de James Mac Lean, le « *Gentleman Highwayman* » en 1750, Horace Walpole écrit dans une lettre à son ami Horace Mann, le 2 août 1750 : « *The chief personages who have been to comfort and weep over this fallen hero are Lady Caroline Petersham and Miss Ashe : I call them Polly and Lucy, and asked them if he did not sing to them.* »

---

38 « Tout au long de la pièce, on peut observer une telle ressemblance entre la haute société et le peuple, qu'il est difficile de déterminer (parmi les vices à la mode) si les gentilshommes imitent les bandits de grand chemin, ou les bandits de grand chemin les gentilshommes ».

39 « Les Muses, contrairement aux autres dames, ne se soucient pas de la manière dont on est habillé et ne prennent jamais la finesse d'une broderie pour de l'esprit, ni le fait de se contenter de peu pour de la médiocrité ». « Introduction », John Gay, *The Beggar's Opera as it is acted at the Theatre-Royal in Lincolns-Inn-Fields*, Edinburgh, David Paterson, 1773, p. 4.

L'œuvre d'Henry Fielding se place dans une perspective un peu différente[40]. Lorsqu'il publie *Tom Jones* en 1748, il vient d'être nommé principal magistrat de Westminster. Lui et son demi-frère John Fielding créeront d'ailleurs la première police urbaine de Londres en 1763, le *Bow Street patrol*. Le crime est donc pour lui, avant d'être un sujet romanesque, une réalité qui fait partie de sa vie professionnelle. Il publie en 1751 une *Enquiry into the causes of the late increase of robbers* (Enquête sur les causes de l'augmentation récente des voleurs) dans laquelle il met en relation criminalité et alcoolisme, qui conduira au vote la même année du *Gin Act* par le Parlement, réglementant sévèrement la distillation et la vente de gin. Avant de s'apitoyer dans *Tom Jones* sur les bandits de grand chemin, « *In which Jones exprest a great compassion for those highwaymen who are, by unavoidable distress, driven as it were, to such illegal courses, as generally bring them to a shameful death*[41] », Fielding écrit en 1743 une fausse biographie criminelle de Jonathan Wild, intitulée *The Life and Death of Jonathan Wild the Great.* Mettant en parallèle le monde des bas-fonds et celui de la haute société, Fielding en profite pour faire la satire de l'élite politique anglaise et pour en dénoncer la corruption car, dit-il, « *The splendid palaces of the great are often no other than Newgate with the mask on*[42]. »

Des biographies de brigands au journalisme et à la littérature, le crime connaît en Angleterre une vogue considérable pendant les trois premières décennies du XVIIIe siècle. Cet intérêt pour le monde criminel est certes lié à l'augmentation de la violence. Mais les textes servent aussi de creuset pour l'adoption de nouvelles formes esthétiques : venus de l'ancienne littérature des bas-fonds de la Renaissance, des romans picaresques et de la tradition populaire des *ballads*, ils bousculent la hiérarchie des genres, redéfinissent la relation entre fiction et réalité et inventent un ton nouveau qui a l'épaisseur de la vie et la force du

40 Il appartient cependant comme John Gay, Swift et Hogarth aux mêmes cercles politiques tories qui dénoncent l'injustice sociale et s'opposent au gouvernement whig de Walpole, puissant ministre du roi George I puis de George II.

41 « Où Jones exprima une grande compassion pour ces bandits de grand chemin qu'une détresse inévitable pousse en quelque sorte à devenir hors-la-loi et à connaître ensuite une mort honteuse », Henry Fielding, *Tom Jones*, New York-London, Norton and Company, 1973, p. 523.

42 « Les palais splendides des Grands ne sont souvent pas différents de Newgate. Ils ont juste un masque sur le visage ».

reportage. Comparés à ce qui paraît en France où la censure royale laisse peu de marge de manœuvre aux imprimeurs, ils frappent par la liberté de ton et mettent en scène des personnages héroïsés qui ont la figure du bandit au grand cœur ou de Robin des Bois. Leur terrain d'action est celui des grands espaces, des chevauchées et du mouvement, des mers démontées, de l'aventure et des attaques de diligences. Rien de commun par exemple avec l'univers des *Causes célèbres* de Gayot de Pitaval puis de des Essarts, seules séries existant alors en France pour rendre compte des procédures criminelles. *Les Causes célèbres*, qui connurent un immense succès commercial, parlent d'un monde feutré où les familles se déchirent autour de questions d'héritage. Comme le dit Gilles Deleuze à propos des littératures française et anglaise : « Les Français sont trop humains, trop historiques, trop soucieux d'avenir et de passé. Ils aiment trop les racines, les arbres, le cadastre, les propriétés[43]. »

---

43 Gilles Deleuze, *Entretiens avec Claire Parnet*, Paris, Flammarion, 1996, p. 47. Le point de départ du présent chapitre est une contribution à *Cartouche, Mandrin et autres brigands du XVIIIe siècle*, Paris, Desjonquières, 2010, dont nous avons prolongé la réflexion.

PIRATES !

Comparées aux brochures criminelles mettant en scène des brigands, avec lesquelles elles entretiennent de fortes ressemblances du point de vue de leur publication et de leur circulation, les histoires de pirates présentent cependant des stéréotypes narratifs et thématiques qui leur sont propres. Elles nécessitent en particulier une lecture à l'échelle du monde car les pirates sillonnent les mers et sont parfois des explorateurs et des aventuriers, autant que des hors-la-loi. La violence et la brutalité sont cependant communes aux deux types d'histoires. Comme les brigands, les pirates sont jeunes et meurent en général avant 30 ans. C'est un monde d'hommes, à quelques exceptions près, qui développe des valeurs de courage et de domination par la force physique. Ils ont souvent le corps marqué, des blessures et des amputations tel le pirate de *L'Île au trésor* de Stevenson, Long John Silver, avec sa jambe de bois et son perroquet sur l'épaule, ou le Capitaine Crochet de *Peter Pan*. Dans les combats navals et lors des abordages, il n'est pas rare qu'un bras ou une jambe soit sectionné par un boulet ou par un coup d'épée. Ce ne sont pas des inventions de romancier.

Les histoires de pirates sont devenues aujourd'hui des récits pour les enfants et des films hollywoodiens puisant dans un folklore qui sert de fonds commun à la geste des brigands des mers. Or ce folklore s'est mis en place très tôt, dès le début du XVIIIe siècle, grâce à des textes que nous nous proposons d'étudier. Comme pour les histoires de brigands, la littérature concernant les pirates est beaucoup plus abondante et précise en Angleterre qu'en France. Le pirate, cet homme venu de la mer qui méprise les lois et les contraintes de sa terre natale, ne semble pas tellement faire rêver les lecteurs français. En dehors d'une *Vie de Jean Bart* parue dans la Bibliothèque bleue, la littérature de colportage, d'ordinaire conservatrice et peu ouverte aux innovations, ne laisse ainsi aucune place aux brigands des mers.

Il est vrai que Jean Bart est considéré comme un corsaire et non comme un pirate mais la différence est souvent ténue, en réalité, entre ces deux activités. Le mot « pirate » vient de πειράω, verbe grec qui signifie « tenter de s'emparer par la violence » et qui a donné πειρατής, repaire de brigands. Selon le *Dictionnaire de l'Académie* de 1694, le pirate est un « écumeur de mer [...] qui court les mers sans commission d'aucun Prince, pour voler, pour piller. » Voilà une définition qui a le mérite d'être claire. Mais dans le dictionnaire de Furetière de 1690, une certaine confusion apparaît puisque le pirate est un « corsaire, écumeur de mer, qui fait des courses sur mer, sans aveu ni autorité de Prince ou de République. » Quant au mot « flibustier » qui caractérise la piraterie aux Antilles, il vient du hollandais *vrijbuiter*. Ce terme a donné en anglais *freebooter*, c'est-à-dire butiner, amasser du butin. D'après l'*Histoire des pirates et des corsaires*, ouvrage critique qui fait le point sur la question :

> Le corsaire est un navire armé et financé par un particulier ou quelques associés pour « courir sus la mer aux ennemis du roi ». [...] Le corsaire, auxiliaire de l'État, agit légalement après avoir reçu d'un représentant de celui-ci une autorisation, sous la forme d'une lettre de marque ou commission en guerre, qu'il doit présenter à l'ennemi en cas de prise. En l'absence de ce document, il est, avec son équipage, considéré comme pirate et risque la pendaison[1].

Le corsaire agit donc avec l'autorisation d'un État. Il remplit ainsi une fonction légale du point de vue du droit national et international. Il doit respecter les navires et les pays avec lesquels des traités de paix ont été signés. Il doit également remettre aux autorités locales ou nationales un pourcentage de la valeur de ses prises. Le pirate, lui, opère pour son propre compte et il est hors-la-loi. Mais la frontière est souvent fluctuante entre activité corsaire et piraterie, y compris chez les gouverneurs, le roi et ses ministres. Je renvoie à ce sujet au chapitre consacré aux « Économies brigandes », qui montre combien le droit maritime peut être diversement interprété dans l'Atlantique Nord au XVIIIe siècle. La distinction est également compliquée à établir en Méditerranée, dans les Régences d'Afrique du Nord et dans l'archipel grec « où la piraterie, très ancienne, est difficile à séparer de la course ». Enfin pour ceux qui pratiquent la course « en toute légalité »

1 *Histoire des pirates et des corsaires. De l'Antiquité à nos jours*. Gilbert Buti et Philippe Hrodej (dir.), Paris, CNRS Éditions, 2016, p. 11.

contre les ennemis de l'État et y trouvent des profits considérables, il est parfois difficile d'y renoncer, une fois qu'un traité a été signé qui met fin au conflit. Comme le dit la préface de l'*Histoire générale des plus fameux pirates*, ouvrage publié en 1724 et souvent attribué à Daniel Defoe, « Les corsaires du temps de guerre sont le vivier des pirates en temps de paix[2]. »

L'ÂGE D'OR DE LA PIRATERIE

Le XVIIe siècle est l'âge d'or de la piraterie et de la course. En Europe atlantique en en Méditerranée, l'apogée de la course et de la piraterie se situe au XVIIe siècle, notamment pendant les guerres du long règne de Louis XIV où s'opposent les principales puissances européennes, la France, l'Espagne, l'Angleterre et la Hollande. C'est également le cas aux Antilles où la piraterie devient endémique dans la seconde moitié du XVIIe siècle. Les pirates sont en général des matelots venus de la marine marchande ou de la marine royale. Beaucoup deviennent pirates quand leur vaisseau est pris à l'abordage ou bien à l'occasion d'une mutinerie. Issus des plus basses classes sociales et souvent recrutés de force par des « *press-gangs* » en France comme en Angleterre, ils mènent sur leur navire une vie difficile, caractérisée par une discipline de fer, des châtiments corporels, une nourriture exécrable et un salaire de misère. La tentation est donc forte de suivre un mutin plus téméraire que les autres, prêt à en découdre avec les officiers. Devenir matelot attire peu de monde et les officiers constituent leurs équipages comme ils le peuvent, un peu partout et en fonction des nécessités. À Saint Malo par exemple, l'équipage de « La Duchesse Anne » en 1707 « est composé de 103 hommes, parmi lesquels on trouve un tiers de Malouins, 20 % d'autres Bretons, 27 % de Normands, trois Martiniquais, un Canadien, deux Gênois, sept Irlandais[3]. » C'est une des raisons pour lesquelles les pirates proposent aux simples matelots (mais pas aux officiers) de les rejoindre. Ils en font

2 *Histoire générale des plus fameux pirates*, traduction de Henri Thiès, Michel Le Bris éd., Paris, Payot, 1992, préface, tome I, p. 39.

3 *Histoire des pirates et des corsaires. De l'Antiquité à nos jours*, p. 196.

de même, parfois, avec les esclaves pris sur des bateaux négriers ou avec les esclaves en fuite. Aux Antilles, il semblerait que 25 % des équipages de la flibuste soient constitués de nègres marrons[4].

En Angleterre, la Cour criminelle de Old Bailey à Londres a, depuis le XVIe siècle, tout pouvoir pour punir les « Offences at Sea ». Jusqu'à la fin du XVIIe siècle, cette législation prévaut et explique que certains grands pirates anglais des Antilles comme Henry Morgan aient été arrêtés et jugés à Londres. C'est un tribunal spécial de Old Bailey, la « High Court of Admiralty », qui juge les accusés, à l'exception des marins de la Royal Navy qui relèvent, eux, de la Cour martiale. Emprisonnés non pas à la célèbre prison de Newgate mais à « Marshalsea Prison », les condamnés à mort étaient pendus sur Execution Dock, à Wapping, au bord de la Tamise. En 1700 cependant, un « *New Act* » autorise la création de cours de justice dans les principales colonies anglaises. Selon le *New Act* qui fut appliqué jusqu'à la fin du XIXe siècle, la piraterie se définit ainsi : saisir des bateaux britanniques par des Britanniques naviguant avec des lettres de marque étrangères, se mutiner, transformer un bateau marchand en bateau pirate, aider, recevoir et cacher des pirates et leurs marchandises, abandonner des marins sur des côtes étrangères pour ne pas les payer[5]. D'après les archives de Old Bailey, il y eut 78 exécutions entre 1735 et 1830 pour des actes de piraterie, des mutineries, ou pour haute trahison : par exemple quatre condamnations à mort furent prononcées en novembre et décembre 1781, en pleine guerre d'indépendance américaine, contre des marins anglais « serving on a French Privateer[6] ». Les chiffres sont faibles mais c'est la fin de la grande époque de la piraterie et beaucoup de condamnations sont alors prononcées par les tribunaux installés dans les colonies. Marcus Rediker évoque par exemple le fait qu'au moins 400 pirates ont été exécutés aux Antilles entre 1712 et 1726 ; il ne cite malheureusement pas ses sources[7].

Certaines zones géographiques comme la Méditerranée et les Antilles présentent au XVIIe des formes particulières de piraterie.

4 *Ibid.*, p. 13-14.

5 Voir *British piracy in the Golden Age : History and interpretation, 1660-1730*, Joel H. Baer Ed., London, Pickering & Chatto, 2007, volume 2, introduction p. X.

6 Voir www.oldbaileyonline, "Pirates".

7 Marcus Rediker, *Les Hors-la-loi de l'Atlantique. Pirates, mutins et flibustiers*, Paris, Seuil, 2017, p. 113.

En Méditerranée, la guerre corsaire constitua jusqu'en 1830, moment de l'occupation française d'Alger et des débuts de la conquête de l'Algérie, un fait essentiel dans les rapports entre Chrétiens et Musulmans sur les rives de la Méditerranée. Il s'agit d'un espace qui s'étend du détroit de Gibraltar à la Grèce et à la côte dalmate et qui fait peser une menace constante sur les échanges commerciaux entre la Manche, l'Atlantique et la Méditerranée. La caractéristique de cette forme de guerre était la prise de captifs et de captives, vendus ensuite comme esclaves ou rachetés selon le système fort lucratif des demandes de rançons. Le chapitre 10 du livre consacré aux « Économies brigandes » développe plus amplement l'aspect économique et financier de cette forme de piraterie.

Il y avait de nombreux captifs chrétiens dans les trois Régences « barbaresques » d'Afrique du Nord, c'est-à-dire Alger, Tunis et Tripoli, mais également dans le port de Salé près de Rabat, dans le sultanat marocain. C'est par exemple un capitaine pirate de Salé qui saisit le bateau sur lequel se trouve Robinson Crusoé au début du roman, et qui le réduit en esclavage pendant deux années, avant que le héros ne parvienne à s'échapper. Les navires européens faisaient aussi commerce de captifs musulmans, surtout en Italie, en Espagne et à Malte, qui étaient souvent vendus pour devenir forçats sur les galères. « En 1798, Bonaparte, après la conquête de l'île de Malte, aurait libéré, sans rançon, environ 2000 esclaves musulmans[8]. » En Méditerranée, l'embarcation typique des navires de guerre est en effet la galère, pour les Chrétiens comme pour les Musulmans, jusqu'au début du XVIIIe siècle, époque où les navires européens à voile la remplacent peu à peu.

On compte « environ 7000 captifs chrétiens dans la Régence d'Alger au milieu du XVIIIe siècle, 2 à 3000 à Tunis, quelques centaines à Tripoli[9]. » Les Barbaresques vendaient les Chrétiens comme esclaves à Alger, à Tunis, à Tripoli, au Caire, à Constantinople, et les corsaires européens vendaient les Musulmans à Livourne, à Messine, à Naples et dans tous les ports très chrétiens qui encourageaient la course. Deux ordres religieux, fondés au Moyen Âge, avaient pour mission

8 Daniel Panzac, « La course barbaresque : les hommes, les navires, les pratiques (fin XVIIIe-début XIXe) », *Les Tyrans de la mer. Pirates, corsaires et flibustiers.* Textes réunis par Sylvie Requemora et Sophie Linon-Chipon, Paris, PUPS, 2002, p. 100.

9 Salvatore Bono, *Les corsaires en Méditerranée*, Paris, EDIF, 1998 [1993], p. 214.

de récolter de l'argent pour le rachat des Chrétiens captifs en terre d'Islam : l'ordre de la Sainte Trinité et l'ordre de Notre-Dame de la Merci[10]. Cervantès a ainsi été racheté à Alger par les Pères trinitaires. Les Chevaliers de Malte ont joué un rôle important dans la guerre de course en Méditerranée. Installés à Malte par Charles-Quint en 1530, ils sont 600 chevaliers au XVIIe siècle et possèdent huit galères et une flottille de plus petits navires. Souvent alliés aux Vénitiens, ils ont pour terrain de chasse « la mer Égée, la route de l'Égypte et les Échelles du Levant aux ports florissants[11]. »

Les trois Régences jouissaient d'une quasi indépendance vis-à-vis de Constantinople. Leur flotte respective était sous le commandement d'un Raïs, sorte de chef corsaire, lui-même nommé à vie par le *Divan* des janissaires[12]. Les Raïs venaient en général du Levant comme les janissaires. Certains d'entre eux étaient cependant d'origine européenne. Il s'agissait des fameux « renégats » dont parlent les romans du temps, c'est-à-dire souvent d'anciens esclaves qui s'étaient convertis à la religion musulmane pour recouvrer leur liberté, et qui accédaient parfois aux plus hautes fonctions. Par exemple le marin flamand Simon Danseker arrive à Alger vers 1606. Il devient musulman et prend le nom d'Issouf Reis. Il dirige ensuite une flotte importante et se met sous la protection du Bey de Tunis. Puis il obtient son pardon du roi Henri IV, fait la chasse aux pirates qui sévissent sur les côtes françaises, libère à Alger 300 esclaves, pille et tue ses anciens alliés, rapporte à Marseille un butin de 400.000 couronnes, avant d'être capturé, amené à Tunis et exécuté[13]. On citera encore Osta Morat, appelé le Turc gênois, qui devint dey de Tunis en 1637[14] et Mezzo Morto, corsaire d'origine turque ou majorcaine, qui fut bey d'Alger sous le nom de Hüseyin Pacha. C'est lui qui organisa la résistance lors des bombardements d'Alger par la France entre 1682 et 1688. Mezzo Morto apparaît au moins à deux reprises dans des œuvres littéraires françaises. L'« Histoire de l'esclave qui se disait Religieux »

---

10 Salvatore Bono, *Les corsaires en Méditerranée*, p. 225.

11 René Coulet du Gard, *La course et la piraterie en Méditerranée*, Paris, Éditions France-Empire, 1980, p. 191.

12 *Ibid.*, p. 150 et suivantes.

13 *British piracy in the Golden Age : History and interpretation 1660-1730*, Joel H. Baer ed., volume 1, p. XXV.

14 Salvatore Bono, *Les corsaires en Méditerranée*, p. 25.

évoque dans les *Mémoires et aventures d'un homme de qualité* de l'abbé Prévost l'enlèvement de la malheureuse sultane, originaire de Smyrne, par Mezzo Morto, « ce corsaire fameux qui désolait les côtes de la Méditerranée[15] ». On citera également *Le Bombardement d'Alger ou le Corsaire reconnaissant*, mélodrame représenté sur le Théâtre de la Gaieté en 1815, qui se passe à Alger en 1685, « à côté du bazar et du bagne ». Dans cette pièce à rebondissements multiples, Ismaël Mezamorte, dey d'Alger, est amoureux d'une belle captive française. C'est aussi un despote cruel, mal conseillé par le renégat italien Almutacem. Entrent alors en scène le bon Barbuctar, corsaire algérien aux nobles sentiments et le chevalier de Choiseul, lieutenant de vaisseau français, qui vont assez rapidement faire triompher la justice, non par la force mais par la justesse de leur cause.

Les Antilles présentent également un cas particulier dans l'histoire de la piraterie car, en dehors des îles contrôlées par les Espagnols, il n'y existe pas de véritable autorité politique jusqu'au début du XVIIIe siècle. C'est une région du monde ignorée du droit international où se concentre la convoitise de tous ceux que le traité de Tordesillas (1494) a écartés du partage du monde. Les pirates anglais s'installent aux Bermudes, aux Bahamas et à la Jamaïque, une île qu'ils ont conquise par la force en 1655. Les flibustiers français trouvent plutôt refuge sur l'île de la Tortue d'où ils surveillent les vaisseaux espagnols chargés de sucre qui quittent Saint Domingue. Saint-Christophe, la Barbade, la Martinique et la Guadeloupe ont été également peuplés ainsi, ce qui rend « difficile de séparer colons, planteurs, boucaniers et flibustiers[16]. » Les gouvernements français et anglais légitiment peu à peu au XVIIe siècle la prise de possession des îles, en leur donnant un gouverneur qui lui-même distribue gratuitement les terres « et prélève une part sur les prises[17] ». Selon Marcus Rediker, il y avait 1000 à 2000 pirates dans les Caraïbes au début du XVIIIe siècle. Dans ce monde sans frontières, pirates, flibustiers et « frères de la côte » « travaillent » souvent en association, avec des équipages issus de nombreuses nationalités.

15 *Mémoires et aventures d'un homme de qualité qui s'est retiré du monde*, Paris, Veuve Delaulne, 1729, tome 2, p. 68.

16 Alexandre-Olivier Exquemelin, *Histoire des aventuriers flibustiers*. Établissement du texte, glossaire et index par Real Ouellet. Introduction et notes par Real Ouellet et Patrick Villiers, Paris, PUPS, 2005, p. 13.

17 *Ibid.*, p. 14.

Les galions espagnols, surtout ceux chargés d'or et d'argent qui reviennent des mines du Pérou et de Bolivie, sont la principale cible des pirates, avec les encouragements à peine dissimulés des autorités royales. Les riches villes côtières espagnoles du golfe du Mexique et d'Amérique du Sud sont également des proies séduisantes. Les pirates les mettent régulièrement à sac, accompagnés de troupes de plusieurs centaines d'hommes, sans que les garnisons espagnoles aux faibles effectifs soient en mesure de leur résister. Ils profitent de ces razzias pour mettre aussi main basse sur les navires espagnols qui mouillent dans les ports, afin d'agrandir leur flotte. Le hollandais Mansfeld, à la tête de boucaniers en majorité anglais, s'empare ainsi de Santiago de Cuba en 1662. En 1665, David Marteen, Henry Morgan et probablement Nau l'Olonnois, mettent à sac l'île de la Grenade. Plus tard, Henry Morgan pille Panama.

Violents et prédateurs, les pirates européens aux Antilles tentent pourtant de se draper d'honorabilité. En présentant les Espagnols comme des ennemis de la Monarchie anglaise ou comme des papistes en guerre contre les Protestants (on trouve en effet un grand nombre de pirates protestants et de Huguenots aux Antilles), les pirates cherchent à se faire passer pour des corsaires au service de leurs États respectifs : le pirate Henry Morgan reçoit ainsi des lettres de marque du gouverneur de la Jamaïque qui lui permettront d'échapper à la potence quand il sera arrêté et conduit à Londres en 1672. Il est même anobli par le roi Charles II en 1674. Retourné à la Jamaïque, il y devient un planteur prospère. Comme l'écrit en 1724 l'*Histoire générale des plus fameux pirates* à propos des Caraïbes, « Les pirates jouissaient d'une telle puissance qu'ils ne se souciaient même plus de se garder de la justice et des lois, ne visant qu'à accroître leurs forces, à maintenir leur domination, non seulement sur mer mais aussi dans les plantations et auprès des gouverneurs censés protéger les colons[18]. »

Cependant les choses changent au début du XVIIIe siècle. Après la paix d'Utrecht en 1713, l'Angleterre et l'Espagne ne sont plus en conflit. En Angleterre et en France, des intendants et gouverneurs compétents sont nommés dans les principales colonies des Antilles. Les grandes Compagnies maritimes comme la Compagnie anglaise des Indes occidentales montent en puissance, tandis que la production de sucre et de café

18 *Histoire générale des plus fameux pirates*, traduction de Henri Thiès, Michel Le Bris éd., tome I, p. 117.

des plantations enrichit les grandes villes portuaires européennes. Après avoir peuplé les colonies et avoir renforcé le pouvoir de la métropole, les pirates ne sont plus utiles. Leur rôle est terminé, ils deviennent gênants car ils nuisent au commerce. C'est le moment pour eux de se ranger, avant que leur tête ne soit mise à prix. Henry Morgan devient ainsi gouverneur de la Jamaïque. Comme l'écrit à nouveau l'*Histoire générale des plus fameux pirates*, « On m'a raconté que beaucoup d'anciens pirates se sont bourgeoisement installés dans cette île [la Jamaïque], où ils sont désormais à même de vivre par des moyens honnêtes – à moins qu'ils ne tirent profit des périls encourus par d'autres[19]. » Le destin de la plupart des pirates des Antilles est cependant en général moins reluisant. Ainsi que pour les brigands, on meurt jeune dans cette profession : au bout de deux ou trois ans, les combats, la maladie et les condamnations à la pendaison abrègent brutalement la vie de la plupart d'entre eux[20].

ŒUVRES

La comparaison des œuvres anglaises et françaises consacrées aux pirates met en lumière des différences importantes qui avaient été déjà signalées à propos des histoires de brigands. La première des différences entre les deux pays tient au mode de circulation des textes, qui infléchit lui-même, de manière radicale, la production littéraire. Les aventures et méfaits des pirates passionnent le public anglais. Ils font l'objet de comptes rendus judiciaires, les *Accounts* et les *Proceedings*, qui sont largement diffusés. Les pirates inspirent aussi, comme les brigands, des « discours » prononcés sur l'échafaud (*last-dying speeches*) et des feuilles volantes criminelles, le tout vendu par colportage au moment des exécutions. Enfin la presse anglaise du début du XVIIIe siècle relaie toutes ces informations, en suivant pas à pas le procès des grands pirates. Quand de nouvelles cours de justice, installées dans les colonies, prennent en

19 *Ibid.*, p. 52-53.

20 C'est seulement en 1856 que la piraterie est officiellement interdite lors de la Convention de Paris, qui met un terme à la guerre de Crimée. Cependant ni l'Espagne, ni les États-Unis ne signent ce traité.

1700 le relais du tribunal criminel de Old Bailey, cette « littérature d'échafaud » continue de paraître à Londres, par exemple pour les pirates anglais des Antilles. Et ce sont les journaux anglais et américains (de Boston, de Charleston etc.) qui suivent l'actualité de la piraterie.

Rien de tel en France où les procès criminels se déroulent à huis clos, où la presse et les feuilles volantes sont étroitement surveillées. À cela s'ajoute le fait, un peu difficile à expliquer, que ni les histoires de pirates, ni celles des corsaires ne semblent passionner le public français aux XVIIe et XVIIIe siècles. Doit-on considérer que l'imaginaire de la mer et la rêverie insulaire ont donné naissance Outre-Manche à un genre romanesque qui ne trouve pas d'équivalent en France à la même époque ? Entre *La Princesse de Clèves* et l'*Histoire de Robinson Crusoé*, considérés l'un et l'autre comme les premiers romans de la modernité dans les deux pays, il existe en effet un océan de différences : d'un côté un roman aristocratique qui se déroule dans l'espace fermé de la cour d'Henri II, s'interroge sur la place à accorder à la passion amoureuse et sur la mise en péril de la tranquillité spirituelle et de la vertu, de l'autre une histoire de naufrage et de solitude sur une île déserte, dans laquelle un homme, fils rebelle d'un marchand de York, se bat pour sa survie et parvient à apprivoiser le monde sauvage.

Parmi les nombreuses brochures de colportage anglaises, je citerai *The Grand Pyrate : or, the life and death of Cap. George Cusack, the great sea-robber*[21], *An account of the Conduct and Proceeding of the late John Gow alias Smith, Captain of the late Pirates*[22], *The King of Pirates being an Account of the Famous Enterprises of Captain Henry Every the Mock King of Madagascar [...] In Two Letters from himself*[23] et *The Ordinary of Newgate, dying words of the pyrate who was executed at Execution-Dock on Wednesday the 20th of December 1738*[24]. Ces brochures ont pour point commun de comporter moins d'une vingtaine de pages et d'être vendues bon marché. Plusieurs d'entre elles sont publiées par John Applebee au début du XVIIIe siècle, éditeur londonien spécialisé dans les nouvelles criminelles, qui fait aussi

21 *The Grand Pyrate : or, the life and death of Cap. George Cusack, the great sea-robberThe grand pyrate : With an account of all his notorious robberies both at sea and land. Together with his trial, condemnation and execution. Taken by an impartial hand*, London, Printed for Jonathan Edwin at the Sign of the Three Roses in Ludgate-Street, 1676, 24 p.

22 London, Printed and Sold by John Applebee, Blackfryers, 1725. Price one shilling.

23 London, Printed for A. Bettesworth, Pater-Noster Row, 1720. Price 1s.6^d^.

24 London, John Applebee, 1738-1739.

paraître un hebdomadaire intitulé *Applebee's Original Weekly Journal*, auquel collabore régulièrement Daniel Defoe, comme cela a été signalé au chapitre précédent.

L'un des pirates célèbres évoqués dans ces brochures est John Cusack qui avait pris en 1668 la tête d'une mutinerie sur le navire *Hopewell of Tangiers* faisant route vers la Virginie. Après avoir mis de force sur une chaloupe en pleine mer le capitaine et ses officiers, il se dirige ensuite vers les îles du Cap Vert, la Barbade et la Martinique. Cette biographie d'une vingtaine de pages, publiée en 1676, contient déjà des éléments qui feront partie du folklore pirate, tel qu'il a été transmis jusqu'à aujourd'hui. Quelques détails sur son enfance montrent d'abord qu'il est très tôt enclin à mal faire (ce stéréotype existe aussi pour les biographies de brigands, celle de Cartouche par exemple). Né en Irlande et destiné par ses parents à la carrière ecclésiastique, il se révèle beaucoup trop indiscipliné et violent pour une telle destinée, « *the wildness of his youth not agreeing with a religious life* ». Le texte insiste d'ailleurs sur le caractère diabolique du pirate qui, non content de défier plus tard l'autorité, s'en prend à Dieu lui-même. En effet, après avoir pris le commandement du navire, il jette à la mer la grande Bible trouvée dans le carré des officiers et promet de conduire en enfer les mutins qui le suivront : « *You Cowards, what do you think to go to Heaven and do such Actions as these ? No, I will make you Officers in Hell under me' ; and with that threw the Bible out at the great Cabbin window, saying "Go thou thy way Divinity, what have we to do with thee*[25]" ? » Autre thème promis à un brillant avenir dans la mythologie de la piraterie, l'élection démocratique du capitaine par les officiers et les matelots, et le partage à égalité du butin. Une fois élu capitaine du navire, Cusack rédige en effet les statuts de ce qu'il appelle la « confédération », fait prêter à son équipage un serment de fidélité à la vie à la mort, et promet de toujours distribuer les prises à parts égales.

Le capitaine Henry Every, « the Mock King of Madagascar », comme l'appelle la brochure qui lui est consacrée, est lui aussi un pirate célèbre. Il sévissait à la fin du XVIIe siècle dans l'Océan Indien. À bord de

25 « Espèces de lâches, croyez-vous que vous irez au paradis, en vous conduisant comme vous le faites ? Non, je ferai de vous des officiers de l'Enfer sous mon commandement ; puis il lança la Bible à la mer, à travers le hublot de la cabine du Capitaine, en disant "Passez votre chemin, Divinité, qu'avons-nous à faire avec vous ?" »

son bateau le *Fancy*, bientôt rejoint par cinq autres bateaux corsaires anglais, il capture en 1695 deux navires dans la mer d'Oman, au large de Surat sur la côte occidentale de l'Inde. L'un d'entre eux, un énorme vaisseau de 1600 tonnes, 70 canons et 700 hommes et femmes à bord, lourdement chargé d'or, de pierres précieuses et de mousselines, appartenait au grand Moghol Aurangzeb et transportait des pèlerins qui revenaient de La Mecque. Le butin, l'un des plus importants de l'âge de la piraterie, a été évalué à l'époque à une valeur qui se situait entre £155.000 et £180.000, soit en monnaie actuelle entre £15.605.000 et £18.121.000, c'est-à-dire une véritable fortune[26]. L'affaire fit scandale et créa une grave crise diplomatique, le grand Moghol demandant au gouvernement anglais à la fois de punir les coupables, et de lui restituer l'argent volé. Le risque était grand qu'Aurangzeb interdise les côtes de l'Inde à la très rentable Compagnie anglaise des Indes orientales (EIC). Il commença d'ailleurs par fermer plusieurs des comptoirs de la Compagnie et emprisonner ses agents. Aurangzeb réclama à l'EIC £600.000. Il en obtint £325.000. Henry Every ne fut jamais retrouvé, ni son butin fabuleux. L'*Histoire générale des plus fameux pirates* imagine avec humour la rencontre à Madagascar du grand navigateur Woodes Rogers avec Henry Every et ses pirates : « Leurs Majestés étaient assez mal vêtues ou bien plutôt ne l'étaient pas du tout. [...] La barbe inculte, les cheveux démesurément longs, ils présentaient l'aspect le plus sauvage qu'on puisse imaginer. » et un peu plus loin : « Il les laissa où ils étaient, dans leur crasse et leur royauté[27]. »

À lire ces brochures, on se demande quelle est la part de la réalité et de la fiction. Mais comme elles parlent de personnages qui ont vraiment existé et qu'elles comportent souvent, annexées aux éléments biographiques, des pièces judiciaires issues des procès, force est de constater que la vie des pirates anglais était parfaitement romanesque, avec naturellement sa dose de brutalité et de sang.

Cette incertitude entre ce qui relève du témoignage et de l'imaginaire se retrouve dans un autre type de textes qui complètent avec panache la riche littérature de la piraterie. Il s'agit des journaux de voyage écrits

---

26 Voir *British piracy in the Golden Age : History and interpretation, 1660-1730*, Joel H. Baer ed., volume 2, p. 110.

27 *Histoire générale des plus fameux pirates*, traduction de Henri Thiès, Michel Le Bris éd., tome I, p. 86-87 et p. 88.

par certains des pirates eux-mêmes. Tous n'étaient pas, loin de là, de simples brutes. Il y avait parmi eux des hommes cultivés tel Alexandre-Olivier Exquemelin, Huguenot natif de Honfleur et envoyé aux Antilles comme « engagé[28] », ou Basil Ringrose qui parlait anglais, latin et espagnol et publia en 1684 le récit de son expédition sur la côte Pacifique avec le pirate Bartholomew Sharp sous le titre *Account of the dangerous voyage and bold assaults of Captain Bartholomew Sharp*. Ces hommes, qui avaient également des connaissances scientifiques, occupaient souvent la fonction de chirurgiens à bord. D'autres étaient moins avides de butin que d'aventure : William Dampier, d'abord pirate aux Antilles puis naturaliste et botaniste, rapporta d'Australie la première flore et fit paraître avec succès *A New Voyage Round the World* en 1697, dont s'inspira plus tard James Cook.

Alexandre-Olivier Exquemelin publie en 1678, dans une première édition néerlandaise, une *Histoire des aventuriers flibustiers* qui se présente comme une autobiographie dans laquelle il dit avoir participé à plusieurs expéditions de flibustiers aux Antilles. Le livre est traduit en français en 1686. Pour Réal Ouellet et Patrick Villiers qui ont publié une excellente édition critique de l'ouvrage, Exquemelin a vraiment participé aux aventures qu'il décrit, même s'il les enjolive parfois et durcit le trait quand il parle de ses compagnons flibustiers. Il est probable d'ailleurs que le traducteur français ait ajouté pas mal d'éléments de son cru. Pourtant, selon eux, « L'œuvre a largement contribué à construire [en France] le mythe de la flibuste[29]. » C'est dans cette histoire que l'*Encyclopédie* puise la définition d'« armes boucanières ». C'est là encore que Voltaire trouve des informations pour le chapitre 152 de l'*Essai sur les mœurs*, « Des îles françaises et des flibustiers[30] », dans lequel il décrit ainsi Saint-Domingue :

> La France n'est entrée en partage de cette île avec l'Espagne que par la hardiesse désespérée d'un peuple nouveau que le hasard composa d'Anglais, de Bretons, et surtout de Normands. On les a nommés boucaniers, flibustiers : leur union et leur origine furent à peu près celles des anciens Romains ; leur

28 Les « engagés » étaient le plus souvent des individus condamnés à la déportation et aux travaux forcés pour une période de trois ans. Voir le chapitre 11 sur « Économies brigandes ».

29 Alexandre-Olivier Exquemelin, *Histoire des aventuriers flibustiers*. Établissement du texte, glossaire et index par Réal Ouellet. Introduction et notes par Réal Ouellet et Patrick Villers, Introduction p. 5.

30 *Ibid.*, p. 9.

> courage fut plus impétueux et plus terrible. Imaginez des tigres qui auraient un peu de raison : voilà ce qu'étaient les flibustiers[31].

Le fonctionnement égalitaire et démocratique des associations de pirates, déjà mentionné à propos du pirate Cusack, est confirmé par Exquemelin. D'après son témoignage, la répartition du butin est prévue dans une convention écrite avant chaque expédition et approuvée par ses membres. C'est ce qu'Exquemelin appelle « la chasse-partie », déformation sans doute ironique de ce que l'Ordonnance royale de la Marine de 1681 appelle « la charte-partie », c'est-à-dire le contrat liant armateur et capitaine du navire. Voici un exemple de chasse-partie cité par Exquemelin :

> Le chirurgien a deux cents écus pour son coffre de médicaments, soit qu'on fasse prise ou non, et outre cela, au cas qu'on fasse prise, un lot comme les autres. Si on ne le satisfait pas en argent, on lui donne deux esclaves. [...] Celui qui découvre la prise qu'on fait a cent écus. Pour la perte d'un œil, cent écus ou un esclave ; pour la perte de la main droite ou du bras droit, 200 écus ou deux esclaves. [...] Cette chasse-partie étant ainsi faite, elle est signée des capitaines et des députés qui en sont convenus au nom de l'équipage[32].

Les sociétés pirates semblent donc être fondées sur une véritable solidarité, une « sombre fraternité des parias[33] » qui ne s'applique évidemment pas à la société qui les entoure. Pour Exquemelin, « Quand les aventuriers sont en mer, ils vivent dans une grande amitié les uns avec les autres, et s'appellent tous, Frères de la Côte[34]. »

Mais il évoque aussi la grande cruauté de certains de ces hommes, le capitaine Henry Morgan, le capitaine Roc, un Hollandais né à Groningue, « si terrible que les Espagnols ne le peuvent entendre nommer sans trembler », Pierre-Franc de Dunkerque, Nau l'Olonnois qui ne faisait jamais de prisonniers. Exquemelin décrit par exemple avec précision des scènes de torture destinées à faire avouer aux habitants où était caché leur argent.

---

31 Voltaire, *Essai sur les mœurs et l'esprit des nations*, Paris, Antoine-Augustin Renouard, 1819 [1756], p. 336.

32 Alexandre-Olivier Exquemelin, *Histoire des aventuriers flibustiers*, Établissement du texte, glossaire et index par Réal Ouellet. Introduction et notes par Réal Ouellet et Patrick Villiers, p. 178.

33 Gilles Lapouge, *Les pirates. Forbans, flibustiers, boucaniers et autres gueux de mer*, p. 26.

34 Alexandre-Olivier Exquemelin, *Histoire des aventuriers flibustiers*, Établissement du texte, glossaire et index par Réal Ouellet. Introduction et notes par Réal Ouellet et Patrick Villiers, p. 179.

Mais « Pour les belles femmes, [Morgan ne leur demanda rien, parce qu'elles avoient de quoy payer sans diminuer leurs richesses[35]. » Quand les pirates font de bonnes prises, ils mangent et ils boivent, dit-il, et dépensent tout ce qu'ils gagnent en alcool, en jeux de hasard et en femmes. En cela, ils ressemblent aux brigands tels que les décrivent les biographies criminelles et certains romans : dans *l'Histoire de Gil Blas* de Lesage, les brigands que rencontre Gil Blas sur le chemin d'Oviedo à Salamanque festoient avec faste au fond de leur caverne, près du butin amassé.

Une aventure tout à fait extraordinaire concerne la traversée à pied de l'isthme de Panama. Elle donna lieu à plusieurs récits. En 1534, après la conquête du Pérou, la monarchie espagnole avait établi une *route de l'or* sur l'isthme de Panama, appelée « Camino Real de Cruces », pour éviter à la flotte espagnole le passage dangereux du Cap Horn, avant le retour en Espagne. L'or et l'argent, en provenance du Haut Pérou, étaient transportés par bateau jusqu'au port de Panama sur la côte Pacifique. À dos de mules ou d'esclaves, le métal était ensuite acheminé jusqu'à Portobelo sur la mer des Caraïbes, côté Atlantique, par les sentiers périlleux traversant la jungle et les marais de l'isthme de Panama. Pour protéger le lieu où aboutissait du côté des Caraïbes le *Camino Real de Cruces*, l'Espagne construisit le fort San Lorenzo.

En 1670, le flibustier Henry Morgan, à la tête de plusieurs milliers d'hommes, attaqua et détruisit le fort San Lorenzo. Sur les 300 défenseurs du fort qui se battirent d'ailleurs héroïquement, il y eut des dizaines de prisonniers et, du côté des pirates, une centaine de morts. Cette prise permit à Henry Morgan de traverser la jungle et d'atteindre la ville de Panama qu'il pilla. À la suite de Morgan, d'autres traversées furent organisées dont on a le récit : celui de Basil Ringrose, médecin à bord du vaisseau du capitaine Sharp[36] et celui du flibustier français Raveneau de Lussan, le *Journal de voyage fait à la mer de Sud avec les flibustiers de l'Amérique*[37], qui participa à une nouvelle expédition conduite en 1685

35 *Ibid.*, p. 104.

36 *The voyages and adventures of Capt. Barth. Sharp and others in the South Sea being a journal of the same : also Capt. Van Horn with his buccanieres surprizing of la Veracruz : to which is added the true relation of Sir Henry Morgan, his expedition against the Spaniards in the West-Indies and his taking Panama*, printed by B. W. and S. T., sold by Walter Davis in Amen-Corner, 1684 [écrit par Philip Ayres].

37 Raveneau de Lussan, *Journal de voyage fait à la mer de Sud avec les flibustiers de l'Amérique*, Paris, J. B. Coignard, 1689.

par Laurens de Graff, un pirate hollandais de Saint-Domingue, à la tête de quelques centaines d'Anglais, de Français et de Hollandais. Raveneau de Lussan, issu, semble-t-il, de la petite noblesse, écrit dans son épître adressée au marquis de Seignelay, secrétaire d'État à la Marine, qu'il a « entrepris ce Voyage par une simple envie de courir[38] ». Son récit, qui se lit comme un roman d'aventure, raconte en détail la traversée de l'isthme de Panama. Il décrit la chaleur suffocante de la mangrove, la marche pénible et lente dans la jungle et dans des zones marécageuses qui obligent les hommes, guidés par deux Indiens, à porter leurs canots à bout de bras avant de pouvoir les mettre à l'eau, et, pendant les dix jours du voyage, les souffrances de la faim et de la soif. Chaque jour, plusieurs membres de l'expédition meurent d'épuisement ou des fièvres tropicales, ce que Raveneau de Lussan consigne dans son journal sans état d'âme. La découverte de l'Océan Pacifique est évidemment une délivrance et la promesse de richesses à saisir. Raveneau de Lussan parle de sa joie de goûter à des fruits inconnus, les *avocados* qui sont noirs à l'extérieur et qui ont un goût de crème, les papayes, les goyaves, les noix de coco. Il décrit aussi les Indiens Kuna de l'isthme de Panama : « Quand ils font des festins ou autres assemblées, ils se couvrent d'une robbe de coton qui est toute d'une pièce, & sont accoutumé de porter pour parade un morceau d'or ou Caracoly en ovale pendu à leur nez qui est percé[39]. »

Mais l'ouvrage qui, plus encore que l'*Histoire des aventuriers flibustiers* d'Exquemelin et les journaux de bord de quelques têtes brûlées, a le plus contribué à populariser le mythe des pirates des Caraïbes est sans conteste l'*Histoire générale des plus fameux pirates / The General History of the pyrates*, à laquelle il a déjà été fait référence à plusieurs reprises. Le livre, qui se présente comme la compilation en courts chapitres de la biographie des pirates anglais les plus célèbres de la fin du XVIIe siècle, est publiée en 1724 par un mystérieux « Captain Charles Johnson » dont on n'a jamais pu prouver l'existence. Il fait suite à une autre compilation intitulée *A compleat history of the lives and robberies of the most noted highwaymen* (Histoire complète de la vie et des vols commis par les plus célèbres bandits de grand chemin), publiée en 1713-1714 et signée d'un tout aussi mystérieux « Captain Smith ». L'*Histoire générale*

38 *Ibid.*, Épitre non paginée.

39 Raveneau de Lussan, *Journal de voyage fait à la mer de Sud avec les flibustiers de l'Amérique*, p. 47.

des plus fameux pirates connaît tout de suite un succès prodigieux, elle est diffusée et traduite partout en Europe et dans les colonies. Quatre rééditions paraissent dès 1726 et en 1728, une nouvelle édition est publiée, contenant un certain nombre de biographies supplémentaires. Le livre arrive juste au moment où une ère s'achève, celle de l'âge d'or de la piraterie européenne. L'écho en fut immense dans la littérature de langue anglaise et l'*Histoire générale des plus fameux pirates* devint plus tard une source d'inspiration pour R. L. Stevenson dans *L'Île au trésor* et pour J. M. Barrie dans *Peter Pan*. Tout le folklore pirate est en effet déjà en place dans le recueil (qui s'inspire lui-même d'Exquemelin, des récits de voyage écrits par des pirates et des feuilles volantes criminelles) : coffres à trésor enterrés dans le sable, butins mirifiques, drapeau noir, îles désertes, pirates borgnes ou estropiés, férocité, goût de l'aventure et rébellion. Dans le chapitre III de *l'Histoire générale des plus fameux pirates*, le capitaine Martel hisse le drapeau noir avant de partir à l'abordage : sur celui-ci, « se trouvait représentée la silhouette d'un homme, une épée à la main, un sablier devant lui, assorti d'une tête de mort avec deux tibias entrecroisés[40]. » Plus loin, il est question de pirates qui « empaquetèrent leurs biens dans des coffres qu'ils enterrèrent sur le rivage[41]. »

L'*Histoire générale des plus fameux pirates* a été attribuée à Daniel Defoe[42]. Plusieurs indices le laissent en effet supposer. On sait que, pendant des années, Defoe s'est intéressé aux ports et aux colonies d'Amérique du Sud. Il avait présenté au roi Guillaume III en 1698 des propositions pour développer le commerce dans le Pacifique et pour installer des comptoirs dans diverses régions incluant le bassin de l'Orénoque au Venezuela. De plus l'*Histoire générale des plus fameux pirates* a été publiée par John Applebee à Londres, l'éditeur du *Applebee's Original Weekly Journal* auquel collaborait Daniel Defoe. Daniel Defoe a par ailleurs publié en 1720, un an après *Robinson Crusoe*, une histoire de pirates, *Captain Singleton*, longtemps restée dans l'oubli, où il est question de

---

40 *Histoire générale des plus fameux pirates*, traduction de Henri Thiès, Michel Le Bris éd., tome I, p. 95 et suivantes.

41 *Ibid.*, tome I, p. 195.

42 Voir Michel-Christian Camus, « L'inexistence du pirate Misson de Daniel Defoe », *Dix-Huitième Siècle*, N° 30, 1998, p. 489. Voir également J. R. Moore, *Defoe in the Pilory and other studies*, Bloomington, Indiana, 1939 et Christopher Hill, *Collected Essays*, Amherst, The University of Massachusetts Press, volume 3, 1986. La traduction en français par Henri Thiès de *l'Histoire des plus fameux pirates*, Michel Le Bris éd., a d'ailleurs paru sous le nom de Daniel Defoe, Paris, Payot, 1992, 2 tomes.

la traversée de l'Afrique d'Est en Ouest par une poignée d'aventuriers. Au cours de leur périple, ils rencontrent quelques anthropophages mais pas le royaume cruel de Butua, imaginé plus tard par Sade dans *Aline et Valcour*.

Cependant, en l'absence d'éléments décisifs permettant de connaître le rôle exact de Daniel Defoe dans la rédaction de l'*Histoire générale des plus fameux pirates*, il me semble possible d'envisager une autre hypothèse, selon laquelle se cacherait, derrière le nom de « Captain Charles Johnson », un collectif de journalistes parmi lesquels se trouverait Defoe : ils auraient assisté aux procès de pirates à Old Bailey, lu les *Accounts* résultant de ces séances, et les brochures de colportage circulant sur les criminels les plus célèbres, quitte à en écrire eux-mêmes un certain nombre et à les mettre sur le marché. Si l'on se réfère au *Dictionnaire des pirates et des corsaires* et à l'*Histoire des pirates et des corsaires*[43], les pirates du recueil ont tous existé, sauf Misson qui, dans les chapitres XX et XXIII de l'*Histoire générale des plus fameux pirates*, fonde une république libertaire à Madagascar. En comparant l'*Histoire générale des plus fameux pirates* avec les textes antérieurs sur la piraterie, on constate 1) que les grands noms de la piraterie anglaise sont là au complet, Every, Morgan, Rackam, Kidd, Blackbeard 2) que le « Capitaine Johnson » reprend avec exactitude les principaux faits et méfaits de ces hommes, quitte à rajouter par ci-par là quelques épisodes fictifs quand il manque des morceaux au puzzle biographique : par exemple, il est dit à propos d'Every qu'il meurt dans la misère après être rentré en Angleterre, alors qu'on ne sait rien en réalité sur ce qu'il devint après la capture du navire du grand Moghol. Cela n'empêche pas le « capitaine Johnson » de souligner autant qu'il le peut l'authenticité des récits, par un souci constant de réalisme. Les vies des pirates mentionnées dans l'ouvrage étant à peu près contemporaines de celui-ci, l'auteur insiste sur le fait que ses informations proviennent de témoignages de personnes capturées par les pirates ou de membres des équipages pirates : on trouve souvent des formules comme « mes informateurs m'ont rapporté » ou « J'ai fait la connaissance de l'un d'eux à son retour en Angleterre au printemps passé[44]. » Des comptes

43 *Dictionnaire des corsaires et des pirates*, Gilbert Buti et Philippe Hrodej (dir.), Paris, CNRS Éditions, 2013 ; *Histoire des pirates et des corsaires*, Gilbert Buti et Philippe Hrodej (dir.), déjà cité.

44 *Histoire générale des plus fameux pirates*, traduction de Henri Thiès, Michel Le Bris éd., tome I, p. 170-171.

rendus judiciaires, des noms de bateaux et de membres des équipages, des listes de condamnés etc. complètent d'ailleurs les dossiers.

L'histoire de Jack Rackam est restée célèbre. Également appelé Calico Jack ou Rackam le rouge parce qu'il aimait s'habiller d'étoffes de coton colorées, il vivait avec deux femmes pirates, Anne Bonny et Mary Read, aussi féroces que les hommes, disait-on. Comme le déclare la préface de l'*Histoire générale des plus fameux pirates*, « *As to the lives of our two female Pirates, we must confess they may appear a little extravagant, yet they are never the less true for seeming so ; but as they were publicly tried for their piracies, there are living witnesses enough to justify what we have laid down concerning them* » et la préface ajoute : « *If there are some incidents and turns in their stories which may give them a little the air of a novel, they are not invented or contrived for that purpose*[45]. » Dans le compte-rendu judiciaire du procès, on peut lire le témoignage d'une femme, Dorothy Thomas, qui faillit devenir leur victime :

> *The two women, prisoners at the Bar, were then on Board the same Sloop, and wore Mens Jackets, and long Trouzers, and Handkerchiefs tied about their Heads; and that each of them had a Machet and Pistol in their Hands, and cursed and swore at the Men, to murder the Deponent*[46].

Alors que Rackam est pendu en novembre 1720, Anne Bonny et Mary Read échappent à la pendaison parce qu'elles sont enceintes de Rackam. L'une d'entre elles meurt en prison, l'autre aurait été, semble-t-il, sauvée par son père, un planteur de la Caroline qui aurait payé pour sa mise en liberté et l'aurait mariée ensuite à un planteur dont elle aurait eu huit enfants, avant de mourir presque centenaire.

---

45 « Quant aux vies de nos deux femmes pirates, nous devons avouer qu'elles peuvent sembler un peu exagérées. Pourtant, elles n'en sont pas moins vraies. Comme Anne Bonny et Mary Read ont été jugées publiquement pour piraterie, il y a suffisamment de témoins vivants pour justifier ce que nous avons dit à leur sujet. [...] Si des éléments de leur histoire peuvent leur donner un peu l'apparence de romans, ils ne sont ni inventés, ni arrangés à dessein ». *A General History of the Pyrates*, London, T. Warner, 1724, préface non paginée.

46 « Les deux prisonnières présentes au tribunal, quand elles étaient à bord du sloop, portaient des vestes et des pantalons d'homme, et des mouchoirs noués autour de la tête ; elles avaient chacune une machette et un pistolet à la main, encourageant les hommes à tuer le témoin par des jurons et des imprécations ». *The Tryals of Captain John Rackam and other Pirates*, Jamaica, Printed by Robert Baldwin, 1711, dans *British piracy in the Golden Age : History and interpretation, 1660-1730*, Joel H. Baer ed., volume 3, p. 27.

Malgré la présence de tels personnages qui pourraient en effet être des héros de romans, le style de l'*Histoire générale des plus fameux pirates* est dans l'ensemble descriptif et assez plat. Chaque chapitre est consacré à la vie d'un pirate, ce qui donne une apparence assez répétitive à cette nomenclature. Les chapitres XX et XXIII du tome II de l'ouvrage doivent pourtant être séparés de l'ensemble. Ce sont ceux qui évoquent la république constituée par Misson à Madagascar et baptisée « Libertalia ». La place de l'épisode dans le livre, beaucoup plus long que les autres chapitres, montre l'importance que l'auteur veut lui donner. Même si l'on n'a trouvé de preuves ni de l'existence de cette république ni de celle de Misson, le « Capitaine Johnson » accumule une fois de plus les preuves tendant à montrer le caractère authentique du récit. « Nous disposons » en effet, écrit-il, « d'un manuscrit en français où [Misson] expose lui-même le détail de ses actions[47]. » Misson, « issu d'une vieille famille provençale », aurait rencontré à Rome le *signor* Carracioli, un moine défroqué et éclairé, qui « fait de Misson un déiste complet » en le convainquant « que toute religion n'était somme toute qu'une pratique purement humaine[48] » et que la Bible et les miracles sont tissés de sottises. L'équipage lui-même est séduit car, nous dit le Capitaine Johnson, « Beaucoup d'entre eux étaient des protestants de La Rochelle à l'esprit encore teinté de calvinisme, ce qui explique le succès de sa doctrine[49]. » Il est probable que l'abbé Prévost, écrivant quelques années plus tard *Cleveland*, se soit souvenu de l'épisode de « Libertalia » quand il évoquait la colonie rochelloise, qu'il place, lui, au milieu de l'Atlantique. En effet le génial Carracioli ne se contente pas de mettre à bas le vieux dogme catholique. Il prône également l'instauration d'une colonie républicaine et égalitaire dans un territoire conquis par ces pirates d'un nouveau genre.

Le capitaine Misson et ses marins décident alors d'abandonner le drapeau noir car ils ne se considèrent pas comme « des pirates, mais des hommes décidés à affirmer la liberté reçue de Dieu et de la Nature, sans se soumettre à quiconque, sinon pour le bien commun[50]. » Ils attaquent de temps en temps des bateaux car il faut bien vivre, mais répugnent à faire couler le sang. En prenant le cap de la Guinée, ils rencontrent

47 *Histoire générale des plus fameux pirates*, traduction de Henri Thiès, Michel Le Bris éd., tome II, p. 15.

48 *Ibid.*, tome II, p. 21.

49 *Ibid.*, p. 23.

50 *Ibid.*, p. 27.

un navire négrier hollandais, laissent la vie sauve aux Hollandais mais libèrent tous les esclaves car, comme le déclare Misson, « il n'était au pouvoir de personne de décider de la liberté d'autrui[51]. » Plus tard, ils abordent Madagascar et créent, avec l'assentiment de la reine de l'île, une république utopique qu'il nomme « Libertalia ». Ses habitants sont appelés *Liberi*, « dans l'espoir d'effacer les frontières entre nations, Français, Anglais, Hollandais, Africains[52]. » Comme dans *Robinson Crusoe*, ils font fructifier leur colonie mais en groupe cette fois, mettant en commun leur butin, défrichant, ensemençant les terres, posant des clôtures et constituant un cheptel. Ils se préoccupent aussi d'enseigner la navigation et le français aux Noirs. Enfin, de la même façon que dans la colonie rochelloise de *Cleveland*, ils résolvent par la force le déséquilibre entre le nombre d'hommes et de femmes : ici ce ne sont pas les hommes qui manquent mais les femmes et ils se saisissent donc de « cent filles âgées de 12 à 18 ans » sur le bateau du grand Moghol qui partait pour La Mecque, réinterprétation libre de l'aventure du pirate Henry Every, le « roi de Madagascar ». La république de Libertalia fait aussi partie des « rêveries primitivistes sur l'ensauvagement du civilisé en rupture avec l'Europe ». Elle prend place dans une série de romans anglais qui, de Defoe à Kipling et à Conrad dans *Lord Jim*, racontent l'épopée d'un Européen devenu roi au bout du monde[53].

Quand Alain-René Lesage publie en 1732 *Les aventures de Monsieur Robert Chevalier, dit de Beauchêne*, personnage réel dont il réécrit l'histoire, il s'inspire à la fois de l'*Histoire des flibustiers* d'Exquemelin et de l'*Histoire générale des plus fameux pirates*. Lui aussi insiste sur la dimension libertaire de la flibuste : « Chacun est officier et ne travaille que pour lui. Nous sommes tous égaux, et notre capitaine n'a pas d'autre privilège que celui de passer pour avoir lui seul deux voix dans les délibérations[54]. » Après avoir été élu capitaine des pirates, Beauchêne prend dans son équipage un flibustier philosophe qui joue un peu le même rôle que Carracioli

51 *Ibid.*, p. 39.

52 *Ibid.*, p. 56.

53 Voir Jean-Michel Racault, « De l'aventure flibustière à la piraterie littéraire : Defoe, Leguat, les deux Misson et la République utopique de Libertalia », *Les Tyrans de la mer. Pirates, corsaires et flibustiers*. Textes réunis par Sylvie Requemora et Sophie Linon-Chipon, p. 244.

54 *Les aventures de Monsieur Robert Chevalier, dit de Beauchêne, capitaine de flibustiers dans la Nouvelle France*, édition critique d'Emmanuel Bouchard, Montréal, université de Montréal, 2006, p. 147.

auprès de Misson, qui est d'éclairer les pirates et, cette fois, de les former aux idées scientifiques :

> C'étoit un parfait philosophe, un méditatif Malbranchiste, qui n'avoit jamais vû d'épées nuës, & ne connoissoit la poudre à canon que par les expériences qu'il avoit faites sur le ressort de l'air qu'elle contient. [...] Nous l'écoutions tous avec plaisir, surtout lorsqu'il parloit physique, & nous expliquoit la cause des éclipses, des vents, du flux et du reflux de la mer[55].

Bien que les pirates soient moins présents dans la littérature française que dans la littérature anglaise du XVIIIe siècle, il est intéressant de constater que les romanciers français qui leur donnent une place sont les mêmes que ceux qui s'intéressent aux brigands. Pirates, corsaires et bandits coexistent, par exemple, dans les œuvres de Lesage, de l'abbé Prévost et de Sade. Si les pirates ne font qu'une fugitive apparition dans *Candide*, lorsque « la vieille » au chapitre 11 évoque son enlèvement puis son viol par un pirate marocain de Salé et plus tard, quand le vaisseau où se trouvent Cunégonde et Cacambo est saisi par un pirate qui les emmène à Milos et à Marmora pour les vendre finalement comme esclaves, chez l'abbé Prévost, les pirates jouent un rôle narratif plus affirmé, quoique modeste. Dans *Cleveland*, le héros parcourt à la fin du XVIIe siècle les Antilles, va de Saint-Domingue à Cuba, puis à la Martinique et en Floride pour retrouver Fanny, sa bien-aimée. Il essuie de terribles tempêtes et manque de mourir pendant un naufrage mais il ne rencontre pas une seule fois un de ces flibustiers qui pullulaient alors pourtant aux Caraïbes. Les pirates sont un peu plus présents dans les *Mémoires et aventures d'un homme de qualité*, sans occuper cependant une place de premier plan. On a déjà signalé le personnage de Mezzo Morto qui apparaît dans l'« Histoire de l'esclave qui se disait Religieux ».

Celui qui donne davantage de place aux pirates est Sade. Dans « L'histoire de Sainville et de Léonore », Sainville pense que Léonore, qui a disparu, a été enlevée à Venise par un pirate turc. Sainville part donc à sa recherche, en suivant un itinéraire dont les étapes suivent les hauts lieux de la piraterie en Méditerranée. Il va d'abord à Constantinople, pensant retrouver Léonore dans le harem du sultan. Mais l'ambassadeur de France auprès de la Porte dit à Sainville qu'il y a bien longtemps que les Ottomans ne se livrent plus à la piraterie et qu'il faut la chercher dans les États barbaresques, à Salé

---

55 *Ibid.*, p. 188.

par exemple, grand port pirate marocain. Sainville retrouvera finalement Léonore actrice sur la scène du théâtre de Bordeaux !

N'oublions pas non plus le tableau saisissant d'Hélène, femme de pirate, que Balzac décrit dans *La Femme de trente ans* :

> Il y avait tout à la fois en elle je ne sais quelle suavité de vierge et cette sorte d'orgueil particulier aux bien-aimées. Esclave et souveraine, elle voulait obéir parce qu'elle pouvait régner. Elle était vêtue avec une magnificence pleine de charme et d'élégance. La mousseline des Indes faisait tous les frais de sa toilette ; mais son divan et les coussins étaient en cachemire, mais un tapis de Perse garnissait le plancher de la vaste cabine, mais ses quatre enfants jouaient à ses pieds en construisant leurs châteaux bizarres avec des colliers de perles, des bijoux précieux, des objets de prix[56].

En réalité, le traitement littéraire du pirate suit des orientations assez différentes en France et en Angleterre au XVIIIe siècle. En Angleterre, c'est un personnage réaliste, issu des feuilles criminelles et des comptes rendus d'Assises, dont le terrain d'action est avant tout l'espace des Caraïbes. En France, le pirate opère moins souvent aux Antilles qu'en Méditerranée et relève alors de l'exotisme des États barbaresques. C'est particulièrement vrai dans les pièces de théâtre où apparaissent des pirates. Le décor est alors celui des turqueries chantées et dansées, celles du Théâtre de la Foire et du vaudeville. Le flibustier farouche et aventurier de la littérature anglaise est remplacé par un pirate mahométan, sur fond de despotisme oriental et de harems où de belles captives françaises sont sauvées *in extremis* par de valeureux et galants officiers français. Tel est, à la fin du XVIIIe siècle, le sujet de plusieurs pièces de théâtre, assez médiocres d'ailleurs, comme *L'Honnête corsaire ou La femme vendue*, comédie de Régnier de la Brière, représenté sur le Théâtre des Grands Danseurs du Roi en 1782[57] et *Le Corsaire*, comédie représentée à Versailles devant le roi et la reine l'année suivante. Cette comédie en vers et en trois actes comporte des scènes de ballet, des chants et de la

56 Honoré de Balzac, *La femme de trente ans*, Paris, Gallimard, 2016 [1842], coll. Folio, p. 264-265.

57 *L'Honnête Corsaire ou La femme vendue*, Amsterdam et Paris, chez les Marchands de Nouveautés, 1782. Pour une analyse documentée du personnage de corsaire dans le théâtre français du XVIIe siècle, voir Sylvie Requemora, « L'imagerie littéraire du "Tiran de la Mer" au XVIIe siècle : des récits de voyage et des histoires de flibustiers aux traitements romanesques et dramaturgiques », *Les Tyrans de la mer. Pirates, corsaires et flibustiers*. Textes réunis par Sylvie Requemora et Sophie Linon-Chipon, p. 298-314.

musique, et se termine par quelques vers à la gloire de la monarchie française, après que Mahamet, corsaire algérien, a rendu hommage au charme des femmes françaises :

> Je n'avois pas encor rencontré de Française,
> Vos femmes, par un art que l'on n'apperçoit pas,
> Allument dans nos cœurs une subtile flâme[58].

Rien de comparable avec le chant de révolte entonné chaque jour d'une voix avinée (« *their daily song, and their drunken bouts* ») par les pirates de Cusack en route vers la Barbade :

> *Hand sorrow, let's cast away care,*
> *The world is bound to find us:*
> *Thou and I, and all must die,*
> *And leave this world behind us.*
> *The bell shall ring, the clark shall sing,*
> *The good old wife shall wind us.*
> *The sexton shall lay our bodies in clay*
> *Where the devil in Hell shall find us.*

> « Renoncez au chagrin et aux soucis
> Le monde entier est à nos trousses :
> Toi et moi, nous tous devrons mourir
> Et laisser ce monde derrière nous.
> La cloche sonnera, le prêtre chantera,
> Notre bonne vieille épouse nous enveloppera dans notre linceul.
> Le sacristain déposera nos corps dans la glaise
> Où le diable de l'Enfer nous trouvera[59]. »

---

58 *Le Corsaire*, comédie en vers et en trois actes. Mise en musique par M. d'Alayrac. Paroles de La Chabeaussière, Paris et Bruxelles, Gambier, 1787, p. 7.

59 *The Grand Pyrate : or, the life and death of Cap. George Cusack, the great sea-robber*, p. 8.

DEUXIÈME PARTIE

BRIGANDS ET LITTÉRATURE

Les littératures criminelles anglaise et française constituent un lieu d'observation privilégié pour étudier la manière dont un genre se développe d'abord de manière similaire puis suit des voies divergentes, tout en produisant adaptations et transferts d'un pays à l'autre. En Angleterre et en France, la littérature s'empare du crime et des bas-fonds à la fin du XVIe siècle, sous l'influence des romans picaresques espagnols. La *Vida de Lazarillo de Tormes* est publiée en Espagne en 1554 puis *El Guzman de Alfarache* un peu plus tard. Les deux romans sont traduits rapidement en français et en anglais avant la fin du siècle. D'autres livres paraissent alors, décrivant les marges de la société, les vagabonds, les voleurs et les mendiants. En Angleterre, Robert Greene écrit pendant la période élisabéthaine une série de brochures sur ce sujet, les « cony-catching pamphlets » et, en France, *La Vie généreuse des mercelots*, publiée en 1596 et rédigée par un certain Péchon de Ruby s'inspire des mêmes thèmes[1]. Tous ces livres font soigneusement la distinction entre les simples voleurs qui méritent seuls leur attention, et ceux qui sont prêts à tuer pour s'emparer du bien d'autrui. À la fois inquiétants et faits pour divertir, ils se placent dans la continuité littéraire des « jest-books » médiévaux et des romans picaresques, mais ils décrivent aussi une société secrète capable de mettre en péril l'ordre du monde et la société établie, avec ses codes, sa hiérarchie et sa propre langue, l'argot, langue des voleurs. L'univers qu'ils dépeignent est avant tout celui de la duperie, des faux-semblants et des tours pendables et ils font défiler en une procession infinie une Cour des miracles de soldats mutilés ou prétendant l'être, de vrais et faux paralytiques, de pèlerins revenant soi-disant de Compostelle etc. En France, le *Jargon de l'argot réformé*, petit dictionnaire d'argot, est publié anonymement en 1629. Le livre passe rapidement dans la littérature de colportage où il est régulièrement réédité tout au long des XVIIIe et XIXe siècles. En Angleterre, un *Dictionary of the terms ancient*

1 Sur la littérature de gueuserie en France, voir *Figures de la gueuserie*, Textes choisis et présentés par Roger Chartier, déjà cité et Claudine Nedelec, « L'Argot des gueux aux XVIe et XVIIe siècles », *XVIIe siècle*, n° 186, janvier-mars 1995 (p. 147-154) ; « L'argot, langue des gens d'une même cabale », Lise Andries (dir.), *Cartouche, Mandrin et autres brigands du XVIIIe siècle*, p. 62-83 ; *Les Enfants de la Truche*, Claudine Nedelec (dir.), Toulouse, Société de littératures classiques, 1998.

and modern of the canting crew paraît à la fin du XVIIe siècle, ainsi qu'une *Thieves'grammar* et un *Thieves's dictionary*.

Dès les années 1650, d'autres ouvrages font leur apparition, qui s'inspirent de la littérature judiciaire et connaissent une très large diffusion, surtout dans les milieux urbains. Il s'agit d'un vaste ensemble de textes regroupant des feuilles volantes criminelles, des mémoires judiciaires ou des arrêts du Parlement, des biographies de brigands célèbres, publiées par des éditeurs spécialisés dans la vente par colportage. Les feuilles volantes criminelles sont vendues le jour des exécutions par des marchands ambulants qui suivent le cortège des condamnés. Ancêtres de la presse populaire d'information et des journaux à sensation, ces feuilles sont imprimées à la va-vite et vendues bon marché. Mais, contrairement aux journaux, elles ne sont soumises à aucune autre périodicité que celle de l'« occasion ». Comme les exécutions sont publiques en France et en Angleterre et qu'elles attirent un public mêlé, issu de toutes les catégories sociales, il existe une large clientèle prête à acheter ces minces brochures qui ne coûtent qu'un à deux sous. Horace Walpole évoque ces textes en 1750 dans sa correspondance : « *You can't conceive the ridiculous rage there is of going to Newgate, and the prints that are published of the malefactors, and the memoirs of their lives and deaths set forth*[2] ». De la même façon, Louis-Sébastien Mercier écrit dans le *Tableau de Paris* :

> Quelle voix sinistre et retentissante, emplissant les rues et les carrefours, se fait entendre jusqu'au sommet des maisons, et crie qu'un homme plein de jeunesse va périr, égorgé de sang-froid par un autre homme, au nom de la société ? Le colporteur, en courant et hurlant, vend la sentence encore humide. On l'achète pour savoir le nom du coupable et apprendre quel est son crime. On a bientôt oublié l'un et l'autre[3].

Les romans français du XVIIIe siècle qui s'intéressent aux brigands et à la violence criminelle, ceux de Robert Challe, de Lesage, de l'abbé Prévost et du marquis de Sade se nourrissent de cette littérature largement

---

2 « On ne peut concevoir la fureur ridicule qui consiste à aller à Newgate, et les imprimés qui sont publiés sur les malfaiteurs, et les mémoires relatant leur vie et leur mort ». Lettre d'Horace Walpole à Horace Mann, 18 octobre 1750.

3 Louis-Sébastien Mercier, *Tableau de Paris*, Édition établie sous la direction de Jean-Claude Bonnet, Paris, Mercure de France, 1994, « Sentence de mort », chapitre CCLXXVIII, tome 1, p. 709.

diffusée. Ils se placent aussi dans la continuité des canards sanglants[4] et des histoires tragiques. *Les Illustres Françaises* de Robert Challe, recueil de nouvelles publié en 1713, s'inspirent en particulier des *Histoires tragiques de notre temps*[5] de François de Rosset où il est beaucoup question de vengeance amoureuse, de duels et de sortilèges. Elles s'inspirent aussi du *Recueil des dames* ou *Recueil des dames illustres* de Brantôme, auquel elles empruntent leur titre. L'ouvrage de Brantôme, un proche de Catherine de Médicis, fut écrit dans les années 1580 et publié de façon posthume en 1655 avec un grand succès. Comme dans les *Histoires tragiques*, il y est beaucoup question de jalousie amoureuse, de maris trompés et de meurtres. Mais si Brantôme décrit souvent avec crudité les amours de la société de cour des derniers Valois, Robert Challe fait évoluer ses personnages dans le Paris des classes moyennes pendant le règne de Louis XIII. Il évoque le désordre amoureux qui peut conduire à des vies en marge de la loi.

4 Voir Maurice Lever, *Canards sanglants. Naissance du fait divers*, Paris, Fayard, 1993.

5 François de Rosset, *Histoires tragiques de notre temps ou sont contenues les morts funestes et lamentables de plusieurs personnes arrivees par leurs ambitions, vols, rapines et par autres accidents divers et mémorables*, Cambrai, Jean de la Rivière, 1614.

CRIMES ET DÉVIANCE DANS *LES ILLUSTRES FRANÇAISES* DE ROBERT CHALLE

Les Illustres françaises ayant été publiées en 1713, je me suis demandé si les intrigues relatées par Challe trouvaient des échos dans les archives judiciaires du temps[1]. Dressons d'abord un rapide panorama de la situation historique. L'année est complètement dominée par la fin de la guerre de succession d'Espagne, guerre qui a duré de 1701 à 1714 et qui a laissé la France exsangue. Les dernières années du règne de Louis XIV se traduisent en effet par une période de marasme économique et de misère, due en partie à l'effort de guerre. C'est aussi un moment de mauvaises récoltes et de disette qui culmine avec le terrible hiver 1709-1710 et correspond au « petit âge glaciaire » que connaît alors l'Europe. Les archives rendent compte de cette situation, enregistrant la recrudescence des vols sur les grands chemins et l'explosion de la mendicité. Voici ce que dit la *Gazette d'Amsterdam* dans son numéro du 3 janvier 1713 : « Il est à souhaiter dans ce renouvellement d'Année, qu'elle commence et finisse sous des auspices plus favorables que la précédente [...] en sorte que cette Année puisse être la dernière de cette longue et sanglante guerre, & la première d'une bonne et sûre Paix[2]. » Tout au long de l'année 1713, la *Gazette d'Amsterdam* ne parle d'ailleurs que de la guerre. On pourrait également citer l'*Almanach pour l'année 1714*, calendrier mural paru chez Langlois à la fin de l'année 1713 qui met en image les faits les plus marquants de l'année qui vient de s'écouler. Or sur ce calendrier, la plus grande des vignettes illustre la signature du traité d'Utrecht le 21 avril 1713 et les

1 Les archives judiciaires que j'ai consultées ont été principalement les archives de la Préfecture de police, les archives dites de la Bastille et la *Table des accusés jugés en appel au Parlement de Paris 1700-1790*, Archives Nationales. Le point de départ du présent chapitre est une contribution à *Paris 1713 : l'année des Illustres Françaises*, G. Artigas-Menant et C. Dornier dir., dont nous avons prolongé la réflexion.

2 *Gazette d'Amsterdam*, 3 janvier 1713.

quatre autres une fête donnée à Suresnes par le grand électeur de Bavière, deux scènes de bataille et l'entrée à Paris de l'ambassadeur d'Angleterre pour participer aux négociations sur la paix. Il s'agit donc de la guerre et encore de la guerre, malgré la tonalité joyeuse de la fête de Suresnes et de l'entrée majestueuse dans Paris de l'ambassadeur.

À Paris s'ajoutent à la crise économique et à la guerre qui n'en finit pas de se terminer une violence de tous les instants. Des bandes organisées détroussent et assassinent les piétons, de préférence la nuit dans un Paris mal éclairé (des réverbères ne sont en effet installés dans les rues de Paris qu'après les années 1750). Ainsi dans la sixième nouvelle des *Illustres françaises*, « L'histoire de Des Frans et de Silvie », Des Frans sortant de chez Silvie qui habite le Marais, près de la rue Saint-Antoine, raconte : « Je sortais un soir fort tard de chez elle dans le mois de janvier. Il était près de minuit. Le temps était extrêmement sombre ; on ne voyait ni ciel, ni terre. Un flambeau qu'un laquais me portait s'était éteint par le vent, et aucune lanterne n'était restée allumée ; je marchais à tâtons[3]. » La pègre parisienne est souvent en contact avec des individus appartenant au grand banditisme qui sévissent sur les grands chemins et dont le terrain d'action est l'Île de France ou parfois l'ensemble du territoire national. Toujours dans « L'histoire de Des Frans et de Silvie », on apprend que Des Frans rencontre des bandits de grand chemin sur une route des Alpes en revenant de Rome et que, dans une forêt près de Paris, des brigands attaquent Gallouin et son compagnon, les pendent à un arbre et les laissent mourir. La violence tisse le destin de la plupart des personnages des *Illustres françaises* qui s'y résignent comme à un élément normal de leur vie quotidienne. Par exemple, au début du recueil, Dupuis parle de son ami Gallouin et demande à Des Frans des nouvelles de Silvie : « Elle est morte, répondit Des Frans. – Ils sont donc morts tous deux, reprit tristement Dupuis, et peut-être tous deux de mort violente. – Non, répondit Des Frans, la mort de Silvie a été naturelle[4]. »

Elle s'explique aussi paradoxalement par la présence massive dans la ville de forces militaires et policières. La police parisienne est, depuis 1667, sous l'autorité d'un Lieutenant général de police. En 1713, c'est le

3 Robert Challe, *Les Illustres Françaises*, Édition nouvelle par Frédéric Deloffre et Jacques Cormier, Genève, Droz, 1991, p. 319.

4 *Les Illustres Françaises*, p. 16.

Marquis d'Argenson qui occupe cette fonction. Il a sous ses ordres une cinquantaine de commissaires de police, des inspecteurs, tous gens de justice dépendant du Châtelet, et des milliers de mouches et d'espions. La police d'intervention est, elle, entre les mains de militaires, 4000 Gardes suisses et Gardes françaises de la Maison du Roi réputés pour leur violence, auxquels s'ajoutent 2000 Gardes du guet et de la ville et 200 exempts[5]. À ces forces de police s'ajoute l'armée proprement dite, mousquetaires, dragons et grenadiers. Tous ces hommes ont le droit de porter l'épée comme la noblesse. Intransigeants sur les questions d'honneur, ils se battent ou provoquent leur adversaire en duel dès qu'un geste, une parole, un regard leur semblent insultants. Autant dire que les rixes et les duels font partie du quotidien, d'autant plus que les duels échappent en général à toute poursuite, malgré la multiplication des édits royaux sous Louis XIII et Louis XIV punissant de mort les duellistes[6]. On retrouve à l'aube, au fil de l'eau, les cadavres jetés dans la Seine : à la morgue du Grand Châtelet, tout au long du XVIIIe siècle, la majorité des cadavres sont ceux d'individus morts de mort violente à l'arme blanche[7].

Or la plupart des personnages des *Illustres Françaises* sont officiers et partagent la même morale de l'honneur et la même violence. Dans la septième nouvelle, « L'histoire de Dupuis et de Madame de Londé », Dupuis se bat avec son frère, et dans la nouvelle précédente, Des Frans provoque Gallouin en duel à cause de Silvie. Dans « L'Histoire de Monsieur de Terny et de Mademoiselle de Bernay », Terny tue à l'épée le prétendant de Mademoiselle de Bernay qui l'avait insulté en public. À cause du meurtre, il est obligé de quitter Paris mais seulement pour un court moment. Comme le dit Terny, « J'avais de bons amis à Paris qui se chargèrent de travailler pour moi », et il obtient en effet rapidement d'être gracié par le roi : il retourne alors à Paris où, dit-il, « Je fis entériner mes lettres de grâce. » Le Chevalier de Mailly, dans les *Entretiens des cafés de Paris* parus en 1702, parle du même univers : le neuvième Entretien décrit deux carrosses accrochés l'un à l'autre sur

5 Voir Vincent Milliot, « Paris, une ville sans brigands ? », *Cartouche, Mandrin et autres brigands du* XVIIIe *siècle*, Lise Andries (dir.), p. 194.

6 Jean Chagniot, *Paris et l'armée au* XVIIIe *siècle : étude politique et sociale*, Paris, Economica, 1985.

7 Voir Pascal Brioist, Hervé Drévillon, Pierre Serna, *Croiser le fer : violence et culture de l'épée dans la France moderne :* XVIe-XVIIIe *siècle*, Seyssel, Champ Vallon, 2002.

le Pont Neuf avec « deux mousquetaires du Roi qui se poussent de grands coups d'épée d'un carrosse à l'autre. » Tout ceci est conforme à la réalité judiciaire. Seules quelques rares affaires de duels apparaissent dans *La Table des accusés jugés en appel devant le Parlement de Paris*. Quand il s'agit d'aristocrates et d'officiers, la sentence est toujours la même : même s'il y a eu mort d'homme, il faut payer des aumônes et des messes pour les victimes afin d'obtenir ses lettres de grâce. À la violence des gestes et des attitudes, correspond une violence verbale. Monsieur de Terny déclare ainsi à Mademoiselle de Bernay dont le père s'oppose à son mariage : « Je me soucie de la colère de votre père, comme du vent qui soufflait il y a mille ans[8]. »

Paris, ville dangereuse, est presque un personnage à part entière dans le roman. Dans les *Illustres Françaises*, il y a des lieux propices aux rencontres comme la foire Saint Germain et l'église Saint-Paul où se marient Des Frans et Silvie, des fêtes de carnaval, des baignades dans la Seine. Paris est encore une ville dont la campagne est proche : on tire l'oie à Suresnes, Marie-Madeleine de l'Épine place des fleurs devant sa fenêtre près des remparts, les amants font l'amour dans les seigles. Robert Challe s'inscrit ici dans une tradition littéraire, du *Tracas de Paris en vers burlesques* de François Colletet publié en 1649 aux *Entretiens des cafés de Paris* du Chevalier de Mailly de 1702.

Il existe aussi dans *Les Illustres Françaises* une violence de classe qui fait apparaître aujourd'hui certains personnages sous un jour fort peu sympathique[9]. Dans la cinquième nouvelle, « Histoire de Monsieur des Prez et de Mademoiselle de l'Epine », Des Prez rosse à coups de canne le paysan qui l'a surpris dans un champ de seigle avec sa belle. C'est un privilège de la noblesse qui pouvait rosser qui elle voulait, du moment que c'était un roturier. De même, la septième nouvelle, l'« Histoire de Dupuis et de Madame de Londé », raconte comment Dupuis, avec cinq amis, va se baigner nu sous le Pont Neuf. Un soldat, perché sur le parapet du Pont, lui envoie des ordures. Dupuis lui demande d'arrêter mais le soldat continue, accompagné du rire des spectateurs. Dupuis, « dans une fureur épouvantable », sort de l'eau, monte les marches de

8 *Les Illustres Françaises*, p. 153.
9 Voir aussi Eric Francalanza, « La Violence dans les *Illustres françaises* de Robert Challe », « L'imaginaire de la violence », *Imaginaire et Inconscient*, Bordeaux, L'Esprit du temps, 2001/4.

l'escalier en se faisant fouetter au passage par les charretiers qui se trouvent là et, tout sanglant, vient trouver le soldat : « Je le pris par les cheveux, je lui donnai trois ou quatre coups de poing sur le nez et le jetai du haut du pont dans la rivière, où je me jetai après lui. » Le soldat est ensuite repêché et entouré par la foule : « Tout mourant qu'il était, on ne put pas m'empêcher de lui casser ma canne sur le corps. » Alors que les laquais font comprendre à la foule que Dupuis est un homme de qualité, il ajoute : « Je ne vis rire personne, je ne l'aurais pas souffert de qui que c'eût été[10]. » Cette violence sociale s'exprime dans le fonctionnement très inégalitaire de la justice. On se souviendra aussi du jeu cruel auquel se livrent Dupuis et quelques amis libertins à l'égard d'un malheureux marchand d'oublies[11] qu'ils font monter dans leur appartement et condamnent soi-disant à mort parce qu'il a perdu au jeu et ne peut s'acquitter de ses dettes. Après avoir fait semblant de le pendre, ils le font tomber du haut d'une grue et manquent de le tuer[12].

Il faut enfin parler de la violence qui s'exerce au sein des familles, thème récurrent dans *Les Illustres Françaises* où les parents apparaissent souvent comme de véritables tyrans à l'égard de leurs enfants : Monsieur de Bernay oblige sa fille aînée à épouser Monsieur d'Ornex qu'elle n'aime pas et qui, lui-même, la brutalisera au cours de leur mariage, et contraint ses deux filles cadettes à rester au couvent jusqu'à ce qu'il en décide autrement. La scène de violence la plus extrême est celle au cours de laquelle Mademoiselle de l'Épine, venue s'installer chez sa mère alors qu'elle est enceinte, se fait accabler d'injures d'abord par le père de son amant puis par sa propre mère, tombe dans l'escalier et, toute sanglante, est envoyée par sa mère à l'Hôtel-Dieu où elle accouchera, parmi les misérables, d'un enfant mort-né, avant de mourir peu après.

Certains personnages des *Illustres Françaises* sont vraiment de mauvais sujets ou des fripons. C'est le cas de Dupuis et de son ami Gallouin qui vivent à la lisière de l'illégalité. Au début de la septième et dernière nouvelle, Dupuis évoque l'existence de libertin qu'il a longtemps menée et décrit une nuit de carnaval pendant laquelle il s'était déguisé en diable. Ivre, il s'endort dans la boutique d'un savetier qui, rentrant chez lui à

10 *Les Illustres Françaises*, p. 472.
11 Biscuits ronds en forme d'hosties.
12 *Les Illustres Françaises*, p. 454-455.

neuf heures du matin, est persuadé qu'il est face au diable en personne. Dans la rue, toujours déguisé en diable, Dupuis fait fuir tout le monde, y compris une procession qui suit un corbillard. Rentré chez lui, il rit de la crédulité des uns et des autres. Le thème est proche de celui que développe l'abbé Bordelon dans *Les imaginations extravagantes de Monsieur Oufle*, ouvrage publié quelques années avant *Les Illustres françaises*.

Si la croyance en la présence physique du diable est un sujet de moqueries dans *Les Illustres Françaises*, d'autres questions liées à la magie et à l'astrologie sont traitées de manière beaucoup plus ambiguë. Il en est ainsi de l'idée de destin, déterminante dans les choix (ou plutôt l'absence de choix) auxquels sont confrontés les personnages. Lorsque Des Frans rencontre Silvie pour la première fois, il se dit :

> Comme forcé par une certaine puissance que je ne comprends point, et qui me fait croire que, si nos actions sont tout à fait volontaires, du moins peut-on dire que notre vie n'est pas gouvernée par notre seule volonté, et que l'étoile en règle les principaux mouvements et la disposition[13].

Des Grieux dans *Manon Lescaut*, parle, lui-aussi, de « mon étoile qui m'entraînait ». Selon Des Frans, l'« étoile » et le mouvement des astres détermineraient donc en partie les conduites humaines. Pour Gallouin, les choses sont plus nettes encore. Il apprend qu'il mourra pendu d'« un homme fort savant dans l'astrologie, qui avait tiré l'horoscope de quantité de personnes considérables ; et ses prédictions avaient été vérifiées, par le genre de mort d'une bonne partie d'eux tous[14]. »

Enfin, l'infidélité de Silvie s'explique dans la septième nouvelle par le fait que Gallouin a usé d'un « charme » pour vaincre sa résistance. Il a mêlé leurs sangs à son insu et en a imprégné son collier : « À peine Silvie eut-elle remis ce fatal fil de perles à son cou, que ses yeux devinrent étincelants ; qu'elle me regarda avec tendresse, et avec amour, et qu'enfin j'en triomphai sans peine[15]. » Or Robert Challe présente comme crédible la puissance du maléfice utilisé par Gallouin pour triompher de la vertu de Silvie. Cela fait de Silvie une victime et non une femme coupable d'adultère. La punition infligée par Des Frans qui l'oblige à se couper les cheveux (c'était l'un des châtiments de la

---

13 *Les Illustres Française*, p. 308.

14 *Ibid.* p. 552.

15 *Ibid.*, p. 546.

femme adultère) et la tient prisonnière, en la contraignant à un régime d'eau et de pain sec pendant plusieurs mois, est donc à la fois cruelle et injuste. Elle en mourra.

Tirer un horoscope, confectionner des philtres d'amour et autres sortilèges relèvent en 1713 de la justice. L'édit royal de 1682 contre « les empoisonneurs, les devins, les magiciens et les charlatans », ordonne que « toute personne se mêlant de deviner, & se disant Devins ou Devineresses, vuide incessamment le Royaume après la publication de notre présente déclaration, à peine de Punition corporelle. » L'affaire des poisons dont les procès se sont déroulés de 1679 à 1682 vient de se terminer sur fond de meurtres et de messes noires, et Louis XIV ne plaisante pas du tout avec la magie. Pourtant les archives de la Bastille montrent que les diseuses de bonne aventure et vendeuses de secrets d'amour sont encore nombreuses en 1713 dans les rues de Paris. Anne-Catherine Michel, 21 ans, est arrêtée le 8 août 1713. Elle « disoit la bonne aventure et donnoit ses secrets pour trouver des trésors et pour se faire aimer. Elle se faisoit payer d'avance par les filles qui vouloient faire réussir des mariages qu'elles désiroient[16]. » Plusieurs « devineresses », la nommée Feugère, la nommée Fauconnier et la femme Montmort sont poursuivies par la police le 16 août 1713 dans le quartier de Saint-Germain des Prés. Il est 11h du soir. Elles s'enfuient par la rue des Ciseaux et la rue Guizarde, et sont finalement rattrapées. On les trouve en possession de poudres pour se faire aimer et de feuilles de trèfle béni « sur lesquelles on avoit dit la messe » et qui portaient bonheur. Le marquis d'Argenson, Lieutenant général de police, désigne Antoine Lenoir, marchand apothicaire, pour examiner les poudres au cas où il s'agirait de poisons. Le rapport d'expertise de l'apothicaire indique que l'une des poudres « est une calcination de coquillages qui peut être employée à nettoyer les dents », l'autre « un mauvais purgatif[17] ». Le seul mal qu'elles puissent procurer, dit-il, est le fait que ces poudres sont très mal préparées.

Ces femmes appartiennent au petit peuple de Paris, comme leurs victimes qu'elles abordent dans la rue ou au cabaret. Marie Baron, arrêtée en 1712, est veuve d'un compagnon maçon. Elle est vendeuse de navets, mais aussi de grimoires et de talismans. Une de ses complices, Marie

16 Archives de la Bastille, *Prisonniers. Dossiers individuels et documents biographiques*, année 1713, Ms 10607, pièce 103.

17 *Ibid.*, pièces 135 à 166.

Guillotin, est la veuve d'un cocher. Des hommes aussi, « chymiste et homme à secrets suspects », chercheurs de trésors, tireurs d'horoscope se trouvent mêlés à ces affaires. Il s'agit parfois de prêtres dont la fonction d'intercesseurs avec l'au-delà leur assure un vrai prestige et leur permet d'escroquer plus facilement leurs dupes. Dans la bande « des quatorze infâmes impies et sacrilèges » qui défraie la chronique en 1703, on trouve un capucin défroqué appelé le père Thomas qui « disait la messe aux églises à l'heure de minuit pour faire des pactes avec le Diable à l'effet d'avoir de l'argent[18] ».

Il ne faut pas oublier que les almanachs d'astrologie et de prédictions fleurissent jusqu'à la fin du XVIIe siècle et qu'il se publie encore à Paris au début du siècle suivant des occasionnels comme la *Relation nouvelle et véritable d'une femme qui a accouché d'un lion*, et en 1717 la *Relation remarquable, arrivée à Compiègne, envers un jeune enfant, âgé de vingt ans, qui a voulu tuer sa mère, en jurant et blasphémant le saint nom de Dieu, pour avoir de l'argent ; et par permission de Dieu, pour le punir de ses jurements, le diable l'a emporté en présence de sa mère.* La crédulité n'est pas l'apanage des classes populaires. En novembre 1712, Pierre Romieux, garde de chasse des Menus Plaisirs du Roi, est accusé « d'avoir escroqué au Marquis de Joyeuse 25.000 livres sous la fausse promesse de luy faire trouver quatre millions avec un certain talisman[19]. »

On se trouve ici à une époque de basculement intellectuel, tout à fait intéressante, où la magie garde encore un statut ambigu et contradictoire. Même si Robert Mandrou a montré dans son grand livre, *Magistrats et sorciers en France au XVIIe siècle*[20] que la chasse aux sorcières est terminée en France après les années 1650 et que le Parlement de Paris, en particulier, refuse désormais de condamner à mort des individus accusés de sorcellerie, le caractère sulfureux de ces affaires subsiste. Aux yeux des magistrats, la magie est certes une illusion et, comme le dit un rapport de police, une manière d'« escroquer l'argent des Duppes ». Mais elle reste sur le plan législatif une grave transgression au même titre que le sacrilège ou le blasphème, car on ne sait pas vraiment à partir de quand le diable s'en mêle. Les interrogatoires des diseuses de bonne aventure

18 Archives du Musée de la Police, AA 5, pièces 177-188.

19 Archives du Musée de la Police, série AA5, 338.

20 Robert Mandrou, *Magistrats et sorciers en France au XVIIe siècle : une analyse de psychologie historique*, Paris, Plon, 1968.

traduisent l'embarras des magistrats : en effet, si le comportement des diseuses de bonne aventure est criminel, est-ce parce qu'elles pratiquent l'escroquerie ou à cause de leur commerce avec le Diable ? La police les appelle en général « fausses sorcières », terme qui témoigne bien de son malaise. On retrouve les mêmes contradictions dans le *Dictionnaire de Trévoux* de 1721 où l'on trouve à l'article SORCIER : « Le Parlement de Paris ne reconnoît point de Sorciers » mais considère qu'on « ne doit punir ceux qu'on accuse d'être sorciers, que lorsqu'ils sont dûment convaincus de maléfices[21] ». On trouve aussi dans l'*Encyclopédie*, à l'article CRIME sous le désignant « Jurisprudence », écrit par l'avocat Boucher d'Argis en 1754, « On appelle proprement maléfices, l'action par laquelle on procure du mal, soit aux hommes soit aux animaux, & aux fruits de la terre, en employant le sortilège, le poison, ou autres choses semblables. »

Ces fausses sorcières sont souvent accusées de mauvaises mœurs, voire de prostitution. La peine prescrite est l'enfermement à l'Hôpital général, c'est-à-dire la Salpétrière, et dans le cas de récidive une peine afflictive, marquage à la fleur de lys, fouet, carcan.

Robert Challe rend compte de ces croyances, sans doute largement partagées par les hommes et les femmes de son temps. Cela lui a d'ailleurs été reproché. Le *Journal littéraire* de La Haye souligne dans le compte-rendu qu'il fait du livre en 1713 :

> Il est fâcheux que dans ce livre, fort bon en son espèce, l'auteur ait répandu quelques idées de superstition, qui peuvent en imposer à la faiblesse de plusieurs personnes. [...] Tel est ce qu'il rapporte des secrets de Gallouin pour se faire aimer des femmes et de la prédiction de la mort de cet homme[22].

Un autre thème important des *Illustres Françaises* est le désordre amoureux sous toutes ses formes. Or ni la police des mœurs, ni la vie amoureuse, à plus forte raison lorsqu'elle aboutit au mariage, n'appartiennent à la sphère privée en 1713. Le roi se considère comme responsable de ses sujets et Louis XIV plus qu'un autre, en ces dernières années de règne : l'ordre moral qu'il a institué conduit à la direction des consciences et

21 Cité par Ulrike Krampl, *Les secrets des faux sorciers : police, magie et escroquerie à Paris au XVIIIe siècle*, Paris, Éditions de l'EHESS, 2012, p. 29. L'excellent livre d'Ulrike Krampl fait le point sur toutes ces questions.

22 *Les Illustres Françaises*, « Accueil et échos », p. 593.

des âmes. C'est pourquoi la prostitution et le « mauvais commerce », les mariages clandestins et les naissances illégitimes, les enlèvements ou « rapts de séduction » selon le terme juridique, si nombreux dans *Les Illustres Françaises*, sont jugés comme des actes de délinquance et relèvent de la justice. La question a déjà été évoquée dans le chapitre 2 à propos de la criminalité féminine.

Les Illustres Françaises témoignent avec crudité de cette réalité, surtout dans la dernière nouvelle, l'« Histoire de Dupuis et de Madame de Londé » où Dupuis explique sans détours : « Pendant le temps de mes débauches, j'avais connu tout ce qu'il y avait à Paris d'abbesses de Vénus[23]. » De son côté, le Chevalier de Mailly, dans les *Entretiens des cafés de Paris*, parle de « ces chauve-souris de Vénus qu'on appelle vulgairement accrocheuses », prostituées qui arpentent, le soir, les rues de Paris. On voit aussi Dupuis dialoguant avec une maquerelle qui tient bordel rue Saint-Nicaise, derrière le Palais-Royal, haut lieu de la prostitution : « Je lui demandai des nouvelles du gibier et du négoce. – Toujours de pis en pis, me dit-elle. Elle invectiva ensuite contre le lieutenant de police et contre le lieutenant criminel, et contre les commissaires, et contre le bon ordre qu'ils établissaient dans Paris[24]. »

Challe nous fait par ailleurs assister, dans ses nouvelles, au désordre des familles. Sauf dans la seconde nouvelle, « Histoire de M. de Contamine et d'Angélique », qui se termine par un mariage accepté de chacun malgré la mésalliance, les autres nouvelles évoquent toutes des conflits entre parents et enfants concernant les choix amoureux des enfants. Dans les quatrième, cinquième et sixième nouvelles, la seule issue au conflit est le mariage clandestin des héros. Quant au mariage entre Monsieur de Terny et Mademoiselle de Bernay dans la troisième nouvelle, c'est une véritable provocation. Celui-là n'est pas clandestin, il est public, et de manière éclatante. Dans l'église même où elle doit prononcer ses vœux de religieuse, Clémence de Bernay prend pour époux Monsieur de Terny devant toute l'assistance, bravant son père et le prêtre qui devait recevoir ses vœux. La tyrannie des familles contraint en effet les personnages des *Illustres Françaises* à choisir des conduites déviantes ou illégitimes. Comme l'écrit Clémence de Bernay à Monsieur de Terny, oubliant la pudeur d'une jeune fille bien née, « Je n'attends que vous, sitôt que vous

23 *Les Illustres Françaises*, p. 497.
24 *Les Illustres Françaises*, p. 498.

serez arrivé, je me jetterai entre vos bras ; je suis prête à tout. Je rends la dureté de mon père responsable devant Dieu de toutes les démarches que mon désespoir peut me faire faire[25]. »

Les enlèvements et les mariages clandestins sont donc le lot de la plupart des héroïnes. Or les enlèvements de jeunes filles consentantes, appelés « rapts de séduction » dans le langage juridique quand il s'agit de jeunes filles mineures, mènent en principe à la condamnation à mort du ravisseur au XVIIIe siècle car ils menacent l'honneur et l'ordre des familles, ainsi que les patrimoines. À Mademoiselle Fenouil qui demande à Monsieur de Jussy de l'enlever, celui-ci répond :

> Je lui dis que c'était là le vrai moyen de me conduire à une fin infâme. Qu'attendu sa jeunesse de près de dix années de moins que moi, et la différence du bien et de la naissance, on ne manquerait pas de m'accuser de subornation et de rapt, que si nous étions arrêtés, le moins qu'il pouvait lui en arriver, était d'être renfermée toute sa vie dans un couvent, et moi de finir la mienne par la main d'un bourreau[26].

Il est vrai que l'enlèvement d'une jeune fille mieux née et plus riche était un moyen, un peu brutal certes mais efficace, de promotion sociale pour le prétendant. En général, les personnages de Challe, les hommes surtout, connaissent bien la loi. Comme le dit Christian Biet dans *Droit et littérature*, les *Illustres Françaises* présentent « une véritable anthologie de cas de conscience et de cas juridiques liés au mariage[27]. »

En outre, mariages clandestins et enlèvements sont presque toujours assortis de préoccupations patrimoniales et financières. Ainsi Des Frans précise-t-il à son auditoire à propos de son mariage clandestin avec Silvie, « Je lui assurai seulement pour son douaire une rente viagère, et elle me mit entre les mains six fois plus d'argent que le principal de cette rente ne pouvait monter, au cours ordinaire du denier vingt[28]. » Même Monsieur de Terny, dans le moment de grande tension dramatique où il épouse Mademoiselle de Bernay, ne peut s'empêcher de dire à son futur beau-père : « Elle ni moi ne renonçons pas à ce qui lui appartient du côté de sa mère [...] Nous espérons que quand vous serez près d'aller

25 *Les Illustres Françaises*, p. 164.
26 *Les Illustres Françaises*, p. 198.
27 Christian Biet, *Droit et littérature sous l'Ancien régime : le jeu de la valeur et de la loi*, Paris, Honoré Champion, 2002, p. 197.
28 *Les Illustres Françaises*, p. 377.

rendre compte à Dieu de vos actions, vous rendrez à votre fille la part qui lui reviendra de votre héritage[29]. »

On sait qu'aux XVIIe et XVIIIe siècles, les parents et surtout les pères disposaient d'un grand pouvoir sur leurs enfants, un pouvoir relayé par les tribunaux, surtout lorsqu'il s'agissait de mariages d'« enfants de famille » dans lesquels des patrimoines étaient en jeu. Les mariages clandestins et les rapts de séduction relevaient alors de la « grande criminalité ». L'âge de la majorité légale était de 30 ans pour un garçon et de 25 ans pour une fille. Pour un enfant mineur, refuser d'obéir au choix des parents pouvait non seulement le priver de son héritage mais le conduire en prison. Ainsi Des Prez est-il enfermé à Saint-Lazare comme Des Grieux plus tard, car il a épousé en secret Mademoiselle de l'Épine contre la volonté de son père.

Pourtant il est frappant de constater que pas un seul rapt de séduction ne figure dans les affaires criminelles examinées par le Parlement de Paris en 1713. Le même constat est fait par Benoît Garnot à propos des archives criminelles de la ville de Lyon au XVIIIe siècle : « Comme presque toujours sous l'Ancien Régime, la différence entre la norme juridique et la pratique judiciaire est importante. Quantitativement, le rapt de séduction est peu évoqué en justice, qu'il s'agisse des juridictions de première instance ou des parlements en appel[30]. » Doit-on en conclure qu'il s'agit avant tout d'un thème romanesque riche en émotions et en aventures, mais éloigné de toute réalité ? Il est plus probable que les familles se sont efforcées de trouver des arrangements pour éviter le passage des « coupables » devant un tribunal, source d'un scandale et d'un déshonneur plus grands encore pour les familles concernées.

Toutes ces situations montrent que beaucoup des personnages de Challe vivent finalement en marge de la loi. Leur conduite est peut-être « un moyen d'affirmer l'éthos aristocratique[31] », le rapt de séduction étant au même titre que le duel une façon de montrer que la noblesse ne se plie pas à la loi commune. On peut considérer aussi le refus par

---

29 *Les Illustres Françaises*, p. 179.

30 Voir Benoît Garnot, « Une approche juridique et judiciaire du rapt dans la France du XVIIIe siècle », *Rapts. Réalités et imaginaire du Moyen Âge aux Lumières*, Gabriele Vickermann-Ribémont et Myriam White-Le Goff (dir.), Paris, Classiques Garnier, 2014.

31 D. Haase-Dubosc, « De l'engouement littéraire pour la thématique de l'enlèvement au XVIIIe siècle en général et pour l'enlèvement des hommes en particulier », *Rapts. Réalités et imaginaire du Moyen Âge aux Lumières*, p. 166.

les héros et les héroïnes de Challe de faire des mariages de convenance imposés par leur famille et par la société comme « une expression du désir face aux normes », l'affirmation d'une morale personnelle d'ordre privé et la revendication pour l'individu, que ce soit un homme ou une femme, *de son droit au bonheur*. C'est en cela que Challe apporte un ton nouveau qui séduira notamment Marivaux et l'abbé Prévost. Si le mariage clandestin est un moyen pour l'homme d'obtenir de la femme aimée qu'elle se livre à lui en toute bonne conscience, les héroïnes de Challe sont pourtant lucides sur la précarité à laquelle elles s'exposent dans cette sorte d'alliance. Quant à Babet Fenouil, la plus déterminée et la plus libre de toutes, qui n'a que 18 ans et qui vit sous la tutelle de son oncle, elle se passe même de cérémonie : un simple bout de papier lui suffit pour s'unir à Monsieur de Jussy. « Nous nous fîmes chacun une promesse de mariage ; et un morceau de papier nous tenant lieu de tout, nous nous jurâmes une fidélité éternelle, et vécûmes dès ce jour-là comme mari et femme[32]. »

Les nouvelles des *Illustres Françaises* montrent par ailleurs que, dans la grande affaire qu'est l'amour, le contexte historique et politique importe assez peu. Comme le dit Terny, dans la troisième nouvelle, alors que, de retour d'une campagne militaire, il s'adresse à ses amis et convives réunis à dîner, « Nous allâmes en Flandres ; je ne vous dirai point ce qui s'y passa, ce n'est point une relation que vous attendez de moi, c'est mon histoire particulière et celle de ma femme[33]. » De ce point de vue, *Les Illustres Françaises* se font l'écho de ce que devient l'écriture de la nouvelle en ce début du XVIIIe siècle, donnant à la vie privée et aux intrigues sentimentales un rôle de premier plan. Selon Françoise Gevrey, la nouvelle « a imposé un type de personnage plus vrai, enraciné dans l'histoire ou dans la vie privée du temps[34] ». La nouvelle galante en particulier « implique une évolution des conduites amoureuses et l'introduction de sujets plus familiers qui peuvent inclure les situations "bourgeoises" ou les intrigues d'aventuriers[35] ».

Concernant l'écriture de la nouvelle, la comparaison des *Illustres Françaises* et des journaux littéraires du temps est éclairante. Le *Mercure*

32 *Les Illustres Françaises*, p. 197.

33 *Ibid.*, p. 141.

34 Françoise Gevrey, *L'illusion et ses procédés. De « La Princesse de Clèves » aux « Illustres françaises »*, Paris, José Corti, 1988, p. 9.

35 *Ibid.*, p. 11.

galant de l'année 1713, à l'époque où Dufresny en est le directeur[36], montre de nombreux points de convergence avec l'ouvrage de Robert Challe. Dans le *Mercure galant*, les historiettes et les contes – qui sont nombreux –, exploitent cette année-là les mêmes thèmes que les nouvelles de Challe, c'est-à-dire le lien entre l'amour et l'argent sur fond de conflits familiaux. Il y est par exemple question de mariages clandestins ou de jeunes filles amoureuses, enfermées dans des couvents à cause de pères abusifs. Mais la tonalité est plus légère, plus distanciée et plus ironique que chez Challe. Prenons pour exemple une historiette intitulée « Avanture galante » qui paraît dans le numéro du *Mercure galant* de janvier 1713, au cours de laquelle un jeune marquis amoureux d'une dame vertueuse cache un poignard dans la chambre de la belle pour se suicider devant elle. Une soubrette le surprend, n'en laisse rien voir et remplace le poignard par un éventail. Il se frappe avec l'éventail et s'évanouit. Ranimé avec une « bouteille d'eau de la reine de Hongrie [...], il demanda par quel charme on l'avait sauvé de son désespoir[37]. » Cette scène peut être comparée avec celle, beaucoup plus tragique, où Dupuis tente, devant la femme aimée, de se transpercer avec son épée par désespoir amoureux, « un spectacle digne de votre cruauté », dit-il. Couvert de sang, Dupuis s'évanouit. Il mettra six semaines à se remettre de ses blessures.

Les Illustres Françaises sont avant tout un roman de la transgression. Enlèvements, sortilèges, mariages clandestins, meurtres, attaques de bandits, amoureux en cavale arrêtés dans des auberges, surprises et coups de théâtre donnent à la trame narrative la dynamique d'un roman picaresque ou d'un roman d'aventures. Selon le *Journal littéraire* de La Haye : « L'on peut juger combien les aventures sont intéressantes, combien les incidents sont touchants, par la pitié, la tendresse et la surprise qu'elles causent, et par l'émotion générale qu'elles laissent. » *Les Illustres Françaises* mettent en scène des êtres héroïques et impulsifs, des hommes en général, mais aussi des femmes comme Babet Fenouil et Clémence de Bernay. Les personnages ont une haute idée de leur destin qu'ils soumettent à la loi des passions et des pulsions, plutôt qu'à l'ordre social. Ils ressemblent en cela aux héros de l'abbé Prévost.

---

36 François Moureau, *Le Mercure Galant de Dufresny (1710-1714) ou le journalisme à la mode*, Oxford, Voltaire Foundation, 1982.

37 *Mercure galant*, janvier 1713, p. 104.

LA VIOLENCE AMOUREUSE DANS LES *MÉMOIRES ET AVENTURES D'UN HOMME DE QUALITÉ* DE L'ABBÉ PRÉVOST

La thématique de la vengeance, y compris dans ses composantes criminelles, court à travers toute l'œuvre de Prévost. Les ouvrages romanesques de l'abbé Prévost mais aussi ses Mémoires historiques ont en effet une tonalité sombre et sanglante qui les place dans une longue lignée d'ouvrages allant des *Histoire tragiques* de François de Rosset parues au début du XVIIe siècle aux romans gothiques anglais, aux œuvres du marquis de Sade, grand admirateur de Prévost, et jusqu'aux *Diaboliques* de Barbey d'Aurevilly. Ici, on évoquera essentiellement les premières œuvres de l'abbé Prévost, c'est-à-dire les *Mémoires et aventures d'un homme de qualité* publiées de 1728 à 1731 (sept tomes d'environ 1000 pages dont le dernier volume correspond à l'*Histoire du chevalier des Grieux et de Manon Lescaut*), et le *Pour et contre*, hebdomadaire qui paraît de 1733 à 1740, dont Prévost est le maître d'œuvre et le principal auteur.

La thématique de la vengeance est éminemment littéraire chez Prévost. L'abbé Prévost a puisé une partie de son inspiration dans les *Histoires tragiques* de François de Rosset, grand succès de librairie au XVIIe siècle, où l'on peut lire de funestes histoires de parricides, d'assassinats de maris gênants, et de vengeances, dont certaines proviennent des canards sanglants du XVIe et du début du XVIIe siècle. Ce sont presque toujours des « crimes de l'amour », pour reprendre le titre d'un ouvrage du marquis de Sade. *Les illustres françaises* de Robert Challe, recueil de nouvelles parues en 1713, constituent une autre source. L'« Histoire de Des Frans et de Silvie », la sixième des nouvelles des *Illustres françaises*, a plusieurs points communs avec l'*Histoire de des Grieux et de Manon Lescaut*, comme cela a été souvent souligné. Le sujet qui intéresse Prévost en premier lieu, à la fois dans son œuvre de romancier et dans ses choix de journaliste, est le désordre des passions allié aux ténèbres du cœur. Dans *Le monde moral*, une œuvre tardive de 1760, Prévost écrit ceci qui pourrait valoir pour l'ensemble de son œuvre : « Mais pénétrer dans le cœur, qui passe pour impénétrable ! Oui, si malgré les préjugés communs, des routes secrètes, ménagées par la nature, en ouvrent l'accès à ceux qui peuvent les découvrir. Je les ai cherchées pendant quarante ans, et j'abandonne au lecteur le jugement de mes découvertes[1]. »

La vengeance, chez Prévost, prend toujours la forme d'un mouvement passionnel. Ce n'est pas une vengeance calculée et froide mais un moment de transe, un « transport ». Lorsque des Grieux apprend du vieux G. M. que Manon a été enfermée à l'Hôpital général, c'est-à-dire à la Salpétrière, il s'écrie :

> Quand j'aurais eu une prison éternelle, ou la mort même présente à mes yeux, je n'aurais pas été le maître de mon transport, à cette affreuse nouvelle. Je me jetai sur lui avec une si affreuse rage que j'en perdis la moitié de mes forces. J'en eus assez néanmoins pour le renverser par terre, et pour le prendre à la gorge[2].

Ce désordre des passions qui mène au désir de vengeance résulte rarement de blessures d'amour-propre liées à des stratégies de pouvoir, à des dettes d'honneur, à des rivalités entre puissants. Il est en général la conséquence d'un dépit, d'un chagrin, d'une trahison amoureuse. La thématique de la vengeance n'est pas pour autant éloignée de l'Histoire, ni de l'actualité dans sa réalité la plus brutale, puisque Prévost, dans le *Pour et contre*, en fait un mobile important des faits divers criminels qu'il relate. Mais la vengeance, chez Prévost, lorsqu'elle a des implications politiques, garde un aspect privé et personnel : dans l'*Histoire de Marguerite d'Anjou*, mémoire historique que Prévost publie en 1740 et qui se passe pendant les heures sombres de la Guerre des Deux Roses, Marguerite d'Anjou fait étrangler plusieurs seigneurs gagnés au parti du duc d'York parce que : « Les raisons d'état dont elle coloroit sa haine n'étoient que le voile de ses ressentiments personnels[3] ». Plus subtilement, Cromwell dans *Cleveland* poursuit ses fils de sa haine et

1 Prévost, Œuvres complètes, *Le Monde moral*, Texte établi par Robert Favre et Jean Sgard, Grenoble, Presses universitaires de Grenoble, 1984, volume 6, p. 289.

2 Prévost, *Histoire du chevalier des Grieux et de Manon Lescaut*, Paris, Gallimard, Folio, 2008 [1731], Frédéric Deloffre et Raymond Picard éd., p. 215.

3 *Histoire de Marguerite d'Anjou, reine d'Angleterre*, Amsterdam et se trouve à Paris, rue et Hôtel Serpente, 1784 [1740], p. 152.

cherche à se venger d'eux parce qu'ils l'empêchent, par leur existence même, de faire coïncider son image publique d'homme vertueux avec la réalité de sa vie privée.

Il faut souligner que la dépréciation du pouvoir royal est une constante dans l'œuvre de Prévost. Elle rejoint la critique de l'autorité quelle qu'elle soit, celle des rois, des pères et des lieutenants de police, qui porte les héros de Prévost à se rebeller, tel des Grieux apprenant que Manon va être déportée en Amérique et déclarant :

> « Mes premières résolutions n'allaient à rien moins qu'à me défaire des deux G… M…[amants de Manon] et du Lieutenant général de police, et fondre ensuite à main armée sur l'Hôpital, avec tous ceux que je pourrais engager dans ma querelle. Mon père lui-même eût à peine été respecté, dans une vengeance qui me paraissait si juste, car le concierge ne m'avait pas caché que lui et G…M… étaient les auteurs de ma perte[4]. »

La représentation que donne Prévost de la politique est en effet celle d'une arène où s'exerce la violence sans limite de la passion, de la jalousie, du désir et de l'ambition. Il s'agit d'une représentation pessimiste du pouvoir où les rois sont faibles et discrédités : la folie rôde chez Henri VI d'Angleterre, mari de Marguerite d'Anjou. La faiblesse et l'esprit velléitaire caractérisent Jacques II dans les *Mémoires et aventures d'un homme de qualité* où le narrateur le qualifie de « roi déplorable ». La description du siècle de Louis XIV, telle qu'elle est faite dans le roman, met l'accent, comme l'écrit Jean Sgard, sur « une société où l'ordre moral couvre tous les désordres[5] ». « Louis XIV est à son apogée, mais nous ne connaîtrons le grand règne que par des images bizarres et tristes : la violence est présente dans les rues de Paris, des mousquetaires s'adonnent à la magie, des frères violents persécutent leur sœur[6]. » Cette thématique, présente dès la première œuvre de Prévost, fait de Renoncour, le narrateur des *Mémoires d'un homme de qualité*, « un témoin désabusé des désordres de l'histoire ». Ainsi que l'écrit Erik Leborgne dans *Les expériences romanesques de Prévost après 1740*, Prévost a « une vision pathologique du pouvoir. » Vision en décalage avec un renouvellement de l'historiographie, dont

4 Prévost, *Histoire du chevalier des Grieux et de Manon Lescaut*, Paris, Gallimard, coll. Folio, p. 296.

5 Jean Sgard, *Labyrinthes de la mémoire. Douze études sur l'abbé Prévost*, Paris, Hermann, p. 55.

6 Prévost, *Mémoires et aventures d'un homme de qualité*, éd. J. Sgard, Paris, Desjonquères, 1995 [1728], p. 9.

le chef de file est Voltaire, qui « tend vers la glorification laïque de souverains éclairés comme Louis XIV et Pierre le Grand[7] ».

Dans les *Mémoires et aventures d'un homme de qualité*, dans *Cleveland* et dans les Mémoires historiques que Prévost fait paraître après les années 1740 comme l'*Histoire de Guillaume le conquérant* ou l'*Histoire de Marguerite d'Anjou*, le public et le privé s'entremêlent souvent. Vices publics et vertus privées, vertus publiques et vices privés se confondent, selon une conception de l'histoire héritée en partie des mémoires semi-fictifs publiés à la fin du règne de Louis XIV comme ceux de Courtilz de Sandras : une vie de grands personnages revue au prisme des histoires secrètes, espions et agents doubles, trahisons, secrets d'alcôve et vie amoureuse. D'ailleurs les mémoires fictifs mais aussi les romans du XVIIe siècle, des grands romans héroïques d'Honoré d'Urfé et Mademoiselle de Scudéry que Prévost appréciait, à *La Princesse de Clèves*, ne cessent de mêler galanterie et jeux de pouvoir. Rappelons que le nombre de romans parus après 1650 et associant dans leurs titres aventures héroïques et galantes l'emporte largement sur tout autre sujet, comme le montre la bibliographie établie par Maurice Lever, *La Fiction narrative en prose au XVIIe siècle* (Paris 1976).

Dans les *Mémoires et aventures d'un homme de qualité*, il en est de même. Les aventures de Renoncour ont pour toile de fond l'Europe traversée de conflits des années 1680 à 1720 : luttes en Angleterre entre partisans et adversaires de Jacques II, expansion menaçante de l'empire ottoman, guerre de succession d'Espagne. Or la vie sentimentale du narrateur se greffe sur ces événements. Émissaire secret de Guillaume d'Orange, il aide Jacques II à fuir l'Angleterre ; engagé dans les troupes du margrave de Bade, il est fait prisonnier des Turcs au siège de Vienne, devient esclave et tombe amoureux d'une belle Turque à Constantinople ; parti en Angleterre avec Rosemont, son protégé, il est poursuivi par les assiduités de Milady.

Pourtant la thématique de la vengeance ne se pose plus tout à fait dans les mêmes termes que dans les ouvrages de Courtilz de Sandras : dans les *Mémoires du Comte de Rochefort* et dans les célèbres *Mémoires de Mr d'Artagnan* où Alexandre Dumas puisa largement l'inspiration des

7 Erik Leborgne, « Fictions du politique dans les romans de Prévost : une vision pathologique du pouvoir », *Les expériences romanesques de Prévost après 1740*, Études réunies et présentées par Erik Leborgne et Jean-Paul Sermain, Louvain, Peeters, 2003, p. 325.

Trois mousquetaires, la vengeance sert essentiellement à laver une dette d'honneur. Par exemple l'intrigue des *Mémoires du Comte de Rochefort* repose en partie sur les ruses inventées par le comte pour se venger « du comte d'Harcourt qui m'avait traité de façon très peu civile dans mon dos ». Les héros de Courtilz de Sandras sont extrêmement sensibles aux questions d'honneur et vengent dans le sang tout affront qui pourrait leur porter atteinte, selon les codes en usage dans la noblesse d'épée.

Les personnages de Prévost, eux, n'agissent pas en conformité avec les valeurs de l'idéal héroïque ou chevaleresque. Non qu'ils les ignorent ou les méprisent mais leurs actions suivent une trajectoire individuelle profondément tragique, soumise aux contraintes d'un destin qui leur laisse peu de marge de liberté. De ce point de vue, ils sont proches des héros des tragédies de Racine, prisonniers d'un Fatum funeste dicté par les dieux cruels de l'Olympe. Comme le dit des Grieux, « L'ascendant de ma destinée [...] m'entraînait à ma perte[8]. » Les tragédies de Racine font d'ailleurs partie, avec le *Télémaque* de Fénelon et les *Caractères* de La Bruyère, des trois livres dont Renoncour ne se sépare jamais, même quand il tombe en esclavage chez les Turcs. Nombreux sont les couples soumis à un destin funèbre qui les condamne à périr dans des catastrophes dont le caractère sanglant culmine au moment du dénouement, comme sur une scène théâtrale.

Cette thématique est particulièrement manifeste dans le cas des duels, une forme de vengeance qui relève à la fois de la sphère publique et privée, et qui joue un rôle important dans les *Mémoires et aventures d'un homme de qualité.* Cinq épisodes relatent des duels qui, en général, entraînent toutes sortes d'événements sanglants et inéluctables. Dans le tome I, le marquis de Rosambert, devenu l'ami de Renoncour, le narrateur, lui raconte sa vie, et notamment deux duels dont le premier le met aux prises avec un mousquetaire qu'il accuse de l'avoir trompé au jeu, et le second avec un abbé qui est son rival en amour. Dans le tome III, le narrateur voyage en compagnie du marquis de Rosemont, jeune homme plein d'impulsivité qui se bat en duel d'abord à Madrid avec un noble espagnol, jaloux qu'il ait fait jouer des sérénades sous la fenêtre d'une belle, puis avec deux gentilhommes qui ont insulté la personne qu'il aime. Enfin, dans le dernier tome des *Mémoires*, des Grieux se bat

8 Prévost, *Histoire du chevalier des Grieux et de Manon Lescaut*, Paris, Gallimard, coll. Folio, p. 154.

avec le neveu du gouverneur de La Nouvelle Orléans, tombé amoureux de Manon, et le tue. Or la mort du neveu du gouverneur provoque la fuite éperdue de des Grieux et de Manon dans le désert américain, et la mort de cette dernière.

Revenons au duel qui oppose Rosemont et le noble espagnol à Madrid, au livre 8 du tome III. L'adversaire de Rosemont, qui se nomme don Pastrino, est tué au cours du duel. En guise de représailles, don Alavestras, l'oncle de don Pastrino, fait enlever doña Diana, la jeune fille aimée par Rosemont. Le père de la jeune fille, don Diego, décide de se venger et de tuer le ravisseur de sa fille. Comme le dit Prévost, « la scène devait être sanglante et la catastrophe approchait. » En effet don Alavestras et sa sœur, la mère de don Pastrino, qui tiennent en otage doña Diana, sont pris au piège dans leur château par Rosemont et don Diego accompagné d'alguazils. L'arrivée de ces derniers entraîne alors un bain de sang : la mère de don Pastrino poignarde doña Diana, don Diego tue la meurtrière ainsi que son frère don Alavestras, tandis que doña Diana expire dans les bras de Rosemont, dénouement digne d'une tragédie plus shakespearienne d'ailleurs que racinienne. Prévost qui aime ces scènes s'appesantit sur leur aspect pictural et pathétique : « Qu'on s'imagine, si l'on peut, l'horreur d'un tel spectacle. Trois corps étendus dans des ruisseaux de sang ; mon cher marquis entre mes bras, sans mouvement et sans connaissance ; don Diego qui s'arrachait les cheveux auprès de sa fille et qui perçait l'air de ses cris[9]. »

Le duel est un élément important de l'action narrative dans les *Mémoires et aventures d'un homme de qualité* comme dans *Les Illustres Françaises*, ainsi que nous l'avons vu. Prévost le considère-t-il comme un acte légitime, à une époque où de nombreux édits royaux le condamnent avec fermeté ? Entre juin 1643 et octobre 1711, Louis XIV promulgue en effet onze édits interdisant le duel et renforçant les peines, sans pour autant parvenir à faire cesser cette pratique. Louis XV, dès son accès au trône en 1723, le condamne à nouveau, « la fureur des duels ne (pouvant) qu'affaiblir inutilement l'État[10]. » Si le père du marquis de Rosemont est satisfait des duels dans lesquels s'engage son fils parce qu'il y voit la marque d'une bravoure aristocratique, si Renoncour répond à l'abbé venu le défier, « Il est juste, mon brave [...], que je vous satisfasse :

9 Prévost, *Mémoires et aventures d'un homme de qualité*, Paris, Lebègue, 1821, tome 2, p. 290.
10 Édit du Roy contre les duels, Versailles, février 1723.

l'honneur offensé veut du sang[11] », Prévost considère cependant le duel sans indulgence. Concernant Rosemont, le narrateur déclare : « Je pris ce moment d'ouverture et d'effusion de cœur pour lui parler de la chaleur inconsidérée avec laquelle il s'était engagé dans une démarche aussi criminelle et dangereuse que l'est un duel. » Des considérations d'ordre spirituel sont également évoquées pour condamner le duel. Dans le tome I des *Mémoires et aventures*, Rosambert, qui vient de tuer son adversaire lors d'un duel, se réfugie à l'abbaye de Port-Royal pour échapper à la justice. Il y rencontre le grand Antoine Arnauld qui lui fait la leçon : à Rosambert cherchant à se justifier « Vous savez les lois de l'honneur », celui-ci répond sèchement : « Je sais encore mieux les lois du christianisme[12] ». Le *Pour et contre* s'intéresse aussi à la question puisqu'on peut lire dans le numéro 31 daté du 8 mars 1734 toute une dissertation sur le duel le rattachant aux pratiques archaïques « des peuples barbares du Nord » : « Ni la raison, ni la Religion, ni les loix sévères des Princes, écrit le *Pour et contre*, n'ont pu encore corriger les hommes dans leur fureur pour les combats singuliers. [...] Quelques polis et civilisez que nous soyons, nous conservons encore quelque chose de la barbarie de nos ayeux. »

On remarquera que, sur les cinq duels décrits dans les *Mémoires et aventures d'un homme de qualité*, quatre sont provoqués par une rivalité amoureuse. De même le meurtre provoqué par dépit amoureux ou par jalousie est fréquent dans l'œuvre : au tome III, livre 9, le prince de Portugal, amoureux de la belle doña Clara, décide de la poignarder de ses mains ainsi que son amant Alonso, à défaut d'être aimé d'elle : « Tous mes mouvements étaient furieux. [...] Il me sembloit que rien ne pouvoit dérober Alonso à ma vengeance[13]. » Il renonce finalement à le faire mais le destin tragique du couple amoureux est désormais inéluctable. Alonso tombe malade et meurt, croyant à tort avoir été empoisonné par le prince, doña Clara se suicide avec une longue aiguille d'or.

Peu d'intrigues sentimentales, dans ce roman, se déroulent en effet dans la sérénité. Soit le père s'oppose à la relation amoureuse comme dans l'*Histoire du chevalier des Grieux et de Manon Lescaut*, soit un rival plus

11 Prévost, *Mémoires et aventures d'un homme de qualité*, éd. J. Sgard, Paris, Desjonquères, p. 95.

12 *Ibid.*, p. 96.

13 Prévost, Œuvres complètes, *Mémoires et aventures d'un homme de qualité*, Grenoble, PUG, 1978, volume 1, texte établi par Pierre Berthiaume et Jean Sgard, p. 203.

puissant cherche à empêcher les amants d'être heureux, soit la maladie met fin de manière prématurée à une histoire d'amour parfaite comme c'est le cas pour Renoncour qui perd sa femme Selima. Quelle que soit la situation amoureuse, ce qui frappe est l'exacerbation des sentiments. L'amour comme la jalousie et la haine sont toujours intenses chez Prévost et conduisent à des « transports » difficiles à maîtriser.

Face au désordre des passions, au désir de vengeance et au déchaînement de la violence, l'ordre judiciaire a peu de poids, sauf dans *Manon Lescaut* où la trame narrative est ponctuée par les décisions du Lieutenant général de police : arrestations, emprisonnement des deux amants puis déportation de Manon en Amérique. La justice apparaît d'ailleurs dans les *Mémoires et aventures d'un homme de qualité* comme une instance fluctuante qui dépend du crédit que possède le coupable auprès du roi, élément que Prévost présente comme un fait et qu'il ne critique pas. Dans le cas de l'enlèvement de doña Diana, par exemple, ce à quoi l'on assiste est une lutte de clan contre clan, à la manière de la vendetta corse : chaque clan avec famille et amis essaie d'abord de faire jouer son crédit et ses appuis pour que le roi arbitre le conflit de façon qui lui soit favorable. Un noble espagnol, ami du narrateur, décrit ainsi la situation, après que le marquis de Rosemont a tué don Pastrino :

> L'affaire est des plus sérieuses et je crois qu'il est à propos qu'il fasse connaître sa naissance, pour arrêter l'ardeur des poursuites. Les parents de don Pastrino sollicitent tous les tribunaux. Il est vrai que tous vos amis et les miens vous servent avec zèle ; mais le Roi n'arrêtera pas le cours de la justice, s'il n'en a quelque forte raison, telle que serait la connaissance du nom du marquis[14].

Pourtant chaque clan recourt finalement à la violence en se faisant justice lui-même. C'est l'empire de la passion qui impose son ordre à la société, bien davantage que la justice royale. Ou du moins, c'est à cet ordre que se plient les héros de Prévost car il leur apparaît comme le seul légitime et justifie tous les écarts, même les plus criminels : des Grieux trompe le religieux dont il avait gagné la confiance à la prison de Saint Lazare et tue un gardien pour se sauver ; lorsque Manon est conduite au Havre pour être déportée en Louisiane, il paie quatre soldats pour attaquer le convoi etc. Tous ces actes de violence bravant la justice royale se font sans regret et s'accompagnent d'une autojustification implicite : la loi

14 Prévost, *Mémoires et aventures d'un homme de qualité*, Paris, Lebègue, 1821, tome 2, p. 243.

de l'amour prime sur toutes les autres. Il faut rappeler que le livre, paru en France en juin 1733, est interdit en octobre de la même année.

On remarquera en revanche que, si les héros se trouvent confrontés à une autre sorte de violence qui est celle des bandits de grand chemin et des pirates, les hommes de la justice royale sont en général présents. Lorsque le château d'un noble portugais chez lequel séjourne le narrateur au livre 9 (tome III) est attaqué par la troupe du brigand Andredi, 30 cavaliers de la maréchaussée font bientôt irruption et viennent arrêter les brigands qu'ils poursuivaient. Prévost conclut cet épisode, en rappelant qu'ils furent conduits le lendemain à Lisbonne et suppliciés. Mais là aussi, le discours de Prévost varie, comme si la tentation de faire justice soi-même, quand on est un « homme de qualité », était la plus forte. Au tome VI, livre 15, le narrateur et son compagnon ne livrent pas aux archers la femme criminelle rencontrée dans la forêt de Senlis (ils la conduisent cependant à l'Hôpital général).

Il est possible que Prévost considère la vengeance amoureuse, y compris lorsqu'elle conduit au meurtre, comme une affaire d'ordre privé qui ne devrait pas relever de la justice royale. Proche en cela de Robert Challe dans *Les Illustres Françaises*, il franchirait alors une étape supplémentaire, en donnant une telle importance à la vie des sentiments qu'il en justifierait les excès et la placerait au-delà de la justice des hommes. Dans les *Mémoires et aventures d'un homme de qualité*, seul l'ordre moral et spirituel est invoqué pour endiguer le désordre des passions. De la même façon qu'Antoine Arnauld condamne le duel au nom du christianisme, le garde-fou contre la démesure des passions pourrait bien être la vertu chrétienne. Prévost, s'adressant à ses lecteurs, déclare ainsi dans les *Mémoires et aventures* : « Les cœurs sensibles, les esprits raisonnables, tous ceux, en un mot, qui, sans suivre une philosophie trop sévère, ont du goût pour la vertu, la sagesse et la vérité, pourront trouver quelque plaisir dans la lecture de cet ouvrage. C'est pour eux seulement que j'écris[15] » et, dans l'Avis au lecteur ouvrant l'*Histoire du chevalier des Grieux et de Manon Lescaut*, « Il ne reste que l'exemple qui puisse servir d'exemple à quantité de personnes dans l'exercice de la vertu[16]. » Le débat quitte donc parfois le terrain concernant la légitimité d'une justice/vengeance faite à titre privé par rapport à une justice publique exercée au nom

15 Prévost, *Mémoires et aventures d'un homme de qualité, Ibid.*, tome 2, p. 56.

16 Prévost, *Histoire du chevalier des Grieux et de Manon Lescaut*, Paris, Gallimard, Folio, p. 143.

du roi. Il s'élève alors vers un débat d'ordre spirituel où la véritable autorité, dans le domaine judiciaire, est moins celle du roi que celle de Dieu. Dans ce roman dont les deux premiers tomes ont été écrits chez les Bénédictins, la méditation religieuse est fréquente et la tentation de s'enfermer dans un monastère, récurrente chez le narrateur. C'est ainsi que se termine la première partie du roman, avant que d'autres aventures n'attendent le marquis de Renoncour.

Mais il faut tempérer la dimension morale des romans de Prévost et, en particulier, des *Mémoires et aventures d'un homme de qualité*. On remarquera d'abord que l'amour pour la femme aimée est souvent scandaleusement proche, chez Prévost, de l'amour mystique. Renoncour fait embaumer le cœur de Selima, son épouse rencontrée en Turquie, et le transporte avec lui comme une sainte relique, et des Grieux, retrouvant Manon après deux ans de séparation, s'écrie : « avec un mélange profane d'expressions amoureuses et théologiques, tu es trop adorable pour une créature. » Plus loin, des Grieux établit un parallélisme entre l'amour mystique et l'amour terrestre, provoquant l'indignation du pieux Tiberge : « Cette comparaison du terme de vos peines avec celui qui est proposé par la religion est une idée des plus libertines et des plus monstrueuses[17]. » Il existe d'autre part dans ce premier roman, comme dans le reste de l'œuvre, une véritable fascination pour le spectacle de la cruauté, aspect qui plaira plus tard, évidemment, au marquis de Sade, et qui fait penser aussi à ces personnages de Stendhal magnifiés par leur compagnonnage avec la mort comme Julien Sorel.

C'est ce qui explique pourquoi Prévost s'intéresse tant aux faits divers et leur donne une place de choix dans son journal, le *Pour et contre*. Ici la distinction entre écriture journalistique et fiction romanesque n'est pas facile à établir car Prévost passe sans cesse de l'une à l'autre, comme l'a montré Shelly Charles[18]. On sait que Prévost voulait, dans ce journal dont les 60 premiers numéros furent en partie rédigés à Londres, rendre compte avant tout de l'actualité anglaise. Dans les numéros 2 et 3 du *Pour et contre* datés respectivement du 29 juin et du 6 juillet 1733, Prévost cite un certain nombre de titres de journaux parmi ses sources d'information. Deux d'entre eux intéressent particulièrement notre

---

17 *Ibid.*, p. 220-221.

18 Shelly Charles, *Récit et réflexion. Poétique de l'hétérogène dans* « le *Pour et contre* » *de Prévost*, Oxford, Voltaire Foundation, SVEC, 1992.

propos, sans que ce point n'ait jamais été souligné, à ma connaissance. Il s'agit de l'*Applebee's original weekly Journal* et surtout des *Sessions Papers*[19], *tous deux dédiés à l'actualité judiciaire. Les Sessions papers*, en particulier, sont un compte rendu des procès d'assises qui se tenaient devant le tribunal criminel de Old Bailey à Londres.

Or, dans les faits divers que Prévost sélectionne, une figure centrale émerge, qui correspond moins à l'actualité judiciaire du temps qu'aux obsessions romanesques de l'abbé. Il s'agit de la femme criminelle, dont Prévost va faire l'emblème du dérèglement des passions. Deux femmes incarnent avec force ce personnage : dans le N° 1 du *Pour et contre*, on voit surgir le personnage de Sarah Malcomb, une servante qui avait assassiné, avec l'aide de deux complices, trois personnes pour les voler, et avait été exécutée le 7 mars 1733, et dans le numéro 59 du 4 octobre 1734, une autre femme criminelle, Molly Siblis, révèle, dans une confession écrite, avoir tué deux de ses anciens amants par vengeance, ainsi que l'épouse enceinte de l'un d'entre eux. Si Sarah Malcomb a bien existé – les *Sessions papers* et les journaux parlent beaucoup d'elle –, on reste dubitatif concernant Molly Siblis, créature qui semble née des fantasmes de l'abbé et dont le nom n'apparaît pas dans l'actualité judiciaire. Peut-être Prévost s'inspire-t-il d'un meurtre décrit dans les feuilles londoniennes quelques années plus tôt et qui avait été commandité par une femme, Katharine Hays ; elle s'était débarrassée de son mari en le faisant découper en morceaux pour pouvoir le cacher dans un coffre[20].

Cette importance accordée à la femme criminelle par Prévost est d'autant plus intéressante qu'elle est en décalage avec la réalité judiciaire : sur l'ensemble des meurtres relevés dans les *Sessions papers* des années 1730 à 1740, seule une infime minorité sont commis par des femmes. Mieux encore, Prévost ajoute des détails de son invention aux événements qu'il relate, afin d'introduire le fait divers dans une trame romanesque où le crime sordide ou crapuleux se transforme en vengeance amoureuse. Il raconte par exemple, à propos de Sarah Malcomb, qu'après son exécution, un mystérieux homme en habit noir donna un écu au bourreau pour pouvoir l'embrasser, action qui doit être

19 Ces deux titres sont cités dans Le *Pour et contre*, edited by Steve Larkin, Oxford, The Voltaire Foundation, 1993, 2 volumes, vol. 1, N° 3, p. 81.

20 Katharine Hays est condamnée à être traînée sur une claie jusqu'à Tyburn, lieu de l'exécution, puis brûlée le 9 mai 1726.

considérée, écrit-il, « comme un des rares effets de l'amour[21] ». Or rien de tel n'apparaît dans les feuilles anglaises. À propos de Molly Siblis, on est en plein roman. Version maléfique de la *Moll Flanders* de Defoe, roman que Prévost avait certainement lu, Molly Siblis est, dit-il, « une des plus belles femmes dont on puisse se former l'idée. » Elle étrangle dans son lit son premier amant à cause d'un « cruel affront » (qui n'est pas précisé) et dont « elle jure de tirer vengeance ». Non seulement Molly Siblis n'éprouve ni honte, ni culpabilité pour ce meurtre qui n'est que le prélude de ceux qu'elle commettra plus tard, mais elle reconnaît : « Je dois confesser que c'est un de mes plus grands crimes, parce que c'est un de ceux que j'ai trouvé plus de plaisir à commettre[22]. »

La comparaison entre les *Mémoires et aventures d'un homme de qualité* et *Le Pour et contre* montre à quel point le roman nourrit la matière journalistique. Molly Siblis est moins une émanation des *Sessions papers* que la compagne de figures féminines franchement inquiétantes rencontrées par le narrateur au cours de ses périples : la féroce esclave bulgare du comte de Tekeli, qui coupe avec virtuosité la tête des prisonniers[23], la maîtresse d'un consul français prête à recourir au poison pour se venger d'une infidélité, la folle à la bouche écumante rencontrée dans un bois près de Madrid. Une folie souvent meurtrière à l'image des trois Furies antiques qui, dans le livre 5 du tome I, veillent sur un coffre de fer contenant des ossements et un poignard. « Je ne doutai point », dit Renoncour, « que ce ne fût l'effet de quelque vengeance cruelle inspirée par la haine ou par l'amour outragé[24]. »

Un autre personnage féminin, tout aussi inquiétant, rejoint ce portrait de groupe : il s'agit de la femme rencontrée par Renoncour et son gendre au tome VI du livre 15 des *Mémoires et aventures d'un homme de qualité*, femme redoutable qui est le chef d'une bande de brigands détroussant et tuant les voyageurs dans la forêt de Senlis. Alors que le narrateur traverse la forêt en carrosse, un archer vient à la portière les avertir : « Il nous rapporta la manière dont cette coquine s'y prenait

21 Prévost, Le *Pour et contre*, edited by Steve Larkin, vol. 1, N° 1, p. 60.

22 Prévost, Le *Pour et contre*, edited by Steve Larkin, vol. 2, N° 59, p. 636.

23 Prévost, *Mémoires et aventures d'un homme de qualité*, éd. J. Sgard, Paris, Desjonquères, p. 155.

24 *Ibid.*, p. 196. Voir aussi à ce sujet le bon article de Pierre Berthiaume, « Furori sacrum », dans *L'Abbé Prévost au tournant du siècle*, textes présentés par Richard A. Francis et Jean Mainil, Oxford, Voltaire Foundation, 2000, p. 47-54.

pour détrousser les passans, et souvent pour les tuer. Elle est à pied, nous dit-il, et vêtue proprement. Elle porte sous son bras une boîte moins pesante qu'incommode par sa grandeur. Lorsqu'elle aperçoit un cavalier qui passe dans ce chemin, elle se laisse apercevoir. Il y a peu d'hommes qui voyant une femme d'un certain air, au milieu d'une forêt, ne se laissent tenter à la curiosité de s'approcher d'elle, et de lui demander ce qu'elle y fait. Elle répond comme elle juge à propos, et se plaignant de sa lassitude, elle donne occasion au passant de lui offrir la croupe de son cheval. C'est ce qu'elle désire : elle l'accepte ; et pour se préparer plus de facilité à faire son coup, elle prie son cavalier de prendre devant lui sa boîte, afin qu'il ait les mains occupées. Alors elle prend son temps pour lui enfoncer par derrière ou dans le côté un large poignard dont elle est toujours pourvue[25]. » La criminelle se trouve en réalité dans le carrosse du narrateur, lui-même tombé un peu plus tôt dans le piège décrit par l'archer. Pour la sauver, il ne la dénoncera pas et la conduira à la maison d'arrêt de la Salpêtrière après lui avoir demandé de lui faire le récit de sa vie. Elle lui raconte alors qu'elle est devenue criminelle pour se venger des hommes qu'elle a aimés et qui l'ont trahie : « Dans la fureur qui me faisait souhaiter du mal à tous les hommes, je me vis sans regret au milieu de douze personnes dont la profession était de nuire au genre humain[26] ».

Il y a de la vamp chez ces femmes et quelque chose de monstrueux aussi qui attire Prévost, au même titre que les conduites déviantes et la folie. Le thème de la folie amoureuse est d'ailleurs récurrent dans l'œuvre et s'accorde avec sa tonalité mélancolique. Bien sûr, il existe aussi des femmes victimes de l'amour, des jeunes filles séduites et délaissées qui se suicident de désespoir. Mais il me semble que les représentations effrayantes de la femme, nombreuses dans les *Mémoires et aventures d'un homme de qualité* et dans le *Pour et contre*, appartiennent au monde particulier de l'abbé. Elles rejoignent d'autres femmes dangereuses comme la Miladi des *Mémoires de d'Artagnan* de Courtilz de Sandras, parées cette fois de la force brutale du fait divers. On aura compris que, chez Prévost, ce n'est pas l'ordre social ou judiciaire qui sert de contrepoids à la vengeance privée. Plutôt que l'ordre, c'est le désordre des passions qui forme

25 Prévost, *Mémoires et aventures d'un homme de qualité*, La Haye, M. G. Merville et J. Vander Kloot, 1775, volume II, 5e partie, p. 310.

26 *Ibid.*, p. 320.

couple avec la vengeance. Fantasmes sans doute personnels pour l'abbé, ces cohortes de femmes criminelles ou vengeresses rejoignent cependant d'autres figures littéraires nées au XVIIIe siècle, comme Roxane dans les *Lettres persanes*, Madame de la Pommeraye dans *Jacques le Fataliste* et Madame de Merteuil dans *Les Liaisons dangereuses*. Pour Michel Delon qui évoque « une énergie que les femmes ont désormais conquise », « Les portraits de femmes cruelles, tracés le plus souvent de main d'homme, mêlent non sans ambiguïté des thèmes féministes à la vieille imagerie de la femme malfaisante[27]. »

27 Voir Michel Delon, *L'idée d'énergie au tournant des Lumières 1770-1820*, Paris, PUF, 1988, p. 273-274.

FIGURES DE BRIGANDS DANS LES ROMANS FRANÇAIS DU XVIIIe SIÈCLE

Lesage, Prévost, Diderot et Sade

Quatre romanciers, Lesage, Prévost, Diderot et Sade, seront évoqués ici parce que la thématique des brigands occupe dans leurs œuvres une place particulière et qu'elle éclaire la manière dont les figures de brigands s'inscrivent dans les différentes traditions littéraires et courants de pensée du XVIIIe siècle. Leurs romans sont souvent des romans de formation dont le thème principal est l'éducation d'un jeune homme qui doit affronter les différentes épreuves de la vie sur le plan social et sentimental. Or cet apprentissage se fait en général au cours d'un voyage qui permet toutes sortes de rencontres – entre autres celle de brigands –, et symbolise le chemin de la vie. Dans *Aline et Valcour* du marquis de Sade, il est même question d'une héroïne, Léonore, qui aurait été vue sur le bateau de James Cook, « La Découverte », en route vers Tahiti.

Alain-René Lesage écrivit de nombreuses petites pièces, en partie chantées, pour le théâtre de la Foire. Il publia aussi des traductions d'ouvrages espagnols et plusieurs romans, *Le Diable boîteux*, les *Aventures de M. Robert Chevalier dit de Beauchêne, capitaine de flibustiers dans la Nouvelle France* et surtout l'*Histoire de Gil Blas de Santillane* parue entre 1715 et 1735[1], roman qui eut un immense succès et sur lequel se concentrera notre analyse.

L'*Histoire de Gil Blas de Santillane* est un roman à la première personne, une autobiographie imaginaire qui commence par une harangue de Gil Blas au lecteur, assez proche de celle d'un comédien au théâtre : « Avant que d'entendre l'histoire de ma vie, écoute, ami lecteur, un conte que je

1 Les deux premiers tomes paraissent en 1715, le troisième en 1724 et le dernier en 1735.

vais te faire[2]. » Le cadre du récit est à la fois bien délimité dans le temps et dans l'espace : il s'agit de ce qui arrive à Gil Blas, après que son père l'oblige à quitter la maison familiale à 17 ans et, à peu près sans argent, à parcourir à pied le chemin d'Oviedo, sa ville natale, à Salamanque où il doit s'inscrire à l'université. Or non seulement Gil ne s'inscrira jamais à l'université de Salamanque mais il n'atteindra cette ville qu'après de nombreux détours qui l'amèneront à Madrid, à Valladolid, à Ségovie et lui feront parcourir à peu près toute l'Espagne.

Au cours de ce voyage, Gil rencontre plusieurs brigands de grand chemin dont le rôle sera plutôt positif, bien que Lesage ne passe sous silence ni leur brutalité, ni leur détermination au meurtre si celui-ci leur semble nécessaire : ils « l'empêcheront d'accomplir un destin livresque » en le détournant du chemin de l'université mais ils « lui donnent l'éducation pratique qui lui manque[3]. » Contrairement aux divers escrocs que rencontre Gil Blas au cours de son voyage, les brigands et surtout leurs chefs ont un sens de l'honneur et une dignité qui leur donnent un statut à part et en font des sortes d'aristocrates des bas-fonds annonçant les bandits au grand cœur et les gentlemen-cambrioleurs qui hantent la littérature criminelle du XIXe siècle. Lorsque Gil est emprisonné, ce qui lui arrive à trois reprises, il est dépouillé de tous ses biens par les gens de justice, plus avides que les pires des brigands. L'argent corrupteur est d'ailleurs un thème central, et l'une des leçons du roman est de montrer que les véritables brigands ne sont pas ceux que l'on croit.

Tout en étant un récit d'éducation, l'*Histoire de Gil Blas* est donc un roman de la route, des rencontres au coin des bois et dans les auberges, une histoire qui se passe dans le monde mouvant des individus sans toit ni loi, comédiens ambulants, mendiants, prostituées, « chevaliers d'industrie » et autres aventuriers. *Gil Blas* est, de ce point de vue, un roman picaresque s'inscrivant dans une tradition littéraire venue de l'Espagne du Siècle d'or que Lesage connaît bien[4]. Les chefs d'œuvre

---

2 A. R. Lesage, « Gil Blas au lecteur », *Histoire de Gil Blas de Santillane*, Livres I à VI, Paris, Flammarion, 2008, p. 41.

3 Voir Nathalie Ferrand, *Livre et lecture dans les romans français du XVIIIe siècle*, Paris, PUF, 2002, p. 88.

4 Lesage eut pour protecteur l'abbé de Lionne, fils d'un ambassadeur de France en Espagne, qui possédait une importante bibliothèque de littérature espagnole. Lesage y puisa une partie de son inspiration. Sur la littérature picaresque, voir Maurice Molho, « Introduction à la pensée picaresque » dans *Romans picaresques espagnols*. Introd., chronologie, bibliographie

de cette littérature sont la *Vie de Lazarillo de Tormes* parue en 1554 et *l'Histoire de Guzman d'Alfarache* que Lesage traduit et adapte en 1732. Les romans picaresques, qui sont toujours des romans à la première personne, donnent en effet la parole au « picaro », terme espagnol désignant un homme du bas peuple, un gueux souvent en marge de la loi, qui vit d'expédients et de combines. Lazarillo de Tormes est par exemple le fils d'une prostituée et d'un escroc, vendu par sa mère à l'âge de quatre ans à un mendiant aveugle.

Le *picaro* décrit son existence sur un mode comique ou burlesque, en mettant l'accent sur les aspects les moins nobles de ses aventures, en particulier les manifestations de la vie corporelle, nourriture, sexualité, scatologie. Tous ces personnages font partie du monde des bas-fonds, à propos duquel se développe dès le XVIe siècle en Espagne mais également dans le reste de l'Europe une ample mythologie présentant ce monde comme une contre-société : celle-ci aurait sa propre hiérarchie présidée par le roi des gueux, son propre langage, l'argot, et ses lieux, grottes, cour des miracles et autres lieux secrets destinés à miner souterrainement l'ordre établi.

Voici comment est décrite la rencontre, au début de son voyage, de Gil Blas et de Rolando, chef de brigands, la nuit, au fond des bois, rencontre au cours de laquelle Rolando oblige Gil à le suivre, sous la menace de pistolets :

> « Après quelques détours que nous fîmes dans un grand silence, nous nous trouvâmes au pied d'une colline, où nous descendîmes de cheval. C'est ici que nous demeurons, me dit un des cavaliers. J'avois beau regarder de tous côtés, je n'apercevois ni maison, ni cabane, pas la moindre apparence d'habitation. Cependant ces deux hommes levèrent une grande trappe de bois, couverte de broussailles, qui cachoit l'entrée d'une longue allée en pente et souterraine, où les chevaux se jetèrent d'eux-mêmes, comme des animaux qui y étoient accoutumés. Les cavaliers m'y firent entrer avec eux ; puis, baissant la trappe avec des cordes qui y étoient attachées pour cet effet, [me voilà] pris comme un rat dans une ratière[5]. »

Si les gueux peuplent les romans picaresques, Gil, fils d'un palefrenier et d'une servante, est cependant moins un gueux qu'un jeune homme

---

par M. Molho ; trad., notes et glossaire par M. Molho et J. F. Reille, Paris, Gallimard, collection de la Pléiade, 1979.

5 *Histoire de Gil Blas de Santillane*, Paris, Garnier Frères, 1803, p. 15.

naïf qui, faute d'expérience, tombe entre les mains de différents escrocs. Entre-temps, il aura rencontré un fils de barbier jouant de la guitare le soir sous la fenêtre des dames, Raphaël, un autre brigand, dont la mère a été enlevée par des pirates d'Alger et qui se fait mahométane, et toutes sortes d'acteurs et d'actrices plus ou moins faméliques. Dans cet univers trompeur d'apparences et de masques, sorte de résumé du théâtre du monde, Gil Blas se fait peu à peu une place : il apprendra lui aussi à jouer la comédie de la vie, sera faux médecin et faux inquisiteur avant de devenir le valet fidèle d'un noble espagnol puis son intendant. Alors que Guzman de Alfarache termine tragiquement sa vie comme galérien, Gil Blas parvient à une honnête aisance. À la fin de son parcours, il est devenu un valet galant, spirituel et un peu fripon qui ressemble assez à l'Arlequin des pièces du théâtre de la Foire dont « l'esprit frondeur » est celui « des gazettes, des cafés, des chansons, des spectacles » de la Régence[6].

L'Espagne est à la mode en France au XVIIe siècle et au début du XVIIIe siècle. Mais, dès les années 1720, de nouveaux courants esthétiques apparaissent qui placent l'Angleterre au centre de l'attention. L'anglophilie s'empare du Siècle des Lumières. En effet, après la Glorieuse Révolution de 1688 au cours de laquelle une monarchie constitutionnelle est établie en Angleterre, ce pays devient le symbole de la modernité. L'Angleterre suscite l'admiration de Voltaire qui salue l'esprit de tolérance et de modération politique soufflant de l'autre côté de la Manche, elle inspire aussi de nouvelles formes romanesques. L'abbé Prévost est, comme Lesage, un intermédiaire culturel. Si l'un traduit des romans picaresques et des pièces de théâtre espagnols, l'autre adapte en français les grands romans de Richardson, *l'Histoire de Miss Clarissa Harlowe* et *Pamela*. L'abbé Prévost dont la vie fut passablement agitée puisqu'il fut « tour à tour soldat, jésuite, puis officier et déserteur[7] », bénédictin puis moine défroqué, trouva refuge à Londres à plusieurs reprises, parce qu'il fuyait la justice ou ses créanciers. C'est en Angleterre que l'abbé Prévost rédige en partie son premier roman, *Mémoires d'un homme de qualité qui s'est retiré du monde*, publié de 1728 à 1731 et dont le tome VII contient

6 Voir Roger Laufer, *Lesage ou le métier de romancier*, Paris, Gallimard, 1971, p. 17.
7 Prévost, *Cleveland*. Édition présentée, établie et annotée par Jean Sgard et Philippe Stewart, Paris, Desjonquères, 2006. Introduction, p. 8.

l'*Histoire du Chevalier Des Grieux et de Manon Lescaut*. Il part ensuite en Hollande, publie en 1731 et 1732 les quatre premiers tomes du *Philosophe anglais ou Histoire de Monsieur Cleveland, fils naturel de Cromwell* puis retourne en Angleterre. En 1733, tenté par le journalisme à l'anglaise, il fonde à Londres, comme on l'a vu dans le chapitre précédent, le *Pour et contre*, journal dont il est à peu près l'unique rédacteur et qui publie des articles et des nouvelles consacrés en général à l'Angleterre. Or une partie importante de cette actualité, telle qu'elle est rapportée dans le *Pour et contre*, concerne les faits divers criminels.

Il existe un picaresque inspiré de l'Espagne que l'on retrouve dans des romans d'éducation tel *Tom Jones*, et dans la peinture des bas-fonds à laquelle se livre Daniel Defoe dans *Moll Flanders*, histoire d'une voleuse vivant de ses charmes qui connaît plusieurs fois la prison, avant d'être déportée en Amérique. Mais la perspective est différente de celle des romans espagnols. Avec Daniel Defoe et à sa suite l'abbé Prévost, c'est le journalisme et le monde judiciaire qui font irruption dans la littérature. Les gueux ont quitté la cour des miracles, ce sont des chefs de gangs et des criminels qui opèrent dans la jungle des villes et relèvent désormais de la police. Au burlesque de la littérature de gueuserie de la Renaissance, au monde carnavalesque des *picaros*, succèdent des intrigues sanglantes en prise avec le réel, dont l'écriture est parfois proche de celle des romans policiers.

Prévost ne cessa d'exprimer son admiration pour l'Angleterre, pour sa prospérité et pour sa liberté d'expression, incarnée, en particulier, par les journaux[8]. Les *Mémoires et aventures d'un homme de qualité*, qui racontent le périple à travers l'Europe du narrateur, le marquis de Renoncour, consacrent la totalité du livre 10 du tome III au séjour que celui-ci fait en Angleterre. Voici ce que dit le marquis à propos des journaux :

> On a le droit pour deux sous d'en lire une multitude, et de prendre une tasse de thé ou de café. On donne aussi à lire cinq ou six sortes de gazettes qui contiennent des nouvelles de l'Europe, et particulièrement celles de Londres. Ce dernier article renferme tout ce qui se passe dans la ville, jusqu'au moindre événement. [...] On y annonce les comédies, les bals, les concerts, les livres qui sortent de la presse, les remèdes des charlatans ; les maisons et les terres

8 À Londres, au début du siècle, une dizaine de journaux paraissent chaque semaine, qui rendent compte aussi bien de l'actualité politique, culturelle et économique, que des nouvelles judiciaires et criminelles.

> à louer ou à vendre, les banqueroutes, l'état des compagnies de commerce, l'arrivée et le départ des bateaux, en un mot tout ce qui peut intéresser le public. L'avidité des Anglais est extrême pour toutes ces nouvelles. Elles se répandent de la capitale jusqu'à l'extrémité des provinces, et l'on ne trouve personne, jusqu'au moindre matelot, qui n'emploie tous les jours deux sous pour satisfaire sa curiosité[9].

L'admiration de l'abbé Prévost pour la presse anglaise et pour sa liberté de ton le conduit cependant vers un journalisme à la française dans lequel la matière romanesque occupe une place centrale. Il s'agit là d'une forme particulière de transfert culturel : difficilement transposable de manière directe à cause de la censure qui pèse en France sur la circulation de l'écrit, le fait divers criminel donne naissance à la fois à de nouvelles intrigues romanesques et à un journalisme marqué par l'imprégnation de la littérature. Ces phénomènes d'appropriation transnationaux et transgénériques (du journal à la littérature) sont d'autant plus intéressants qu'ils se produisent dans la première moitié du siècle, à un moment où la France occupe encore en Europe une place hégémonique sur le plan culturel.

Prévost s'intéresse donc aux brigands, d'abord en tant que sujets de faits divers, et il leur consacre plusieurs articles dans le *Pour et contre*. Mais souvent chez Prévost, les affaires criminelles semblent migrer vers l'écriture romanesque, contribuant à brouiller la frontière entre fiction et réalité. Il est peu probable, par exemple, que la redoutable criminelle qui dirige une bande de onze brigands et sévit dans la forêt de Senlis, et à laquelle les *Mémoires et aventures d'un homme de qualité* consacrent tout un chapitre du livre 15, ait véritablement existé. Il est tentant de la comparer à Geneviève Pajot dont l'affaire commence au début des années 1730 et se termine par sa condamnation à mort en 1738. Geneviève Pajot conduit exempts et commissaire du Châtelet dans tous les environs de Paris, auberges, souterrains, carrières pour y chercher des soi-disant trésors qu'elle y aurait cachés avec sa bande :

> Elle dit que si on voulait la conduire aux environs de Paris dans deux ou trois villages, elle y ferait découvrir des trésors immenses. [...] Nous nous rendîmes d'abord sur le chemin de Bondy où nous trouvâmes la maréchaussée qui nous attendait. Nous allâmes au château de Villemomble. Elle nous dit alors que

9 *Mémoires et aventures d'un homme de qualité*, La Haye, M. G. Merville et J. Vander Kloot, 1775, volume II, 5e partie, p. 54.

> ce n'était pas là où elle voulait nous conduire, mais sur une montagne où il y avait un château ruiné et que dessous un colombier qui en faisait l'encoignure, on y trouverait des trésors très considérables[10].

Mais à lire les interrogatoires, on s'aperçoit qu'elle n'a rien d'une chef de bande. C'est en réalité une pauvre misérable, conduite au vol et à la prostitution par une vie de privations, et qui invente l'existence de trésors cachés pour retarder la date de son exécution. Comme on l'a vu précédemment, les femmes sont d'ailleurs rarement criminelles dans les archives judiciaires. Cette triste histoire a peut-être inspiré l'abbé Prévost (bien que le procès et le jugement soient postérieurs à la rédaction des *Mémoires et aventures d'un homme de qualité*) mais elle a peu à voir avec l'héroïne de Prévost qui tue par déception amoureuse. Dans les *Mémoires et aventures d'un homme de qualité*, le délit puis le crime n'ont rien de sordide, ils sont anoblis et pourraient devenir les sujets d'une tragédie classique.

Le goût de l'abbé Prévost pour les faits divers sanglants s'accorde avec la tonalité sombre de ses romans. Il existe chez lui « une hantise de l'ombre et une nostalgie de la lumière[11] » qui le conduit à privilégier les lieux obscurs, prisons et labyrinthes. C'est dans une caverne qu'est élevé Cleveland pour échapper aux persécutions de Cromwell. Mais contrairement à la caverne des brigands de Lesage où l'on aime bien manger et bien boire, celle de *Cleveland* est un tombeau où sera bientôt ensevelie la mère du héros. Toute une ambiance de roman noir se met en place, tandis que s'affirme le destin tragique des narrateurs, qu'ils se nomment Cleveland ou des Grieux : l'un et l'autre sont en effet la proie d'ardentes passions amoureuses que le destin ou l'objet aimé prennent plaisir à contrarier. La violence et la cruauté de certaines scènes ajoutent à la dimension tragique des récits : dans l'*Histoire du chevalier des Grieux et de Manon Lescaut*, Prévost décrit deux enlèvements, quatre ou cinq vols, quatre emprisonnements dont l'un se termine par un meurtre commis de sang-froid par des Grieux, et une déportation ; dans les *Mémoires et aventures d'un homme de qualité*, il est question de femmes enlevées et violentées par des pirates, de persécutions, de souffrances.

---

10 Voir Archives Nationales, ADIII, 6, pièce 83. Ce récit manuscrit de Gueullette, substitut du procureur du Châtelet, a été publié par Pascal Bastien dans *Thomas-Simon Gueullette, Sur l'échafaud. Histoires de larrons et d'assassins ((1721-1766)*, Paris, Mercure de France, 2010, p. 63.

11 Jean Sgard, *Prévost romancier*, Paris, J. Corti, p. 589.

Le marquis de Sade a lu, bien sûr, *l'Histoire de Gil Blas de Santillane* et les romans de l'abbé Prévost, écrivain qu'il admire[12]. Dans « Idée sur les romans », un texte qu'il publie en 1800 mais qu'il écrit pour l'essentiel avant la Révolution, Sade cite les ouvrages de Prévost et conclut ainsi : « Voilà ce qui s'appelle écrire le roman ; voilà ce qui, dans la postérité, assure à Prévost une place où ne parviendra nul de ses rivaux[13]. » Il a aimé sans aucun doute et apprécié la noirceur des intrigues et des décors, et l'expression de la souffrance. Chez Sade, les brigands occupent une place de choix. Ce sont souvent des individus qui n'ont aucun sens moral et suivent sans scrupule leurs pulsions, surtout quand elles les portent à la cruauté. Les brigands, pour Sade, sont des êtres d'énergie dont la force (et le cynisme) leur permet de ne pas s'embarrasser des conventions sociales : sur la scène sadienne, ce sont les véritables héros de notre temps.

Les bandits et les meurtriers hantent plusieurs des romans de Sade. L'un des quatre hôtes du château de Silling en Forêt Noire, le duc de Blangis, dans *Les cent vingt journées*, devient un criminel dès l'âge de 23 ans par plaisir et pour le sport en quelque sorte, pour l'excitation que cela procure : « il se mit à commettre des vols et des meurtres, par unique principe de débauche et de libertinage[14] ». Il décide par exemple

> avec trois de ses compagnons de vice, auxquels il avait inculqué sa philosophie, d'aller arrêter un carrosse public dans le grand chemin, de violer également les hommes et les femmes, de les assassiner après, de s'emparer de l'argent dont ils n'avaient assurément aucun besoin, et de se trouver tous trois la même nuit au bal de l'opéra afin de prouver l'alibi[15].

Quant aux habitants du village dépendant du château de Silling qui appartient d'ailleurs à un financier, ils sont « presque tous voleurs ou contrebandiers[16] ». Les libertins des *Cent Vingt Journées* sont de grands seigneurs dépravés qui se mettent au-dessus des lois à la fois du point de

12 Voir Jean Sgard, « De Prévost à Sade », *Eighteenth-Century Fiction*, vol. 1, issue 1, 1988, p. 1-12.

13 D. A. F. de Sade, « Idée sur les romans », *Les Crimes de l'amour*, Paris, Gallimard, coll. Folio, 1987, texte établi et présenté par Michel Delon, p. 41.

14 Sade, *Œuvres*, Paris, Gallimard, collection de La Pléiade, 1990, Édition établie par Michel Delon, tome I, p. 23.

15 *Ibid.*

16 *Ibid.*, p. 54.

vue des mœurs et du point de vue de la justice criminelle. Dans *Justine ou les malheurs de la vertu* paru en 1791, l'héroïne, après s'être sauvée d'une prison où elle est enfermée pour un vol qu'elle n'a pas commis, se réfugie avec la Dubois dans un repaire de brigands au fond des bois, dirigé par « Cœur-de-fer ». Cœur-de-fer qui cherche à abuser d'elle et se moque de sa vertu n'a qu'une maxime, assez joliment formulée : « La raison du plus fort est toujours la meilleure, il y a longtemps que La Fontaine l'a dit[17]. » Mais Justine décide de ne pas céder à ses avances.

Quant à la première nouvelle des *Crimes de l'amour*, « Faxelange », elle évoque le destin tragique de Mademoiselle de Faxelange : croyant avoir épousé le baron de Franlo, elle le suit sur ses terres et découvre que Franlo est en réalité le terrible Tranche-Montagne, chef de brigands qui, au bout d'une vallée déserte, l'entraîne dans son souterrain. « Cœur-de-fer », « Tranche-Montagne » : dans les archives judiciaires, les bandits possèdent effectivement des pseudonymes pour mieux échapper à la police. On en trouve de poétiques comme Noël Roussin dit « La fleur de Paris », Charles Corbion dit « La douceur » ou Michel Dumain dit « L'enfant bleu. » Mais aucun ne correspond aux trouvailles terrifiantes et drôles du divin marquis.

On retrouve là les composantes du roman noir, déjà présentes chez l'abbé Prévost, et largement développées à la fin du XVIIIe siècle dans les romans gothiques anglais dont Sade salue le succès, en soulignant dans *Idée sur le roman*, à quel point cette littérature fait écho aux événements de la Révolution française :

> Ce genre [...] n'est assurément pas sans mérite ; il devenait le fruit indispensable des secousses révolutionnaires, dont l'Europe entière se ressentait. Pour qui connaissait tous les malheurs dont les méchans peuvent accabler les hommes, le roman devenait aussi difficile à faire, que monotone à lire ; il n'y avait point d'individus qui n'eût plus éprouvé d'infortunes en quatre ou cinq ans, que n'en pouvait peindre en un siècle, le plus fameux romancier de la littérature ; il fallait donc appeler l'enfer à son secours, pour se composer des titres à l'intérêt, et trouver dans le pays des chimères, ce qu'on savait couramment, en ne fouillant que l'histoire de l'homme dans cet âge de fer[18].

---

17 D. A. F. de Sade, *Justine ou Les malheurs de la vertu*, Paris, Livre de poche, 1973, p. 51.

18 *Les Crimes de l'amour, nouvelles héroïques et tragiques, précédés d'une Idée sur les Romans*, Paris, Massé, 1799, p. XXIX. Sur les romans noirs, voir Maurice Lévy, *Le Roman « gothique » anglais (1764-1824)*, Paris, Albin Michel, 1995 et S. Bernard-Griffiths et J. Sgard (dir.), *Mélodrames et romans noirs 1750-1890*, Toulouse, Presse universitaires du Mirail, 2000.

Dans *Aline et Valcour*, publié en 1795, on trouve encore des brigands. Pour la première fois, ils deviennent des acteurs à part entière de l'actualité historique. Après bien des infortunes, Léonore, l'héroïne de « Léonore et Sainville », un récit inséré dans le roman, marche en compagnie de son amie Clémentine sur la route de Madrid, comme Gil Blas l'avait fait avant elle. Elle rencontre évidemment pendant la nuit un brigand :

> Mes bonnes amies, dit notre inconnu, je suis *l'ennemi de Dieu*, *le serviteur du diable*, *et l'ami du bien d'autrui*. [...] Plus nous examinions ce burlesque personnage, plus il nous étonnait ; autant que nous pûmes le distinguer au faible crépuscule d'une lune qui se levait, il nous parut vêtu d'un pourpoint vert, et d'un manteau jaune, la bouche ornée de deux moustaches énormes et le chef couvert d'un chapeau garni de plumes à cinq pieds de hauteur. [...] « Ah ! ah ! pucelles, s'écria notre homme [...] Venez... venez... suivez-moi, vous avez trouvé des scélérats chez ceux qui vous devaient l'hospitalité. De l'hypocrisie et de la débauche, du libertinage et de l'infamie, parmi les chefs de la justice, et par-tout des cœurs de rocher... Venez, vous dis-je, c'est au milieu d'une troupe de bohémiens que vous allez rencontrer des amis[19]. »

La figure du brigand a profondément changé en cette fin du XVIIIe siècle. D'abord le bohémien, dont on apprendra par la suite qu'il s'appelle Brigandos, porte des vêtements exotiques et bariolés. C'est devenu désormais un personnage pittoresque. Plus tard, le risque plus imaginaire que réel de rencontrer un brigand donnera le frisson aux touristes anglaises parcourant les routes de montagne d'Italie ou d'Espagne. En utilisant le vocable archaïque de « pucelles » pour désigner les deux jeunes filles, Brigandos garde cependant des traces de l'ancienne courtoisie du brigand picaresque de la Renaissance. Léonore trouve effectivement chez les bohémiens une loyauté et un sens de l'honneur rarement rencontrés ailleurs, à partir du moment où elle accepte de suivre leurs règles qui consistent à pratiquer le vol et – perversions fréquentes chez Sade – à honorer le diable et tolérer l'inceste.

Mais Brigandos est surtout le chef d'une communauté vivant en dehors des lois, plus accueillante aux malheureux que la société existante, d'une sorte de république ayant ses propres codes, où le butin est partagé équitablement entre tous. Cette république rappelle la société utopique de Libertalia, fondée par le capitaine Misson à Madagascar et

---

19 D. A. F. de Sade, *Aline et Valcour*, Paris, Veuve Girouard, 1795, tome 3, lettre XXVIII, p. 247.

décrite dans *l'Histoire générale des plus fameux pirates*, ouvrage que Sade avait sans doute lu. Comme les pirates, les bohémiens réunis autour de Brigandos mettent en pratique une fraternité des hors-la-loi, caractérisée moins par le désir de nuire à autrui que par celui de suivre un code de l'honneur protégeant les faibles. Ce trait, peu fréquent dans l'œuvre de Sade, mérite d'être souligné. La république de Brigandos semble aussi être le signe qu'un éclairage nouveau a été apporté à la figure du brigand en cette fin du XVIIIe siècle. On est passé de la révolte à la Révolution, le chef de brigand étant devenu l'incarnation d'une nouvelle communauté politique. Le meilleur symbole en est une pièce de théâtre intitulée *Robert, chef de brigands*[20], jouée à Paris en 1792, qui met en scène un personnage devenu le meneur des troupes révolutionnaires.

Bien que le personnage du brigand subisse d'importantes transformations, des romans de Lesage à ceux de Prévost et de Sade, de nombreux thèmes narratifs sont communs à tous ces ouvrages. À l'inverse du reste de la société, les brigands vivent la nuit, commettent leurs vols et leurs assassinats quand tout est endormi, et leur astre tutélaire est la lune. Ce sont aussi l'ombre et l'obscurité qui caractérisent les lieux où ils se réfugient pour cacher leur butin, forêts, cavernes, grottes et souterrains.

La question de la vraisemblance occupe par ailleurs une place importante dans ces romans. Choisir de parler de brigands, pour Lesage, c'est insérer leurs aventures dans une réalité où ces derniers croisent d'autres types sociaux, des comédiens, des médecins, des négociants. Chez l'abbé Prévost, l'effet de réalité vient de l'irruption du fait divers criminel dans la matière romanesque et, au besoin, de l'authentification de lieux et de personnages par le narrateur, devenu témoin oculaire. Ainsi Prévost écrit-il dans sa préface à *Cleveland*, « Je ne m'étendrai point sur la caverne de Rumney-hole, que j'ai vue dans mon voyage en Angleterre[21]. » Quant à Sade, il publie en 1813 *La Marquise de Gange*, œuvre inspirée d'une affaire judiciaire qui défraya la chronique dans les années 1660. Sade avertit le lecteur dans sa préface : « Ce n'est pas un roman que nous offrons ici ; l'affreuse vérité des faits que nous allons

20 La pièce de théâtre *Robert, chef de brigands* a pour auteur La Martelière. La pièce fut jouée en 1792 au Théâtre français. C'est une adaptation libre de la pièce de Schiller *Les Brigands*.

21 Prévost, *Cleveland*, J. Sgard et P. Stewart éd., p. 261.

tracer se trouve dans les *Causes célèbres*. L'Europe entière a retenti de cette déplorable aventure[22]. » Il n'est pas indifférent non plus que les textes se présentent souvent comme des confessions ou des mémoires censés donner une garantie de véracité aux récits.

Dans l'*Histoire de Gil Blas*, *Cleveland*, l'*Histoire du chevalier des Grieux et de Manon Lescaut* et *Aline et Valcour*, l'entrée dans une vie en marge de la loi a pour origine le conflit avec des figures d'autorité, à commencer par celle du père. C'est particulièrement vrai de Cleveland, obligé de fuir Cromwell, son père, et de des Grieux, enfermé dans une « chambre haute » de la maison paternelle pour être soustrait à l'influence de Manon. Quand on sait que les brigands réels, les Cartouche et autres malfaiteurs, ont d'abord été des individus en rupture avec le milieu familial, enfants battus ou chassés de chez eux[23], la thématique romanesque acquiert d'autant plus de vraisemblance.

Un autre signe distinctif de ces romans est la forme de leur composition. *L'Histoire de Gil Blas*, les *Mémoires d'un homme de qualité*, *Cleveland*, *Aline et Valcour*, tous sont composés de récits emboîtés les uns dans les autres. Dans le chapitre 5 du Livre I de *Gil Blas* par exemple, Rolando, le capitaine, demande à chacun des brigands de raconter sa propre histoire. Il en est de même dans *Aline et Valcour* et dans *Cleveland* où le héros, puis le vicomte d'Axminster, Fanny etc. font à un moment ou un autre le récit de leurs aventures. Cette structure ouverte des romans vient de leur origine picaresque : les *picaros* espagnols aussi évoquent à satiété les bons tours et les déboires qui leur arrivent au cours de leur voyage. Mais au XVIIIe siècle, ce type de composition acquiert une profondeur réflexive. La notion de hasard se glisse en littérature : si le narrateur rencontre, au gré de ses errances, tel ou tel personnage qui lui raconte sa vie, c'est aussi parce que le roman gagne une liberté et une plasticité qui ont la grâce de la conversation, et s'adapte aux caprices de l'humeur et des rencontres, bonnes ou mauvaises, sur le chemin de la vie. Le meilleur exemple de ce nouvel art d'écrire est, bien sûr, *Jacques le Fataliste* de

22 Le meurtre de la Marquise de Ganges par ses deux beaux-frères est mentionné dans les *Causes célèbres célèbres et intéressantes, avec les jugemens qui les ont décidées*, recueils de cas judiciaires effectués par l'avocat lyonnais Gayot de Pitaval et publiés de 1734 à 1741 en 18 volumes.

23 Voir Michel Porret, « Les "tigres altérés de sang". Essai de typologie sur les circonstances aggravantes de la criminalité associative sous l'Ancien Régime », *Cartouche, Mandrin et autres brigands du XVIIIe siècle*, Lise Andries (dir.), p. 238-239.

Diderot où il est d'ailleurs question de brigands. Diderot a aussi raconté dans *Les deux amis de Bourbonne* une histoire de contrebandiers.

Ce conte mérite qu'on s'y arrête. Rédigé en 1770, il est publié en décembre de la même année dans la *Correspondance littéraire* de Grimm. Il relate l'histoire de deux cousins, Félix et Olivier, élevés comme des frères par la mère de l'un d'entre eux, l'autre mère étant morte en couches. Félix et Olivier sont inséparables. Devenus adultes, ils tombent amoureux de la même jeune fille. Le premier qui s'en aperçoit, Félix, cède aussitôt la place à son cousin et se retire de la société pour devenir contrebandier dans cette zone de frontières entre la Champagne, la Lorraine et la Franche-Comté où se trouve Bourbonne. Un jour, Félix est arrêté, jugé et condamné à mort. Olivier, apprenant cela, « court vers la place [où doit avoir lieu l'exécution], arrive, crie, frappe le bourreau, frappe les gens de la justice, soulève la populace indignée de ces exécutions[24]. » Il permet ainsi à Félix de s'enfuir mais lui-même est blessé à mort par un soldat de la maréchaussée. Pendant ce temps, Félix trouve refuge dans la forêt dans une famille de charbonniers. Parti en compagnie du charbonnier à la recherche d'Olivier dont il ignore la mort, il tombe dans une embuscade au cours de laquelle le charbonnier est tué. Plus tard Félix, acquitté par la justice, devient garde-chasse puis soldat et prend à sa charge les deux veuves et leurs enfants.

Diderot fait donc de Félix le contrebandier un personnage de brigand vertueux (il est vrai que les contrebandiers bénéficient dans les biographies criminelles et dans la presse du XVIIIe siècle d'une réputation plutôt positive, à l'image de celle de Mandrin). Le commentaire de Diderot qui suit le conte souligne que la noblesse de caractère se trouve dans toutes les classes sociales : « Vous voyez, petit frère, que la grandeur d'âme et les hautes qualités sont de toutes les conditions et de tous les pays ; que tel meurt obscur, à qui il n'a manqué qu'un autre théâtre ; et qu'il ne faut pas aller jusque chez les Iroquois pour trouver deux amis[25]. » Après avoir cité le brigand sicilien Testalunga et son

24 Diderot, *Les deux amis de Bourbonne*, Œuvres, texte établi et annoté par André Billy, Paris, Gallimard, collection de La Pléiade, 1951, p. 748.

25 Le « petit frère » évoque l'interlocuteur fictif de Madame de Pruneveaux, censée être l'auteur du conte par une de ces mystifications chères à Diderot. L'allusion aux Iroquois vient du fait que Diderot a écrit *Les deux amis de Bourbonne*, en s'inspirant librement de *Les deux amis : conte iroquois* que lui avait envoyé Saint-Lambert. Diderot, *Les deux amis de Bourbonne*, p. 749.

fidèle lieutenant Romano refusant de le trahir sous la torture, Diderot donne même pour conclusion au conte que les amitiés exceptionnelles se trouvent davantage dans le peuple qu'ailleurs :

> Félix était un gueux qui n'avait rien ; Olivier était un autre gueux qui n'avait rien ; dites-en autant du charbonnier, et de la charbonnière, et des autres personnages de ce conte ; et concluez qu'en général il ne peut guère y avoir d'amitiés entières et solides qu'entre des hommes qui n'ont rien. Un homme alors est toute la fortune de son ami, et son ami est toute la sienne[26].

Il faut ajouter que le conte, *Les amis de Bourbonne*, fut envoyé par Diderot à l'écrivain suisse Salomon Gessner en même temps que les *Entretiens d'un père avec ses enfants, ou Du danger de se mettre au-dessus des lois*, écrit un an plus tard, en 1771. Or le grand sujet de ces entretiens mettant en scène dans la maison familiale de Langres le père, la sœur, le frère de Diderot, Diderot lui-même et divers visiteurs, est la possibilité ou non de transgresser la loi, au nom de principes moraux qui lui seraient supérieurs. Le premier débat concerne par exemple la question de savoir s'il faut sauver de la maladie un criminel condamné à mort, quand on est médecin. Cette question est posée par « Moi », le philosophe, au docteur Bissei, médecin du père de Diderot, qui lui répond : « Mon affaire est de le guérir, et non de le juger ; je le guérirai, parce que c'est mon métier ; ensuite le magistrat le fera pendre, parce que c'est le sien[27]. » « Moi » cite alors les bandits Cartouche et Nivet et obtient la même réponse du médecin qui le scandalise : en effet, les brigands, qu'il appelle « les méchants » et qui n'ont justement aucune des qualités morales de Félix ou d'Olivier leur permettant d'être au-dessus des lois, ne devraient bénéficier d'aucun secours. Dans une autre affaire concernant un héritage spoliant injustement plusieurs familles de pauvres gens, « Moi » s'oppose cette fois à son père qui lui dit : « Tu aurais préféré ta raison à la raison publique ; la décision de l'homme à celle de l'homme de loi ». « Moi » réplique ainsi : « Assurément. Est-ce que l'homme n'est pas antérieur à l'homme de loi ? Est-ce que la raison de l'espèce humaine n'est pas tout autrement sacrée que la raison du législateur ? Nous nous

---

26 Diderot, *Les deux amis de Bourbonne*, p. 758.

27 Diderot, *Entretiens d'un père avec ses enfants, ou Du danger de se mettre au-dessus des lois*, Œuvres, texte établi et annoté par André Billy, Paris, Gallimard, collection de La Pléiade, 1951, p. 762.

appelons civilisés et nous sommes pires que des sauvages[28]. » On est loin ici des seigneurs brigands de Sade. C'est le droit naturel qui prime sur le droit des magistrats et qui permet d'absoudre, par exemple, Félix, le contrebandier vertueux au grand cœur. Le chapitre 12, « Le délit et la peine dans l'*Encyclopédie* » reprend en partie le sujet.

Le thème le plus révélateur qui court comme un fil rouge à travers *Brigands, pirates et hors-la-loi* reste l'expression de la violence, représentée comme une forme d'énergie vitale commune au sauvage, au pirate et au brigand. Les brigands ne sont pas seulement en rupture avec la loi et avec l'autorité, ils incarnent une volonté de résistance et de critique sociale. Dans *l'Histoire de Gil Blas*, les gens de justice sont tous avides et corrompus, dans *Manon Lescaut*, les fermiers généraux jouisseurs et honteusement riches ; dans *Aline et Valcour*, prêtres, juges et détenteurs de la vérité et du pouvoir, sont tous mis dans le même sac : ils exercent avec excès leur domination politique et sexuelle sur les plus faibles. Tant d'injustice appelle à une résistance individuelle contre le pouvoir, quel qu'il soit, et explique le recours à la violence, au vol et parfois au meurtre, à une époque où une histoire du roman se construit, montrant des personnages en quête de leur identité et de la prise en main de leur destin. Comme le dit la Dubois dans *Justine*, « La dureté des riches légitime la mauvaise conduite des pauvres. » Du royaume de gueuserie à la république égalitaire des bohémiens, de la révolte à la Révolution, les histoires de brigands, qui représentent d'une certaine manière le versant noir des Lumières, sont en phase avec l'histoire de France.

28 Diderot, *Entretiens d'un père avec ses enfants, ou Du danger de se mettre au-dessus des lois*, p. 776.

BRIGANDS EN RÉVOLUTION

Pour Michel Delon.

Alors que le mot de brigand n'est presque jamais employé dans les archives judiciaires de l'Ancien Régime, les magistrats lui préférant celui d'« assassin » ou de « voleur sur les grands chemins », le terme envahit jusqu'à l'inflation les textes imprimés, feuilles volantes, documents administratifs et judiciaires, et cela dès l'année 1789. C'est au moment de la Grande Peur que les brigands surgissent sur le devant de la scène. Le phénomène a été étudié par Georges Lefèbvre dans son ouvrage classique, *La Grande Peur de 1789*[1]. Comme il l'écrit, « Qu'est-ce que la grande peur sinon une gigantesque "fausse nouvelle[2]" » ? Provoquée par les événements parisiens du printemps et de l'été 1789, la rumeur de l'arrivée imminente de brigands prêts à piller et tuer les habitants des campagnes se répand comme une traînée de poudre. Elle atteint d'abord l'Île de France, puis la Champagne et la Franche-Comté, gagne le Massif central et le Midi, puis remonte par l'Ouest vers la Normandie. Peu de régions sont épargnées bien qu'il s'agisse davantage des zones rurales que des villes. La Grande Peur est certainement révélatrice d'un clivage entre Paris et le reste de la France, principalement la France des campagnes. Alors qu'il se passe à Paris en 1789 des événements politiques de grande ampleur complètement inédits et perçus immédiatement comme tels par les contemporains (suspension des États généraux et constitution par le Tiers-État d'une assemblée nationale, prise de la Bastille, départ des frères du roi et première vague d'émigration), le peuple ne sait comment interpréter ces événements.

1 Georges Lefèbvre, *La grande peur de 1789*, Paris, Armand Colin, 1970 [1932].
2 *Ibid.*, p. 87.

Les brigands seraient payés par l'aristocratie, appuyés par des troupes étrangères à sa solde et ils seraient partie prenante d'un complot contre le Tiers-État : « Dans la seconde quinzaine de juillet, entre les innombrables causes d'insécurité qui alarmaient le royaume et le complot aristocratique, la synthèse se réalise brusquement[3]. » Les villages et les bourgs organisent des milices pour repousser ces fameux brigands, des révoltes à main armée se produisent dans le Bocage normand, dans le Hainaut et dans le Mâconnais, on brûle les châteaux et les titres de propriété nobiliaires. À Montpellier, on craint l'arrivée des pirates depuis le port de Sète.

Pour Georges Lefèbvre, la Grande Peur est le condensé de peurs anciennes qui existent à l'état endémique dans les campagnes : peur des errants et des « hommes d'armes, mi-soldats, mi-brigands », peur de la disette après les mauvaises récoltes de 1788 et 1789. La même peur ressurgira à plusieurs reprises pendant les années révolutionnaires, alimentée par la désorganisation administrative, la guerre civile et la crise frumentaire qui pousse sur les routes toute une population flottante de mendiants. Cette rumeur a quelque chose d'archaïque et ressemble à la panique suivie d'émeutes qui était née à Paris dans les années 1750, lorsque le lieutenant de police Sartine était accusé d'enlever des enfants dans les rues de la capitale[4]. « Contre le [brigand], la peur suggère aussitôt, ou de se renfermer dans le cercle des habitations, ou d'en sortir pour ces chasses à l'homme collectives [à] l'atmosphère à la fois tendue et familière, à travers un pays que l'on connaît bien, aux côtés de voisins et d'amis[5]. »

Il est vrai que, dès 1789, le monde ancien s'effondre dans une confusion qui génère désordre, incompréhension, inquiétude et brigandages réels. À la suite des grands débats de la fin de l'Ancien Régime sur la réforme des peines et la réorganisation du système judiciaire, les cours de justice traditionnelles cessent provisoirement de fonctionner, la torture, les peines de galères disparaissent. Les lois des 16-29 septembre 1791 instaurent la publicité de la procédure judiciaire ainsi que la mise en place dans les procès criminels d'un jury composé de citoyens, à l'image du système judiciaire anglais. La même année, la maréchaussée est dissoute et remplacée le 16 février 1791 par la Gendarmerie nationale, privée de moyens

3 *Ibid.*, p. 75.

4 Arlette Farge et Jacques Revel, *Logiques de la foule. L'affaire des enlèvements d'enfants Paris, 1750*, Paris, Hachette, 1988.

5 Yves Castan, « Mentalités rurale et urbaine en Languedoc », *Crimes et criminalité en France 17e 18e siècles*, Paris, Armand Colin, 1971, p. 165.

à sa création. Rien de l'administration civile ou judiciaire de l'Ancien Régime ne subsista et il y eut un renouvellement complet du personnel d'Ancien Régime. Les magistrats occupèrent des fonctions électives pendant quelques années[6]. Il s'agit de ce qu'on appela pendant cette période une « magistrature intermédiaire ». C'est seulement pendant le Premier Empire que Napoléon reconstitua une magistrature de métier.

Les bandes qui sévissaient pendant l'Ancien Régime profitèrent évidemment du flou administratif et judiciaire des premières années de la Révolution et on assista à une recrudescence de leur activité pendant le temps de latence qui était inévitable avant que le nouveau système ne se mette en place. La bande des « chauffeurs » d'Orgères, par exemple, installée dans la Beauce et dont le procès retentissant se déroula en 1799-1800 est l'héritière de la bande des « Hullins », apparue dans les années 1780, qui avait le même terrain d'action et le même profil sociologique. La crise économique et la misère qui en fut la conséquence sont également des facteurs aggravants.

À cela s'ajoutaient le nouveau découpage administratif en départements, et après 1793, la conquête par les armées révolutionnaires des régions limitrophes de la France : ces déplacements de frontières favorisèrent d'une part une intense activité de contrebande et d'autre part la possibilité pour des groupes criminels de se déployer plus facilement sur de larges territoires, tout en profitant de l'impunité relative des zones frontalières. De 1792 à 1815, on assiste à « un bouleversement quasi permanent des frontières[7] », avec l'occupation progressive par la France révolutionnaire de la Belgique, des Provinces-Unies, des principautés rhénanes et du Nord de l'Italie. Sur la « route du Nord » qui relie Paris à Bruxelles, Anvers et Gand, on trouve la bande d'Ansart[8], celle de Moneuse dans le Brabant et celle de Salembier qui ravagea le Nord et le Pas-de-Calais pendant l'an IV et l'an V. Les bords du Rhin et la région de la Moselle sont le territoire de Schinderhannes, l'« écorcheur », dont le nom véritable était Johannes Bückler. Il ne faut pas imaginer cependant des bataillons de brigands déferlant dans les campagnes. Plutôt que de grandes bandes, il s'agit de micro-bandes générant une insécurité chronique dans les campagnes, dont

6 Voir Jacques Godechot, *Les Institutions de la France sous la Révolution et l'Empire*, Paris, PUF, 1951, p. 120-129.

7 *Frontière et criminalité 1715-1815*. Études réunies par Catherine Denys, Arras, Artois Presses Université, 2000, introduction, p. 10-11.

8 Voir Xavier Rousseaux, « Le banditisme aux frontières nord-est de la France », *Frontière et criminalité*, p. 141.

les membres se réunissent à quatre ou cinq pour « faire un coup », mais qui se connaissent entre elles et fonctionnent en réseaux. Vol de bestiaux, cambriolages de fermes isolées, contrebande, attaque de convois transportant des fonds publics, on a affaire ici à une forme de grand banditisme qui sévit sur un large espace et se caractérise par sa brutalité extrême.

C'est pendant cette période qu'a lieu à Paris un vol particulièrement retentissant, celui des joyaux de la Couronne, entre le 11 et le 16 septembre 1792, au cours du sac de l'hôtel du Garde-Meuble, malgré la présence de Gardes nationaux. La publication et la diffusion de l'inventaire des bijoux de la Couronne en 1791 par une Première République un peu naïve avait certainement été une source d'inspiration pour des voleurs qui comptaient profiter de ces temps troublés. 9 000 pierres précieuses, soit l'équivalent de sept tonnes d'or, d'orfèvrerie et de pierreries, furent dérobées. Les auteurs du vol étaient un groupe de petits malfrats parisiens et de bandits professionnels venus de Rouen. Roland, alors ministre de l'Intérieur, parvint à faire arrêter une vingtaine d'entre eux qui furent condamnés à mort et guillotinés comme « contre-révolutionnaires ». Si la majorité des joyaux furent retrouvés, une partie disparut définitivement.

L'État républicain ne commence à s'attaquer aux bandes que sous le Directoire : « Il faudra attendre 1795-1798 et la stabilisation des conquêtes septentrionales de la République[9]. » Moneuse est exécuté en 1798, Schinderhannes en 1803. Le Directoire dispose essentiellement de trois armes contre le brigandage : 1) la gendarmerie officiellement créée en 1791 mais véritablement mise sur pied et organisée par le décret du 28 germinal an VI (17 avril1798) 2) les lois spéciales contre le brigandage 3) le recours sélectif aux tribunaux militaires. La loi de floréal an V punit de mort les auteurs d'agressions armées en groupe ; celle de nivôse an VI autorisa le recours aux juridictions militaires pour le jugement des brigands saisis les armes à la main[10].

Un trait particulier du banditisme sous la Révolution est le fait que la distinction n'est pas toujours établie pour ceux qui sont en charge de la répression, entre un banditisme qu'on qualifierait aujourd'hui de droit commun, et des activités contre-révolutionnaires. Tout se confond dans un contexte de lutte des factions et de violences politiques. Il existe

---

9 Xavier Rousseaux, *Frontière et criminalité*, p. 140.

10 Les lois spéciales du 26 floréal an V (15 mai 1797) et surtout celle du 29 nivôse an VI (18 janvier 1798) constituèrent « l'arme légale » de la répression. *Ibid.*, p. 155.

en effet très tôt des mouvements de résistance spontanés ou organisés contre le nouvel ordre laïque, républicain et centralisé qui se met en place. Le décret de vente des biens de l'Église comme biens nationaux en 1789, suivi de la Constitution civile du clergé provoquent une crise religieuse qui conduit une partie des départements de l'Ouest et du Midi, le Tarn, l'Hérault, l'Aveyron, le Gard et la Lozère à se soulever. La proclamation de la patrie en danger le 11 juillet 1792 et la levée en masse du printemps 1793 qui remplace l'armée de métier par une armée de citoyens provoquent, de leur côté, de nombreuses désertions et un refus des réquisitions. C'est pourquoi l'identification est souvent faite entre déserteurs et brigands par les autorités[11], tandis que dans les régions frontalières de la France, « l'expansion de la Révolution fit qualifier de brigandage en l'an V et en l'an VI les expressions contre-révolutionnaires de la chouannerie et de la Vendée “belge”, puis à partir du Consulat l'insoumission et le refus de l'enrôlement lors de la conscription[12]. » Dans le département de l'Aveyron, 40 à 50 % des conscrits refusent de s'engager[13].

Parmi les conduites « contre-révolutionnaires », on trouve aussi bien la résistance aux réquisitions puis à la conscription que la désobéissance à l'égard de forces de gendarmerie, la destruction des arbres de la liberté, le pillage des voitures transportant les fonds publics ou l'assassinat de fonctionnaires républicains et d'acquéreurs de biens nationaux[14]. Jusque sous l'Empire, la police utilisera sans faire de différence les termes de chouans et de brigands. Une feuille volante du début du XIXe siècle, non datée, indique par exemple sous le titre « Attaque de la diligence de Laval » : « La diligence qui portait à Laval une somme de 15.000 francs de fonds du Trésor a été attaquée et pillée par vingt chouans, tous armés, à deux heures de l'après-midi[15] ». On trouve aussi des expressions comme « bandits royaux » ou « royalistes de grand chemin ».

11 Voir Alan Forrest, *Conscripts and deserters. The army and French Society during the Revolution and Empire*, Oxford, Oxford University Press, 1989, p. 124.

12 Xavier Rousseaux, *Frontière et criminalité*, p. 134.

13 Laurent Delpuech, « L'État en guerre contre le brigandage. Un cas exemplaire : le département de l'Aveyron de 1799 à 1815 », *Les Brigands*, Valérie Sottocasa (dir.), Rennes, PUR, 2013, p. 123.

14 Voir Bernard Gainot, « La “guerre de police” contre les “brigands” : une innovation tactique sous le Directoire ? », *Les Brigands*, Valérie Sottocasa (dir.), p. 80.

15 *Attaque de la diligence de Laval en plein jour, par vingt brigands armés de fusils à deux coups, de pistolets et de poignards*, Paris, Garson, s.d.

Les brigands deviennent dès les débuts de la Révolution française des acteurs à part entière de la vie politique. Il est vrai que certains grands brigands du XVIIIe siècle avaient une dimension politique, dans les textes du moins qui les célébraient et cette dimension ne cessa de s'affirmer au cours du siècle : on prêtait à Cartouche l'intention d'assassiner toute la noblesse parisienne en une nuit pour la dépouiller de ses richesses ; quant au contrebandier Mandrin, il se battait contre les employés de la Ferme générale et un pamphlet comme le *Testament politique de Louis Mandrin* publié en 1755 le présenta comme un détracteur du système fiscal. Cependant ni le roi, ni l'État n'étaient attaqués directement. Les adversaires étaient ceux qui s'interposaient entre le « bon roi » et son peuple, c'est-à-dire les profiteurs, les « maltôtiers », les « agioteurs » et ceux qu'on appellera bientôt pendant la Révolution les « accapareurs ».

Après 1789, il s'agit de tout autre chose. C'est le monde ancien qui se défait dans la douleur. Le fantasme d'un lien direct et personnel entre le roi et ses sujets est mis en cause. Lui succède l'idée toute nouvelle de nation, représentée par ses corps intermédiaires. Or cet État caractéristique des sociétés modernes qui se crée sous la Révolution est une entité abstraite, complexe à concevoir. Il n'est pas facile de devenir citoyen et le brigand est sans doute l'image même de l'anti-citoyen. « Ennemi de l'intérieur » pour les patriotes républicains, il incarne les différentes formes de résistance possibles quand cette entité abstraite qu'est la nation demande de payer des impôts ou d'aller se battre. Pour Bernard Gainot, « le brigand recourt à la violence pour s'opposer à la centralité et à l'universalité de la loi, qui est le propre des États modernes[16] ». Le brigand est un personnage des sociétés archaïques, à contre-courant de l'évolution politique et sociale. C'est aussi sous ces traits qu'il apparaît dans les pays nouvellement conquis par les armées révolutionnaires où des Républiques centralisées remplacent les régimes anciens. Ainsi, en Italie surgit dès les années 1800 un nouveau type de brigand : brigand au grand cœur, c'est un individu luttant pour la liberté de son peuple et un héros de la résistance contre l'occupation française[17].

16 Bernard Gainot, *Les Brigands*, p. 79.

17 Voir Roberto Balzani, « Le brigandage à l'époque napoléonienne et papale en Romagne », Daniel Angelini – Dino Mengozzi (dir.), *Una societa violenta. Morte pubblica e brigantaggio*, Manduia, Piero Lacaita Editore, 1996.

Comment la littérature au sens large, des feuilles criminelles aux romans et au théâtre, se fait-elle l'écho de ces temps troublés ? La littérature classique pouvait-elle convenir à ceux qui avaient vu la colère des foules révolutionnaires, les têtes au bout des piques, la guillotine, la guerre civile ? Si la Révolution abandonne la torture et les supplices des exécutions publiques de l'Ancien Régime, elle met en effet en scène une autre théâtralisation sanglante de la violence et de la mort, plus politique et plus massive. À cette violence en actes correspond une violence verbale qui envahit l'espace public et la littérature.

En dehors des églogues et idylles champêtres qui fleurissent, nombreuses, dans les *Almanachs des Muses* sous la Terreur, on assiste en effet à un déferlement de poésies, de chants guerriers et de dialogues patriotiques tous plus agressifs les uns que les autres. La presse se met elle aussi à l'unisson : les appels à la dénonciation dans les pamphlets et dans *L'Ami du peuple* de Marat ou les excès du *Père Duchesne* d'Hébert en sont le signe. Même un genre littéraire traditionnel comme le dialogue des morts porte la trace de cette radicalisation. Ainsi le *Dialogue entre Louis Capet, d'Angremont, Laporte et Mirabeau aux Enfers*, publié en l'an II, décrit-il le roi, désigné sous le simple nom de Capet, en train de forcer la porte du paradis et de déborder d'injures pour passer devant tout le monde : « Foutre ! laissez-moi ; vous êtes tous de foutus gueux[18]. »

C'est ici qu'intervient le brigand car cette violence est également la sienne. La violence politique étant à l'ordre du jour et pas seulement pendant la Terreur, celle des faits divers se dilue dans l'espace du politique. Les feuilles criminelles publiées pendant la Révolution en sont le témoignage. Elles montrent que l'on ne peut parler, pendant cette période, d'une autonomie du fait divers criminel. Par exemple, dans le *Détail de l'horrible massacre d'une famille entière* qui raconte un simple crime crapuleux, la feuille souligne « l'honnêteté » et « le patriotisme » de la victime, et appelle à ce que les coupables (dont le seul motif était pourtant l'appât du gain) soient punis pour s'en être pris à la Révolution. Il s'agit de rien moins que d'obtenir une « réparation exemplaire envers la société[19]. »

---

18 *Dialogue entre Louis Capet, d'Angremont, Laporte et Mirabeau aux Enfers*, Paris, Impr. de Milscent-Créole, s. d.

19 *Détail de l'horrible assassinat d'une famille entière arrivé cette nuit à Clignancourt, près Montmartre*, Paris, Imprimerie patriotique, s.d.

En outre, dans la mesure où les adversaires politiques, quel que soit leur bord, sont facilement qualifiés de brigands pendant la Révolution, avec ce goût de l'invective que nous venons de souligner, on voit défiler sous ce nom, dans de nombreux textes, les principaux acteurs de la vie publique. Beffroy de Reigny, dans son *Dictionnaire des Hommes et des choses* paru en 1800, dit de Marat et de ses convictions politiques : « Ni Cartouche ni Mandrin n'imaginèrent rien de pareil. » Ailleurs, un ancien général de brigade fait paraître en 1796 *Les Brigands démasqués. Mémoires pour servir à l'histoire du temps present*, qui règle ses comptes avec la Révolution en 200 pages et dédie l'ouvrage « à tous les ennemis du meurtre et de l'anarchie ; et aux veuves et orphelins des Français assassinés par la Convention nationale[20]. » Mais l'épithète de brigand est aussi utilisée par les républicains. Dans *Les Brigands de la Vendée* du citoyen Boullault, pièce qualifiée dans son titre d'« opéra-vaudeville en deux actes, mêlé de combats et incendies », les brigands sont les chouans de la Vendée. Les dialogues sont entièrement écrits en langue poissarde, dans une verve républicaine proche de celle du *Père Duchesne*. À l'acte I, des paysans brandissant un drapeau tricolore montent à l'assaut des chouans, en déclarant : « J'sommes menacés par les brigands, ne les attendons pas ; marchons à leur rencontre, montrons-nous Français, et j'sommes sûrs de la victoire ; d'ailleurs, ce sont des esclaves et nous sommes libre, et j'voulons rester libres. Vive la liberté ! Vive la république[21] ! »

Dans les dernières années du XVIIIe siècle, le brigand devient un personnage littéraire et bientôt un sujet de prédilections pour des peintres européens comme Léopold Robert qui peint au début du XIXe siècle divers brigands italiens au visage toujours mélancolique, sur fond de paysages crépusculaires. Le brigand s'intègre en effet dans de nouveaux courants esthétiques : le pittoresque et le sublime venus d'Angleterre d'un côté, le *Sturm und Drang* allemand de l'autre. Héros romantique, le brigand incarne l'esprit de résistance et parfois l'élan révolutionnaire. Il représente aussi – et c'est un paradoxe quand il mène la lutte aux

20 Auguste Danican, *Les Brigands démasqués ou Mémoire pour servir à l'histoire du temps present*, Londres, Baylis, 1796.

21 *Les brigands de la Vendée*. Opéra-vaudeville en deux actes, mêlé de combats et incendies. Représenté au Théâtre des Variétés amusantes, Boulevard du Temple le 3 octobre 1793, l'an 2e de la République, par le C. Boullault, Paris, citoyenne Toubon, 1793, Acte I, scène 13, p. 25.

côtés des sans-culotte – un monde reculé et primitif qui a survécu aux transformations de l'Histoire, un peu comme les Écossais du barde Ossian. Les romans de brigands sont d'ailleurs souvent localisés aux confins de la civilisation, chez les barbares saxons, dans les montagnes, dans les forêts, ou dans la lointaine Écosse.

Dans le *Sturm und Drang* qui débute dans les années 1770, et dans les textes qui s'en inspirent par la suite, les brigands sont nombreux. C'est que le *Sturm und Drang*, « orage et passion », inspire des œuvres littéraires où s'expriment la force des passions, l'énergie et la volonté. Sous la triple influence du théâtre de Shakespeare, des œuvres de Jean-Jacques Rousseau et de la redécouverte d'une poésie populaire nationale, il se caractérise par une aspiration à la liberté et un triomphe de la sensibilité sur la raison. Le *Sturm und Drang*, essentiellement représenté par les jeunes Goethe et Herder, est aussi un mouvement générationnel des fils contre les pères. Il vise à briser le carcan des conventions sociales et à lutter contre toutes les tyrannies, qu'elles soient familiales ou politiques. C'est pourquoi des revendications sociales, voire révolutionnaires sont présentes dans plusieurs œuvres du *Sturm und Drang*, par exemple dans *Götz von Berlichingen*, la première pièce de Goethe écrite en 1773, qui raconte la rébellion du chevalier Götz contre les princes du Saint-Empire et son destin de hors-la-loi à la tête de la sanglante Guerre des paysans pendant la Réforme. Il est donc logique que les brigands occupent une place importante dans cette littérature car ce sont, comme on l'a vu, des êtres d'énergie et des rebelles.

Dans la continuité du *Sturm und Drang*, des œuvres plus tardives radicalisent cet élan de révolte qui s'accompagne d'une transgression assumée des lois. Schiller écrit la tragédie *Les Brigands* en 1781 puis deux ans plus tard *La conjuration de Fiesque*, tandis que Goethe publie *Egmont* en 1788, une pièce de théâtre mettant aux prises un comte flamand protestant avec un despote espagnol catholique au XVIe siècle. Enfin Heinrich von Kleist écrit en 1810 *Michael Kohlhaas*, une nouvelle se passant elle aussi pendant la Réforme dont le héros, un marchand prussien, s'estime victime d'une injustice exercée par un seigneur local, et entre en dissidence avec une horde de brigands qui brûlent les châteaux, multiplient les vols et les massacres, et sont adulés des paysans révoltés par l'arbitraire des seigneurs. De nombreux points communs existent entre toutes ces œuvres. Elles prennent appui sur des personnages historiques et dépeignent des groupes d'hommes vivant ensemble, pour lesquels le culte de la volonté, l'amitié et la liberté sont des valeurs centrales. Cette liberté s'accompagne d'un intérêt nouveau pour la nature, où la forêt, en particulier, joue le rôle d'un retour à une pureté primitive. Les œuvres mettent en place un modèle qui se retrouvera dans le roman noir, celui du chevalier-brigand ou du brigand déclassé, pratiquant, malgré sa marginalité de hors-la-loi, les vertus de générosité et de courtoisie des bandits au grand cœur. Les pièces de théâtre de Schiller, surtout *La conjuration de Fiesque*, ont aussi des accents patriotiques et républicains. À la fin de la pièce, les ouvriers de Gênes s'écrient ainsi, après l'assassinat du tyran : « Pour le peuple ! tout pour le peuple[22]. »

Les Brigands de Schiller sont de ce point de vue une œuvre fondatrice. La presse française de l'époque a rapproché la pièce de celle de Legrand, *Cartouche et les voleurs* jouée en 1721, juste avant l'exécution du bandit[23]. On a vu aussi une influence possible du conte de Diderot, *Les deux amis de Bourbonne.* Tous ces personnages se mettent hors la loi et décident de redresser eux-mêmes la justice injuste des princes. Ils ont en partage une forte personnalité et la capacité à l'assumer. Karl Moor, le héros des *Brigands*, jeune noble rejeté par son père à cause des manigances diaboliques de Franz, son frère cadet, déclare ainsi : « Vais-je admettre de me laisser serrer dans un corset, de laisser ficeler ma volonté par des lois. La loi n'a jamais fait naître un seul grand homme ; la liberté engendre des colosses et des extrêmes[24]. » À la manière de Robin des Bois caché dans la forêt de Sherwood, Karl distribue sa richesse aux pauvres : il remet, par exemple, le tiers du butin qui lui revient en tant que chef des brigands, à des orphelins ou à des jeunes gens pauvres pour qu'ils puissent faire des études. À un nouveau membre de la troupe, Karl Moor déclare d'ailleurs avec ironie : « Ton précepteur aurait-il laissé tomber dans tes mains les aventure de Robin-Hood[25] ? » Lorsque Karl Moor s'approche du château de son père à la fin de la pièce, passage admirable,

22 Schiller, *Œuvres complètes*, tome II, *La conjuration de Fiesque*, Paris, Ladvocat, 1821, Acte II, scène 8, p. 77.

23 En particulier la gazette intitulée *Le Pot pourri*, dans un numéro de 1782. Voir Pierre Frantz, « Le crime devant le tribunal du théâtre : *Les Brigands* de Schiller et leur fortune sur la scène française », *Littératures classiques* 2008/3, N° 67, p. 221.

24 Schiller, *Œuvres complètes*, tome I, *Les Brigands*, Paris, Ladvocat, 1821, Acte I, scène 2, p. 29.

25 Schiller, *Œuvres complètes*, tome I, *Les Brigands*, Paris, Ladvocat, 1821, Acte III, scène 2, p. 138.

il se souvient pourtant avec désespoir de son innocence perdue : « O jours paisibles ! ... château de mon père !... vallées vertes et fécondes ! ... scènes du paradis de mon enfance !... vous ne reviendrez jamais[26]. »

Il est intéressant de constater à quel point le brigand devient un personnage politique pendant ces années précédant la Révolution et combien il est sensible, y compris au théâtre, aux vicissitudes des événements historiques[27]. L'évolution de la pièce de La Martelière, *Robert, chef de brigands*, une adaptation des *Brigands* de Schiller, en est un bon exemple. La pièce est représentée pour la première fois à Paris, au Théâtre français en 1792 et rencontre un grand succès. Comme dans le texte de Schiller, la pièce met aux prises les deux fils d'un comte, appelé ici le comte de Moldar, dont l'un, Robert, renié par son père, est devenu chef de brigands. Mais celui dont Schiller avait fait un symbole de la révolte et du désespoir devient dans la pièce de La Martelière un patriote révolutionnaire. Voici quels principes caractérisent la bande de Robert : « Ils respectent la propriété du malheureux, mais rien ne leur résiste dès qu'ils ont juré la perte d'un magistrat injuste, d'un homme inique en place, ou d'un prince oppresseur[28] » et plus loin, « Réveillons nos compatriotes, qu'ils se réunissent à nous, et la Germanie deviendra un état libre, auprès duquel et Rome et Sparte n'auront été que des couvents de nonnes[29]. » Ce passage est décalqué des *Brigands* de Schiller qui fait dire à Karl Moor : « Je rêve d'une armée de gaillards comme moi : l'Allemagne serait une république auprès de laquelle Rome et Sparte auraient l'air de couvents[30]. »

En 1793, La Martelière livre une nouvelle version de sa pièce dans laquelle Robert devient chef d'une troupe de soldats révolutionnaires qui mettent en déroute l'armée de l'empereur aux cris de « la liberté ou la mort ». Mieux encore, « l'empereur veut réformer par sa justice, tous les abus que tu punissais par la force[31]. »

---

26 *Ibid.*, p. 132.

27 Voir aussi Pierre Frantz, « Naissance d'un public », *Europe*, Le mélodrame, p. 26-32.

28 *Robert, chef de brigands*, drame en cinq actes, imité de l'allemand par La Martelière, 1792, s.l., Acte I, scène 7.

29 C'est ici le brigand Razmann qui parle. *Robert, chef de brigands*, 1792, Acte IV, scène 1, p. 43.

30 Schiller, *Les Brigands*, Acte I, scène 2. Passage cité par Gilles Darras, « La satire du génie dans le théâtre du jeune Schiller », *Revue germanique internationale*, N° 22, 2004, p. 22.

31 *Robert, chef de brigands*, Paris, Maradan, 1793, Acte V, scène 9, p. 131.

De Robert, chef de brigands à *Victor, ou l'enfant de la forêt*, mélodrame de Pixerécourt tiré du roman de Ducray-Duminil[32], la filiation thématique est la même. Victor est le fils de Roger, « chef des indépendants », sortes de francs-tireurs en marge de la loi dont le terrain d'action est en Bohème, près du château du comte de Moldar. Mais il n'est plus question en 1798 de jouer au justicier. Un dialogue entre Roger et son fils Victor rétablit le cadre de la légalité :

> Roger : Je n'ai fait que défendre le faible contre les vexations des riches, insolents et oppresseurs.
> Victor : Qui t'en a donné le droit ?
> Roger : Mon amour de l'humanité.
> Victor : Et qui t'a dit qu'ils fussent coupables ?
> Roger : Leurs victimes.
> Victor : S'il était vrai, la loi les eût frappés[33].

De même que le bohémien et le mendiant, le brigand est dépeint en cette fin du XVIIIe siècle sur fond de ruines de vieux châteaux et d'abbayes gothiques, de huttes, de cabanes et de moulins. Il porte un costume proche de celui des bergers et des paysans, car il est le témoin d'un monde rural considéré comme authentique face à une modernité en train de se construire. De la même façon, Charles Nodier évoquera dans *Jean Sbogar* le rôle des vieilles ballades populaires et cet univers de légendes anciennes, transmises oralement, auxquelles appartiennent les brigands.

Mais le brigand inquiète aussi à cause de sa violence et parce qu'il côtoie le crime et la mort. Cette dimension là le range du côté d'une nature féroce capable de tous les excès, comme l'aime la peinture du temps : volcans, tempêtes, arbres noueux et déformés, torrents, abîmes. En accord avec des paysages et une nature tourmentés et dangereux, il incarne le désordre des passions, la dimension sauvage d'une violence non maîtrisée. Dans *La forêt de Sicile* de Pixerécourt, pièce représentée en l'an VI, le premier acte s'ouvre sur l'enlèvement de la belle Antonia par une « troupe de voleurs ». Au lever du rideau, « Le théâtre représente une épaisse forêt. Des arbres touffus couvrent la gauche et dérobent

---

32 La pièce est jouée pour la première fois au Théâtre de L'Ambigu Comique, le 22 Prairial an VI (10 juin 1798).

33 Pixerécourt, *Victor, ou l'enfant de la forêt*, mélo-drame, Paris, Barba, 1803, Acte III, scène 8, p. 47.

presque entièrement à la vue une cabane placée dans le fond. [...] Il fait un orage violent[34]. » Pour *Victor, ou l'enfant de la forêt*, pièce jouée pour la première fois en 1798 qui marque la naissance du mélodrame, le décor est le suivant : « Le théâtre représente le jardin d'un château fort [...]. À gauche on aperçoit le dernier corps de logis d'un château gothique, surmonté de tourelles ; du même côté, sur le devant, une arcade ruinée, au-dessous de laquelle est un berceau de verdure[35]. »

Les brigands célèbres du XVIIIe siècle comme Cartouche et Mandrin avaient été les sujets de pièces de théâtre, de poèmes, de biographies romancées et de complaintes vendues par colportage. Mais il s'agissait de brigands réels, morts sur l'échafaud, qui avaient inspiré une littérature proche de la presse à sensation ou à contenu parodique et burlesque. Ici il s'agit de quelque chose de nouveau. Le brigand devient un être de fiction à part entière, il se transforme en héros de romans et de pièces de théâtre et perd son caractère burlesque pour gagner une dimension tragique. Les romans portant dans leur titre le mot brigand sont nombreux dans les premières décennies du XIXe siècle, tout particulièrement entre 1800 et 1820. On citera *Le brigand de Langerooge, ou les Ruines mystérieuses*, *Le Brigand des Appenins*, *Le brigand par vengeance*, *Angelo Guicciardini ou le bandit des Alpes*, *Le brigand démasqué*, *Le Brigand saxon*, *Barbarinski ou les brigands du château de Wissegrade*, *Les brigands des Pyramides*[36]. C'est bien entendu le roman noir anglais qui sert de modèle pour ce nouveau genre littéraire. Matthew G. Lewis, l'auteur du *Moine*, publie d'ailleurs un ouvrage intitulé *Le brigand de Venise* en 1806. Dans *Les brigands des Pyramides*, le chef des brigands est un moine espagnol appelé Ambrosio ou dom Ténébros qui enlève une jeune fille à Messine et la fait enfermer avec sa gouvernante dans une des pyramides d'Égypte jusqu'à ce qu'elle lui cède. Pâle imitation du *Moine*, ce roman est intéressant à plusieurs titres : l'enlèvement se produit au moment du tremblement de terre de Messine – il y a donc adéquation entre le pathétique d'une situation et le spectacle d'une nature cataclysmique – ; on retrouve aussi l'obsession d'être enterré vivant, si fréquente dans le roman noir : « Sainte mère de

34 *La forêt de Sicile, drame lyrique en deux actes et en prose*, Paris, Barba, an VI, p. 3.
35 Pixerécourt, *Victor, ou l'enfant de la forêt*, Paris, Barba, 1803, Acte I, scène 1, p. 3.
36 Comtesse du Nardouet, *Les brigands des Pyramides, ou le mystérieux Dom Ténébros*, Paris, Pigoreau, 1819. Voir aussi Catriona Seth, « Des amours de brigands. Figures romanesques du bandit au tournant des Lumières », dans *Cartouche, Mandrin et autres brigands*, Lise Andries (dir.), p. 316-337.

Dieu ! allons-nous être enterrées vivantes », s'écrie l'héroïne quand elle arrive au pied des pyramides.

Les analyses d'Edmund Burke sur l'horreur et le sublime développées en 1757 dans *Recherche philosophique sur l'origine de nos idées du sublime et du beau* définissent bien cette nouvelle esthétique : « Tout ce qui est propre à susciter d'une manière quelconque les idées de douleur et de danger, c'est-à-dire tout ce qui est d'une certaine manière terrible, tout ce qui traite d'objets terribles ou agit de façon analogue à la terreur, est source du *sublime*, c'est-à-dire capable de produire la plus forte émotion que l'esprit soit capable de ressentir[37] ». Il est certain que cette « beauté convulsive » du roman noir entrera plus tard en résonance avec les temps troublés de la Révolution, cet « âge de fer » dont parle le marquis de Sade dans « Idée sur les romans » (voir le chapitre 7).

Au théâtre, les mélodrames ou « drames à grand spectacle » qui, selon Pixerécourt, sont écrits pour « ceux qui ne savent pas lire[38] », correspondent à une esthétique similaire. La dimension visuelle du spectacle, le pittoresque, « l'état paroxystique des situations et des émotions[39] » sont la transposition sur scène des intrigues du roman noir. Ici, les brigands interviennent, à la fois comme des personnages issus du peuple et surtout comme les représentants d'une violence aimée des amateurs d'émotions fortes. L'Ambigu comique et le Théâtre de la Gaîté, situés l'un et l'autre sur le Boulevard du Temple, deviennent les lieux favoris du mélodrame. Bientôt, au moment de la création en 1823 de *L'Auberge des Adrets*, dans laquelle le brigand Robert Macaire est interprété avec un immense succès par Frédérick Lemaître, le Boulevard du Temple s'appellera le Boulevard du crime.

Le thème de la jeune fille enlevée par des brigands, séquestrée et courtisée par le chef des brigands est largement exploité dans les mélodrames et dans la peinture du temps. Dans *La forêt périlleuse, ou les brigands de la Calabre*, pièce de Loaisel de Tréogate jouée en floréal an VII (avril 1799), on trouve un certain nombre de stéréotypes : la jeune Camille a été enlevée par une troupe de brigands, elle est aimée du chef des brigands qui veut en faire sa compagne et la tient prisonnière dans une vaste caverne souterraine où s'entasse le butin de la bande.

---

37 Edmund Burke, *Recherche philosophique sur l'origine de nos idées du sublime et du beau*, Paris, Vrin, 1990, [1757], p. 80.

38 Voir Jean-Marie Thomasseau, introduction, *Europe*, N° spécial sur « Le mélodrame », nov. déc. 1987, p. 3.

39 *Ibid.*

L'originalité de Loaisel de Tréogate est qu'il prête au chef des voleurs un discours licencieux destiné à séduire sa belle qui n'est ni celui du roman noir, ni celui de Sade où la femme est souvent la victime de ses bourreaux :

> Ici, j'exerce un pouvoir absolu ; avec le titre de ma compagne, vous l'exercerez avec moi. Les richesses, la parure, le bon vin, la bonne chère, des plaisirs sans illusions, mais des plaisirs solides ; tout ici vous composera un bonheur d'autant plus réel que, rien ne vous obligeant à contraindre vos désirs, vous pourrez vous y livrer franchement, librement, et avec toute l'ardeur dont vous êtes capable[40].

Le capitaine des voleurs, qui sera finalement tué par de jeunes officiers du roi de Naples, montre non seulement qu'il est capable de sentiments amoureux mais qu'il est galant homme : « Calmez-vous, tout brigand que je suis, je sais vivre avec les femmes. Vous êtes ma prisonnière ; mais je ne veux point user brusquement de mes droits sur vous : je vous laisse quelque temps pour réfléchir à ce que j'attends de votre complaisance[41]. » On retrouve le même thème dans *Jean Sbogar* de Charles Nodier où le terrible Sbogar interdit à ses hommes, sous peine de mort, de manquer de respect à la belle Antonia. Balzac reprendra cette idée dans *La Femme de trente ans*, en faisant du chef des brigands un pirate des Caraïbes qui se révèle un compagnon attentionné pour la belle Hélène d'Aiglemont.

En ce début du XIXe siècle, le brigand appartient donc à un monde ancien qui se défait. Mais c'est aussi un homme d'énergie, un bandit d'honneur révolté contre l'injustice sociale, un champion de la liberté qui pose la question du pouvoir, de la légitimité de la violence, des frontières entre le bien et le mal. Dans *Jean Sbogar*, Lothario célèbre le triomphe de l'individu et de « l'homme fort ». En cela, le brigand retrouve l'énergie vitale du sauvage et du flibustier. C'est un héros qui a un destin, à l'image d'Hernani qui dit de lui-même : « Je suis une force qui va ». C'est aussi un homme au plus près de la nature, qui communie avec les forces telluriques et cultive une mystique de l'obscurité, en cherchant refuge dans le cœur des forêts, dans les souterrains et dans les cavernes. Au lendemain de la Révolution française, la frontière entre la loi et ce

---

40 Joseph-Marie Loaisel de Tréogate, *La forêt périlleuse, ou les brigands de la Calabre*, Paris, Fages, 1816, Acte II, scène 4, p. 19.

41 *Ibid.*, Acte II, scène 2, p. 14.

qui s'en écarte s'est laïcisée. Le bandit n'est plus ce corps étranger qu'il faut détruire ou éloigner parce qu'il menace l'ordre de la société voulu par Dieu. À la sacralité exemplaire du châtiment se substitue une forme d'héroïsation du crime, magnifiée par la littérature. Comme le dit le Neveu de Rameau : « S'il importe d'être sublime en quelque chose, c'est surtout en Mal. On crache sur un petit filou ; mais on ne peut refuser une sorte de consécration à un grand criminel. Son courage vous étonne. Son atrocité vous fait frémir. »

TROISIÈME PARTIE

LE DÉSORDRE ET LA LOI

COMMENT DEVIENT-ON BRIGAND ?

Une *Sentence de mort* de 1731 annonce l'exécution de Dominique Exinard, « coupable de meurtres, vols commis aux environs de Paris, Meaux et Versailles ». Or cet homme qui était un bandit de grand chemin agissait seul. Le fait est suffisamment exceptionnel pour que cela soit souligné par Gueullette, substitut du procureur du Châtelet, dans une note manuscrite : « Volleur solitaire roué vif ». À cette solitude s'ajoute pour le condamné une rupture assumée avec sa famille : « N'a voulu déclarer son véritable nom pour ne point faire, dit-il, affront à sa famille[1]. »

Qui dit bandit en effet dit appartenance à une bande[2]. Le phénomène de la bande est une dimension fondamentale du « banditisme » et n'a rien d'une construction a posteriori. La bande est considérée, sous l'Ancien Régime, comme un corps étranger à la société, qu'il faut éradiquer par le bannissement ou l'exécution capitale. La prison ne joue en effet pas encore le rôle que le XIXe siècle tente de lui assigner, celui d'amender et de réhabiliter le délinquant. Dans les interrogatoires et quand l'accusé est soumis à la question, les magistrats cherchent toujours à lui faire avouer le nom de ses complices. L'appartenance à une bande alourdit les peines pour ceux qui en sont membres, le fait de parler l'argot ou de le comprendre, également. Aujourd'hui encore, la justice retient comme circonstance aggravante le « crime en association ».

Le profil-type du brigand dans les archives judiciaires est celui d'un homme plutôt que d'une femme, et d'un homme jeune : Cartouche est exécuté à 28 ans, Mandrin à 30. Collot, le chef d'une bande de malfrats parisiens, est arrêté à l'âge de 18 ans. Il en est de même pour les pirates, qui vivent rarement vieux et meurent souvent avant 30 ans dans des combats ou au bout d'une corde. Pour tous ceux que nous appelons

---

1 *Sentence de mort*, Paris, Coignard, 13 janvier 1731, Archives Nationales, ADIII, 5, pièce 148.

2 Sur le phénomène de la bande, voir *Florike Egmond, Underworlds. Organized crime in the Netherlands 1650-1800*, Cambridge, Polity Press, 1993.

aujourd'hui les droits communs, la prison principale à Paris est le Châtelet, forteresse médiévale sinistre, et les principaux lieux d'exécution, la place de Grève, la place Maubert, la place de l'Estrapade ou la Croix du Trahoir au coin de la rue Saint Honoré et de la rue de l'Arbre sec. La grande difficulté pour la police de l'Ancien Régime est d'identifier les délinquants et, notamment, les récidivistes. C'est la raison principale du marquage des corps : jusqu'en 1724, les corps sont marqués au fer rouge de la fleur de lys et plus tard du V de voleur, du VV de voleur récidiviste ou du G de galérien. En plus de sa dimension infâmante, le marquage des corps constitue une sorte de casier judiciaire. Au cours du XVIIIe siècle, la police commence également à recourir à des fiches d'identité, et pour les soldats, à des sauf-conduits permettant de lutter contre les désertions[3]. Il existe enfin des avis de recherche placardés sur les murs ou distribués à la population, qui signalent l'apparence physique d'un criminel en cavale.

On peut établir une hiérarchie de la criminalité, depuis le rôdeur nocturne jusqu'au pickpocket, en passant par le cambrioleur et le filou[4]. Le pickpocket est un véritable aristocrate de la pègre. Il se glisse dans les assemblées élégantes, habillé en gentilhomme et sait manier le beau langage. Sorte d'Arsène Lupin avant la lettre, il correspond déjà au fantasme du gentleman-cambrioleur. Ainsi le héros de la pègre londonienne, Jack Sheppard, est-il décrit dans *The London Journal* au moment de son arrestation en 1724, comme un homme portant perruque, avec un diamant au doigt, une boîte à priser dans la poche et quelques pièces d'or. Il est dit aussi de Cartouche, dans l'*Histoire de la vie et du procès du fameux Louis-Dominique Cartouche* qu'il « avait toujours eu l'ambition ridicule de se distinguer de ses pareils par de meilleurs habits et par certains airs de petit maître[5]. » Un tel soin de leur apparence provenait peut-être en partie d'une nécessité professionnelle : Sheppard comme Cartouche se devaient d'être bien habillés puisqu'ils se mêlaient au beau monde qui fréquentait les jardins et les bals pour voler bijoux et montres.

---

3 Voir Vincent Denis, *Une histoire de l'identité en France 1715-1815*, Seyssel, Champ Vallon, 2008.

4 Voir à ce sujet Patrice Peveri, « La criminalité cartouchienne : vols, voleurs et culture criminelle dans le Paris de la Régence », *Cartouche, Mandrin et autres brigands du XVIIIe siècle*, Lise Andries (dir.), p. 156-174.

5 *Histoire de la vie et du procès du fameux Louis-Dominique Cartouche, et plusieurs de ses complices*, Troyes, Baudot, s.d., p. 8.

Un groupe nettement plus inquiétant est celui des cambrioleurs nocturnes : le meurtre, le 27 août 1665, du lieutenant criminel Jacques Tardieu et de sa femme, attaqués de nuit, chez eux, quai des Orfèvres par deux cambrioleurs, provoqua un véritable scandale. Les voleurs, deux frères appelés François et René Touchet, ne parvinrent pas à s'enfuir « à cause du secret qui était à la serrure de la porte de la rue[6]. » Ils furent roués vifs sur le Pont-Neuf. Malgré la présence d'importantes troupes de police, l'insécurité est grande en effet, à Paris, la nuit, dans des rues mal éclairées jusque dans les années 1750. Comme le dit Boileau dans la satire VI des *Embarras de Paris*,

> Car, sitôt que du soir les ombres pacifiques
> D'un double cadenas font fermer les boutiques ;
> Que, retiré chez lui, le paisible marchand
> Va revoir ses billets et compter son argent ;
> Que dans le Marché-Neuf tout est calme et tranquille,
> Les voleurs à l'instant s'emparent de la ville.

Pourtant, sans appartenir véritablement aux bas-fonds ou à une société parallèle située à la marge comme le craignent les magistrats, les voleurs et autres « scélérats » vivent en général la même vie que leurs voisins. Les archives judiciaires décrivent des individus qui font partie du petit peuple urbain. Ils appartiennent à des communautés soudées, qu'elles soient familiales, professionnelles ou locales. La plupart s'intègrent à des bandes mais ces bandes peuvent être provisoires et se réunir pour préparer un coup, puis disparaître ensuite[7]. Sébastien Pelard, par exemple, est arrêté et pendu sur la grand'place de Villeneuve-le-Roi, près de Paris, le 17 octobre 1736. Il avait volé de l'argent, des vêtements, des volailles, des moutons et des grains dans plusieurs fermes des environs de Villeneuve-le-Roi. Sa bande était composée de cinq membres, lui-même, sa sœur, sa femme, son fils et son père. À l'autre extrême, on trouve la bande de Cartouche dont le procès dura deux ans et conduisit à la condamnation de plus de trois cents personnes. Selon l'historien Patrice Péveri, il est cependant probable que la police ait exagéré l'importance de cette bande, afin de "faire un exemple" au

6 Archives Nationales, ADIII, 3, pièce 51.

7 Voir Nicole Dyonet, « Les bandes de voleurs et l'histoire », *Cartouche, Mandrin et autres brigands du XVIIIe siècle*, Lise Andries (dir.), p. 210-211.

moment où la régence de Philippe d'Orléans était affaiblie à cause de la banqueroute de Law et des désordres sociaux qui l'accompagnèrent[8]. D'autres bandes importantes opéraient à Paris, un peu plus tard, dans les années 1730 et 1740 : la bande de Collot dans les années 1730, celle de Raffiat dix ans plus tard et celle de Nivet dont la spécialité était de grimper « à la brune » sur le toit des fiacres parisiens (avec la complicité des cochers) pour commettre des cambriolages. Grâce aux archives judiciaires, on sait avec précision quelles sortes d'individus appartenaient à ces bandes. Collot était graveur sur bois. Sa bande était constituée de 35 membres, dont 12 furent condamnés à mort. On y trouvait huit artisans et apprentis, trois domestiques sans emploi, trois soldats et des petits marchands ambulants, crieurs de billets de loterie et cireurs de chaussures. Il y avait aussi cinq femmes, toutes mariées à des membres de la bande.

Passons maintenant à la bande de Raffiat appelée la bande des « assommeurs », qui fut jugée dix ans plus tard, en 1742. Armés de bâtons au bout desquels étaient fixés des poids avec des chaînes pour servir de casse-têtes, ses membres attaquaient, volaient et tuaient les piétons s'aventurant le soir dans les rues de Paris, et tout particulièrement dans le quartier du Marais[9]. Quoique la bande de Raffiat fût beaucoup plus violente que celle de Collot, elle était en partie composée d'individus ayant le même profil sociologique que celle de Collot. Raffiat était crieur de billets de loterie ; parmi ses acolytes, il y avait un tailleur, un cordonnier, un menuisier, un colporteur de tisanes, six soldats et des malfrats davantage spécialisés dans les activités criminelles, quelques orfèvres, des serruriers et des receleurs qui, par leur présence même, témoignaient de l'importance opérationnelle de cette bande. Il y avait également huit femmes, dont l'une était marchande de poisson et l'autre couturière. Aucune n'appartenait au milieu de la prostitution, contrairement au cliché fréquemment utilisé dans les biographies de brigands qui considèrent les compagnes de brigands comme des prostituées.

Les brigands parisiens ne sont donc ni des déracinés ni des marginaux. Ils viennent des couches inférieures des classes populaires qui ne vivent

8 Patrice Péveri, « "Cette ville était alors comme un bois". Criminalité et opinion publique à Paris dans les années qui précèdent l'affaire Cartouche 1715-1721 », *Crime, Histoire et Sociétés*, N° 2, vol. 1, 1997.

9 Archives Nationales, AD III 7, pièces 19-39.

pas dans la misère, mais pour lesquelles la vie n'est certainement pas facile. Leur situation financière n'est jamais assurée parce qu'ils gagnent juste de quoi vivre et ne peuvent pas mettre d'argent de côté. Ils risquent donc toujours d'être victimes d'un accident de parcours malheureux ; une maladie ou une blessure peuvent les transformer du jour au lendemain en mendiants ou en vagabonds. En raison des circonstances, des amitiés, des complicités, des liens familiaux, ils tombent dans la violence et dans la criminalité pour s'assurer des revenus. Les petits métiers qu'ils disent exercer lors de leurs interrogatoires peuvent d'ailleurs servir de couverture pour des activités moins licites.

À côté des voleurs d'occasion, il existe aussi une pègre parisienne en contact avec des individus appartenant au grand banditisme et dont le terrain d'action est la région parisienne ou l'ensemble du territoire national. Dans ces bandes « professionnelles », on trouve en général des soldats, des serruriers, des orfèvres qui maquillent les bijoux, et des recéleurs (souvent des aubergistes). Certains membres de la bande des 136 « voleurs, recéleurs et coupeurs de bourses » sont jugés en appel devant la chambre criminelle du Parlement de Paris, le 22 octobre 1678[10]. Il y a dans cette bande au moins six soldats dont un archer au guet, des gagne-deniers, un cordonnier, un cabaretier et deux orfèvres. Dans une autre affaire, où est arrêtée en juillet 1713 une bande de seize brigands désignés comme « voleurs et assassins sur les grands chemins », on rencontre un certain « Mesnard dit Beausoleil, connu sous le nom du borgne » qui est sans doute leur chef. Ils sont accusés d'avoir attaqué près d'Étampes le courrier de Bordeaux, de s'être déplacés ensuite à Reims et d'avoir forcé l'Hôtel de la Monnaie[11]. Ces bandes n'ont évidemment pas le même mode opératoire que les petits voleurs des rues de Paris, ni les mêmes cibles. Dans ces bandes, on trouve souvent des récidivistes et d'anciens galériens. C'est un monde de la brutalité et de la dangerosité, un monde d'hommes majoritairement qui, pour être moins facilement repérés, portent des pseudonymes, Landouzy, dit le dragon, Jean Leroux dit La Fortune, Noël Roussin, dit la Fleur de Paris[12] ou Pierre Girard dit Gueuletorse.

---

10 Archives Nationales, ADIII, 4, pièce 92.

11 Archives de la Bastille, *Prisonniers. Dossiers individuels et documents biographiques*, année 1713, Ms 10606, pièces 59-61.

12 Archives Nationales, ADIII, 3, pièce 91.

L'itinéraire biographique classique des brigands appartenant au grand banditisme correspond à des histoires tristes qui se ressemblent[13]. Ce sont souvent des enfants battus, chassés de chez eux ou qui fuguent vers 10 à 12 ans. Enfants des rues, ils vivent ensuite de petits larcins et connaissent la misère. Assez vite, ils rencontrent un sergent-recruteur et se trouvent enrôlés de force dans l'armée. C'est ce qu'on appelle au XVIIIe siècle le système de la « presse ». Plus tard, ils désertent ou se retrouvent à court d'argent à la fin de la guerre, ce qui les conduit alors facilement vers la marginalité criminelle. Concernant les pirates, le parcours est assez semblable. En France comme en Angleterre, la « presse » est le principal mode de recrutement, y compris pour les matelots de la marine royale : « en Grande-Bretagne, le nombre de matelots volontaires ne dépasse jamais les 25 % dans la Royal Navy[14]. »

Ce sont des vies sous le signe du malheur, de la misère et de la violence. La biographie de Cartouche dans la Bibliothèque bleue raconte ce type d'itinéraire mais y ajoute un élément romanesque complètement fictif : après s'être enfui de chez lui à l'âge de 10 ans parce que son père le battait, Cartouche est recueilli à la lisière d'une forêt par des bohémiens qui vont l'adopter et lui apprendre le métier de voleur. Les bohémiens sont, dans la littérature du XVIIIe siècle, des figures obligées du monde de l'errance : Gil Blas en rencontre sur sa route quand il quitte sa famille pour courir l'aventure, comme Wilhelm Meister pendant son périple de comédien ambulant. Figures littéraires, les bohémiens apparaissent moins souvent dans les archives judiciaires que dans les romans de formation car ils ont pour rôle de faire subir à des jeunes gens innocents des épreuves qui les confrontent pour la première fois aux difficultés de la vie.

Examinons maintenant les délits relevant « du grand criminel », qui passent en appel devant le Parlement de Paris à la fin du règne de Louis XIV. Ces affaires concernent non seulement Paris mais l'ensemble de l'Île de France et au-delà, car le territoire du ressort du Parlement de Paris englobe le Bassin parisien, la Normandie, la Champagne et une

---

13 Voir Michel Porret, « Les "tigres altérés de sang". Essai de typologie sur les circonstances aggravantes de la criminalité associative sous l'Ancien Régime », *Cartouche, Mandrin et autres brigands du XVIIIe siècle*, Lise Andries (dir.), p. 238-239.

14 *Histoire des pirates et des corsaires. De l'Antiquité à nos jours*. Gilbert Buti et Philippe Hrodej (dir.), p. 275.

partie du Nord de la France. Il s'agit de délits pour lesquels les cours de justice dites inférieures, baillage, sénéchaussée, présidial, ont prononcé la peine capitale et qui, dans ce cas, passent automatiquement en appel devant la chambre criminelle du Parlement de Paris. Si l'on prend par exemple l'année 1713 comme échantillon statistique, on trouve la répartition suivante[15] : sur environ 200 affaires, 47 % concernent des vols, 18 % des violences diverses incluant le meurtre non intentionnel intervenu au cours d'une « rixe », auxquelles s'ajoute 8 % d'homicides et d'infanticides, le reste se partageant entre filouteries et usages de faux, adultères (cinq cas) et bigamie (deux cas). L'importance du nombre des vols, et en particulier des vols domestiques, témoigne des difficultés économiques dans lesquelles se débat le peuple parisien, dont il a déjà été fait mention. L'autre enseignement est que les relations sociales sont d'une grande violence. Il faut souligner l'omniprésence des forces militaires et policières dans le Paris des XVIIe et XVIIIe siècles. Or cette situation est à double tranchant, si l'on peut dire : d'un côté Paris apparaît comme la capitale européenne la plus sûre (Londres restant pendant tout le XVIIIe siècle un véritable coupe-gorge). D'un autre côté, la police d'intervention à Paris est entre les mains de militaires, au premier rang desquels on trouve les Gardes françaises, détestées à juste titre et redoutées pour leur violence, la garde du guet – environ 200 hommes, les Gardes suisses qui font partie de la Maison du Roi – 9 600 hommes et qui ont pour mission d'assurer l'ordre public dans Paris, enfin les mousquetaires – environ 300 hommes. Ce sont tous des militaires. Parmi eux, les officiers sont intransigeants sur les questions d'honneur et provoquent à tous propos duels, rixes et bagarres. Or, les duellistes échappent en général à toute poursuite judiciaire, malgré les nombreuses ordonnances royales interdisant les duels. Seuls les nobles et les militaires ont le droit de porter l'épée mais comme beaucoup d'édits royaux, celui-ci n'est pas non plus respecté. C'est là l'envers du décor. Les archives de la morgue du Grand Châtelet entre 1692 et 1791 montrent que 50 % des morts violentes proviennent de blessures à l'arme blanche[16].

La violence est aussi, évidemment, une caractéristique des brigands, surtout dans le monde du grand banditisme. Dans la société implacable

15 *Table des accusés jugés en appel devant le Parlement de Paris 1700-1790*, Archives Nationales.
16 Voir sur ce sujet P. Briois, H. Drévillon et P. Serna, *Croiser le fer : violence et culture de l'épée dans la France moderne : XVIe-XVIIIe siècle*, déjà cité.

qui est la leur, la supériorité physique est l'une des conditions nécessaires pour être respecté et devenir un membre de la bande, le chef de la bande étant souvent le plus brutal d'entre eux. Or les prouesses physiques et la force vont de pair avec la violence. Après l'attaque du Courrier de Lyon sur la route de Paris, le 5 août 1726, l'Acte du Parlement de Paris évoque « plusieurs particuliers à cheval qui, après avoir lié les mains [du courrier et du postillon] derrière le dos, leur ont coupé la gorge ; & ayant ouvert la Malle, ont pris l'or & l'argent & les autres effets qui y étoient renfermez[17]. » En 1743, un autre jugement condamne Nicolas Branche, « convaincu d'avoir été chez la Veuve Gallet, hôtellière au village de Lognes, près Lagny, ayant deux pistolets, d'avoir fermé la porte sur lui et tenant les deux pistolets dans ses mains, d'avoir forcé ladite Veuve Gallet de lui donner de l'argent[18]. » Il est important de souligner que beaucoup de brigands sont d'anciens soldats : c'est le cas de Cartouche et de plusieurs membres de sa bande. Après la signature des traités de paix, des bandes de brigands composées de soldats privés de leur solde, vont souvent envahir les campagnes, en partant à la « maraude ». Cela n'a rien de surprenant : les soldats savent se servir d'une arme, ils ont l'habitude de la violence, ils peuvent même utiliser leur expérience de la discipline militaire pour organiser et diriger une bande.

Les archives judiciaires évoquent davantage un monde de misère et de privation qu'une société d'abondance, contrairement aux romans et aux biographies criminelles qui insistent sur les festins qu'organisent les brigands et sur les trésors qu'ils sont censés cacher dans des souterrains ou des grottes. À Paris, les bandits dorment dans des garnis comme la majorité des ouvriers et des artisans : en 1722, Jean-Baptiste Barré, l'un des hommes arrêtés comme complice de Cartouche, possède des garnis coûtant deux sols la nuit. Il est accusé d'avoir « retiré et logé chez lui Louis-Dominique Cartouche et les autres voleurs ses complices[19]. » Dans l'*Histoire de la vie privée*, Arlette Farge décrit ce type de logement : « Les soupentes ou garnis sont loués par des logeurs à deux ou trois sols la nuit. On y vit à plusieurs, sur matelas ou paillasses, rangeant son pécule sous draps et linges ramassés souvent à

17 Archives Nationales, AD III 5, 13.
18 Archives Nationales, AD III 7, 72.
19 *Arrêt de la Cour de Parlement*, BnF, Inventaire F 23672.

même le sol[20]. » Quant aux lieux où se retrouvent habituellement les bandes, ce sont les tavernes sordides du Faubourg Saint-Marcel dont parle Louis-Sébastien Mercier dans *Le Tableau de Paris* à propos des « Cabarets borgnes » :

> Sur les dix heures du soir, je vis tout à coup entrer tumultueusement dix-neuf pendards, seize créatures et dix enfants, qui s'emparèrent de la table, la chargèrent de débris de viande, poissons, légumes, morceaux de pain ; puis l'on fit venir du vin, qui [...] fut servi dans des vases de grès. [...] De ces femmes, plusieurs avaient des enfants qu'elles allaitaient et torchaient. Les chiens étaient de la partie[21]...

Quant au pouvoir de séduction et à la bonne mine prêtés aux brigands dans les biographies criminelles (celles de Cartouche et de Mandrin par exemple comme on le voit au chapitre 2), ils sont en contradiction, une fois de plus, avec les archives. Les avis de recherche postés sur les murs de Paris ou distribués à la population pour qu'elle aide les officiers de police à arrêter les criminels, décrivent souvent des visages marqués de cicatrices et des corps déformés par les épreuves de la vie, des corps parfois mutilés comme c'est aussi le cas pour les pirates. Voici par exemple le signalement de Charles Petit, un homme qui réussit à s'échapper après avoir assassiné et coupé en morceaux son maître en décembre 1735 :

> Le nommé Charles Petit, se disant Italien, âgé d'environ 36 à 38 ans, haut de 5 pieds 10 pouces [...] le visage rond, brun, les yeux rouges toujours enflamez, la partie supérieure du visage jusqu'à la moitié du nez & des joues remplie de poudre à canon jusques dans la prunelle des yeux, la bouche grande, le nez gros, les cheveux noirs, petits & crêpus, la barbe rousse, les jambes très grosses[22].

L'affaire de la bande des « chauffeurs » d'Orgères est exemplaire de ce point de vue : elle montre comment un fait divers criminel, pourtant bien documenté, peut donner lieu à toute une rhétorique judiciaire qui se nourrit du vieux fantasme de la contre-société sapant de

20 Arlette Farge, « Familles. L'honneur et le secret », *Histoire de la vie privée*, Paris, Seuil, vol. 3, p. 585-586. Voir aussi Annick Pardailhé-Galabrun, *La naissance de l'intime. 3000 foyers parisiens* XVIIe-XVIIIe *siècles*, Paris, PUF, 1988, qui dit que 77 % des Parisiens étaient locataires et que la majorité vivait dans des garnis.

21 Louis-Sébastien Mercier, *Tableau de Paris*, Jean-Claude Bonnet éd., « Cabarets borgnes », vol. 2, p. 180-181.

22 Archives Nationales, AD III 6, 22.

manière souterraine l'ordre établi._Le procès de la bande des « chauffeurs » d'Orgères, une des grandes affaires criminelles de la fin de la Révolution, étudiée avec précision par Michel Vovelle et André Zysberg[23], se déroula juste après le coup d'État du 18 Brumaire, en 1799-1800. Au cours de l'instruction qui dura dix-huit mois, 310 personnes furent arrêtées et parmi elles un grand nombre de femmes. Il y eut 56 condamnations à mort dont 33 par contumace. Michel Vovelle est frappé du caractère, semble-t-il, apolitique de la bande d'Orgères, « une contestation qui diffère par-là fortement des expressions du brigandage contre-révolutionnaire tel qu'on le rencontre [...] dans l'Ouest chouan ou dans le Midi méditerranéen[24]. » Effectivement, à lire l'ensemble des interrogatoires rassemblés en près de 600 pages par le président du Tribunal criminel[25], on a le sentiment que cette bande qui sévissait dans la Beauce, la région de Chartres et la forêt de Montargis était surtout constituée d'une armée de mendiants et de crève-la-faim. La quantité importante de femmes et d'enfants montre la structure quasi conjugale de la bande[26]. Le nombre d'estropiés et d'hommes et de femmes au corps mutilé, révélé par les pseudonymes de certains d'entre eux, « le Borgne de Jouy », « la Gueule brûlée », « Sans-orteaux [sans orteils] », « Sans-pouce » etc., dit de son côté la difficulté de vivre de ses membres. Beaucoup d'entre eux viennent de Paris et de l'Île de France. C'est en effet, comme le rappelle André Zysberg, « l'année de la grande disette de l'an IV qui précipite dans la Beauce les ventres creux des faubourgs parisiens[27]. »

Or la publicité de la procédure judiciaire étant inscrite dans la loi dès 1791, l'affaire d'Orgères est le premier grand fait divers qui entre dans l'ère médiatique. Les interrogatoires des accusés sont publiés, ainsi que les discours prononcés pendant le déroulement du procès. Par ailleurs un livre rédigé par P. Leclair, l'un des collaborateurs de l'instruction qui était sans doute greffier, paraît en 1799 sous le titre *Histoire des*

---

23 Voir Michel Vovelle, *Ville et campagne au 18e siècle (Chartres et la Beauce)*, Paris, Éditions sociales, 1980 et André Zysberg, *L'affaire d'Orgères 1790-1800*, Société archéologique d'Eure-et-Loir, Mémoires XXX-1, année 1985.

24 Michel Vovelle, *Ville et campagne au 18e siècle*, p. 278.

25 *Pièces de la procédure criminelle tenue contre les accusés dans l'affaire d'Orgères*, Chartres, Labalte et Durand, Imprimeurs du Département et du Tribunal criminel d'Eure et Loir, an VIII, 3 tomes.

26 Voir A. Zylberg, *L'affaire d'Orgères*, p. XXV.

27 *Ibid.*, p. II.

brigands, chauffeurs et assassins d'Orgères[28]. Comme l'auteur l'indique dans ses « Réflexions préliminaires », « L'origine de cette bande d'assassins, son organisation, ses mariages, son code criminel, la masse connue de tous ses crimes, nous ont paru mériter d'être présentés [...] à la curiosité publique[29]. » Il s'agit donc ici de renseigner le grand public sur les mœurs des brigands et c'est pourquoi l'ouvrage contient également un dictionnaire d'argot.

La comparaison entre les interrogatoires, les discours des magistrats et le livre de P. Leclair montre comment la littérature judiciaire s'empare de cette affaire criminelle à l'occasion d'une série de glissements vers l'hyperbole et l'imaginaire. Une réalité transparaît au fil des interrogatoires : la bande n'existe pas en tant que telle, elle est constituée de petits groupes se connaissant entre eux, parmi lesquels on trouve des criminels qui se caractérisent par une grande violence. L'attaque des fermes isolées se fait souvent avec des socs de charrue, elle est suivie de scènes de carnage, les complices suspects de trahison sont impitoyablement éliminés : le « Petit-Gars d'Etrechy » est écrasé à coups de chaussures cloutées pour s'être trompé sur le nombre d'habitants d'une ferme et avoir fait échouer pour cette raison le cambriolage. Ce sont en fait les magistrats qui amalgament ces groupes épars et leur donnent un nom, celui de la bande des « chauffeurs d'Orgères », parce que certains de ses membres chauffaient dans la cheminée les pieds de leurs victimes pour leur faire avouer où ils cachaient leur argent.

Sur cette réalité se greffent des fantasmes anciens et nouveaux. On retrouve d'abord le thème de la contre-société, hantise des magistrats depuis la Renaissance, avec des éléments nouveaux : la bande d'Orgères est comparée à une horde sauvage, presque animale, déferlant sur la plaine de Beauce, comme, il y a peu, les foules révolutionnaires dans les rues de Paris. Pour Gilbert Liendon, juge au Tribunal criminel de Chartres, la bande d'Orgères est l'« une des hordes les plus barbares qui aient existé ». La forêt et les souterrains sont considérés, sans surprise, comme les lieux familiers des brigands, également habitués à agir pendant les heures nocturnes. Le « Dictionnaire d'argot, ou langage des voleurs », qui figure à la fin de l'*Histoire des brigands, chauffeurs et assassins d'Orgères*,

28 P. Leclair, *Histoire des brigands, chauffeurs et assassins d'Orgères*, Chartres, imprimerie de Lacombe, an VII. Le texte a été réédité à Paris, Éditions la Bibliothèque, 2006.

29 *Ibid.*, p. 26.

substitue d'ailleurs au terme de brigand son équivalent argotique de « bijoutiers au clair de lune » utilisé, semble-t-il par la bande[30]. D'autres thèmes apparaissent qui appartiennent au même imaginaire que celui des romans noirs de la même époque. La femme meurtrière est forcément un monstre et elle est androgyne : « Des femmes, se dépouillant des habits de leur sexe, endossaient la blouse des assassins », écrit P. Leclair[31]. La bande s'adonne aussi à des scènes de sabbat et de satanisme. Un certain Charles-de-Paris « trouve une croix plantée dans un bois. Ce monstre déjà couvert de crimes, se dépouille, devient furieux, profère des jugements exécrables et se bat contre elle à coups de poings[32]. » Chez ces « ennemis implacables de l'ordre social » comme les qualifie le juge Liendon, aucune morale n'est respectée. Des orgies mêlent les corps et les sexes : « On les a vus, dans ces fêtes abominables, sortir nuds de leur gîte, et former en cet état leurs danses au milieu des cours de fermes où ils s'étaient établis. Souvent ces femmes passaient de l'un à l'autre[33]. » Pire encore, la bande d'Orgères organise des « rassemblements généraux » dans les « bois de la Muette, de la Porte et de Champbaudoin » où se tiennent leurs conseils. L'un de ses chefs, Fleur-d'Épines, divise même « son petit royaume en départemens, districts et cantons », afin de « singer les établissements respectables du nouveau régime[34]. » Ce n'est plus un crime de lèse-majesté mais un crime de lèse-république. Or les interrogatoires ne disent pas cela. L'ouvrage de P. Leclair et le discours du juge d'instruction Liendon reposent sur un seul informateur, le Borgne-de-Jouy, qui est probablement un affabulateur[35].

Alors que le dossier de la bande d'Orgères témoigne surtout de la misère atroce de ses membres et de leur brutalité, la publicité des débats et l'aspect médiatique du procès conduisent les magistrats sur le terrain de l'imaginaire dans une interaction entre discours juridique et effets rhétoriques (y compris littéraires). Ces discours ne se prononcent plus en effet à huis clos. Ils s'adressent d'abord aux membres du jury d'assises, ensuite au large public. P. Leclair se permet donc de belles envolées

30 *Ibid.*, p. 117.

31 *Ibid.*, p. 55.

32 *Ibid.*, p. 111.

33 Citoyen Liendon, *Discours et résumés dans l'affaire d'Orgères*, Paris, le Livre d'Histoire, 2010, p. 5-6.

34 P. Leclair, *Histoire des brigands, chauffeurs et assassins d'Orgères*, p. 41-42.

35 C'est ce que pense André Zysberg, *L'affaire d'Orgères*, p. v.

lyriques comme « Elle est partie cette nouvelle colonie de brigands ; le flambeau de Mercure la conduit à travers des chemins tortueux et difficiles, traînant avec soi tout son bagage et ses instruments de mort. Elle arrive enfin et la forêt la reçoit en son sein, au milieu des ténèbres de la nuit[36]. » Cette part faite à l'imaginaire et à la puissance des fantasmes est en quelque sorte assumée par les magistrats qui renouent avec des thèmes déjà présents depuis longtemps dans la littérature criminelle : à l'inverse du reste de la société, les brigands vivraient la nuit, commettraient leurs vols et leurs assassinats quand tout est endormi, et leur astre tutélaire serait la lune. Mais le phénomène nouveau est le développement d'un discours judiciaire lié à une rhétorique née de la Révolution et à la médiatisation des grandes affaires qui sortent du huis clos de l'Ancien Régime.

36 P. Leclair, *Histoire des brigands, chauffeurs et assassins d'Orgères*, p. 32.

RÉSISTANCES

Les gestes individuels, les paroles, les rassemblements qui défient l'autorité judiciaire et policière existent mais ce sont des éléments fugaces qu'il faut traquer dans les archives. Les exemples de ces résistances sont plus nombreux dans les biographies criminelles que dans les archives parce que tous ces textes tendent à héroïser les grands brigands : l'attitude rebelle ou insolente de tel accusé, le courage dont il fait preuve, en particulier, sur l'échafaud, témoignent de sa force de caractère et de sa capacité à assumer jusqu'au bout sa liberté. Il faut évidemment considérer ces témoignages avec prudence car, comme c'est souvent le cas avec les brigands, on se trouve à la lisière entre biographie, journalisme et fiction.

Sur le plan collectif, les mouvements de foule protestataires au moment des arrestations, les hordes de crève-la-faim qui défilent dans les campagnes comme la bande d'Orgères et tant d'autres, les armées de contrebandiers soutenues par la population sont largement attestés au XVIIIe siècle. Doit-on pour autant les considérer comme des mouvements sociaux, comme des phénomènes apportant la preuve qu'une conscience politique est en train de se construire, ainsi que le pense Eric Hobsbawm dans *Les Primitifs de la révolte* ? C'est difficile à dire. Les hors-la-loi ont laissé peu de commentaires sur leurs actions.

Comme le rappelle Michel Delon dans *L'Idée d'énergie au* XVIIIe *siècle*, « Qu'il s'agisse de l'individu ou d'une collectivité, de la pensée ou de l'action, l'énergie est d'abord résistance[1]. » Or les brigands réels qui ont laissé des traces dans l'histoire font, en général, preuve d'une énergie peu commune. La *Gazette d'Amsterdam* du 27 décembre 1754 dit de Mandrin qu'il est « grand, bien fait, fort, robuste, et très agile. À ces qualités du corps, il joint un esprit vif et pénétrant, des manières aisées et polies, un naturel doux mais prompt à venger une offense, une hardiesse et

1 Michel Delon, *L'idée d'énergie au tournant des Lumières 1770-1820*, p. 402.

une intrépidité à toute épreuve, un sang-froid et une présence d'esprit admirables dans le danger. » Mandrin qui ne s'attaque qu'aux employés de la Ferme générale, a d'ailleurs l'audace de venir avec ses troupes assiéger les directeurs de divers Bureaux de la Ferme, à Bourg-en-Bresse, Roanne, Beaune etc., en les forçant à acheter, au prix qu'il leur impose, du sel et du tabac qu'ils ont introduits en contrebande depuis la Suisse. Concernant ses activités de contrebandier, le chapitre suivant donnera de plus amples détails.

On peut évoquer aussi Cartouche qui réussit à s'évader de sa prison et surtout Jack (ou John) Sheppard dont l'évasion à quatre reprises de la prison de Newgate eut un grand retentissement médiatique : lors de sa dernière évasion, il parvint, tout en ayant des fers aux pieds, à s'échapper par un conduit de cheminée de la chambre-forte où il était enfermé ! *The Narrative of all the Robberies, Escapes etc. of John Sheppard*, la brochure de colportage décrivant ses exploits, fut publiée au moment de son exécution en novembre 1724. Écrite à la première personne et approuvée, semble-t-il, par Sheppard lui-même, elle raconte, dans une mise en abyme extraordinaire, comment Sheppard, fugitif et déguisé en mendiant, entend le récit de ses propres exploits chantés par les colporteurs et découvre à quel point le peuple de Londres a de sympathie pour lui :

> *The next day I took shelter at an Ale-house of little or no Trade, in* Rupert-Street, *near* Piccadilly. *The Woman and I discour'd much about* Sheppard. *I assur'd her it was impossible for him to escape out of the Kingdom and that the Keepers would have him again in a few Days. The Woman wish'd that a Curse might fall on those who should betray him. I continued there till the Evening, when I stept towards the Haymarket, and mixt with a Crowd about two Ballad-Singers; the Subject being about* Sheppard. *And I remember the company was very merry about the Matter*[2].

Biographies criminelles, chansons, journaux et pièces de théâtre se concentrent sur les chefs de bandes, soulignant leur charisme et leur

2 « Le jour suivant, je me réfugiai dans une taverne à peu près vide, dans Rupert-Street, près de Piccadilly. La patronne et moi, nous nous mîmes à beaucoup parler de Sheppard. Je l'assurai qu'il était impossible à Sheppard de s'évader du royaume et que ses gardiens le retrouveraient dans les jours suivants. Cette femme souhaita qu'une malédiction puisse frapper ceux qui le trahiraient. Je restai là jusqu'au soir, puis je marchai jusqu'à Haymarket et me mêlai à une foule entourant deux vendeurs de ballades qui chantaient les exploits de Sheppard. Et je me souviens que cela mettait tout le monde en joie ». *A Narrative of all the Robberies, Escapes etc. of John Sheppard*, Applebee's Original Weekly Journal, London, 1724, p. 26-27.

héroïsme. Ils laissent dans l'ombre l'existence de la bande elle-même, qui est pourtant essentielle. Il y a dans ces textes un culte du chef, malgré leur ambivalence. Comme Karl Moor, le brigand de Schiller, les héros des feuilles volantes criminelles en France et en Angleterre sont « à la fois généreux et scélérat[s][3] ». Il n'est donc pas étonnant que les textes insistent sur l'insolence et l'esprit de bravade de ces hommes – et de quelques femmes qui ont construit leur propre légende de leur vivant. Leurs portraits circulaient largement, ainsi que le récit de leurs forfaits. Comme le dit la *Gazette d'Amsterdam* à propos de Mandrin, « Son Portrait a été gravé à Lyon, et il ne faut pas demander s'il se vend bien[4] ». N'oublions pas que Cartouche, Mandrin, la dame Lescombat, Sheppard étaient des célébrités et qu'ils recevaient dans leur cellule la haute société du temps. Il semble même que Cartouche ait eu en 1721, dans sa prison, des entretiens réguliers avec Marc-Antoine Legrand, le dramaturge de la Comédie française, auquel il aurait appris des mots d'argot et qu'il aurait aidé à écrire sa pièce, *Cartouche ou les voleurs*, qui est jouée en 1721 avec un grand succès, avant même l'exécution du bandit. « Cartouche pensa s'aller voir jouer lui-même », écrit avec indignation le mémorialiste Edmond J. F. Barbier dans son *Journal*.

Les complaintes criminelles et les chansons trouvent certainement un auditoire plus large encore. Comme l'exemple de Jack Sheppard le montre, elles sont vendues par des chanteurs des rues et s'adressent à un public qui n'est pas toujours alphabétisé. Réutilisant des airs connus, elles circulent selon un mode de réception collectif et partagé, et donnent à entendre des textes ambivalents où se mêlent la pitié et le rire, les éléments dramatiques et burlesques. Écrites et imprimées à la hâte au moment des exécutions, elles peuvent déjouer la censure policière, même à Paris. Leur morale est donc pour le moins fluctuante. Par exemple, la « Chanson nouvelle sur Madame Lescombat » ne comporte ni lieu ni date. Elle célèbre sur un ton léger les aventures de cette femme qui avait tout de même exigé de son amant qu'il assassine son mari et qui fut exécutée quelques mois après son amant en juillet 1755 :

Et vous, jeunes fillettes,
Qui êtes à marier,
Ne prenez point un homme

3 Michel Delon, *L'Idée d'énergie au XVIIIe siècle*, p. 482.
4 *Gazette d'Amsterdam*, 16 mai 1755.

Et sans que vous l'aimiez ;
C'est que je vous le dis
J'ai fait tuer mon Mari,
Ne l'aimant pas,
Me voilà au trépas[5].

Le comportement insolent des brigands va de pair avec leur goût de l'ostentation, souvent souligné dans les journaux, dans les archives et dans les feuilles criminelles. Les brigands et les hors-la-loi aiment la célébrité, même s'ils l'acquièrent au péril de leur vie. Dans cette « geste des obscurs » dont parle Michel Foucault dans *Surveiller et punir*, les textes décrivent un désir de revanche sociale qui se traduit en particulier par un goût prononcé pour l'apparence et pour le déguisement. Les exemples sont multiples : on pourra citer le pirate Jack Rackam, surnommé « Calico Jack » parce qu'il aimait s'habiller de vêtements d'indienne de couleur vive, ou Mandrin qui, lors d'une expédition contre la brigade de la Ferme générale de Romans, tue le brigadier et s'empare de son chapeau bordé d'or, qu'il portera ensuite en toutes circonstances comme le montrent les gravures[6]. On évoquera aussi les condamnés à mort anglais, partant pour leur dernier voyage parés de leurs plus beaux atours, chapeaux débordant de rubans et de fleurs, ou manteau noir avec une capuche doublée de satin blanc pour cette Mrs Chadwick, punie avec son amant pour escroquerie. Cette parade à la fois joyeuse et macabre n'a rien à voir avec l'amende honorable en France, au cours de laquelle le condamné, en chemise et pieds nus, porte un lourd cierge allumé et doit à genoux faire pénitence devant le parvis des églises, le long du chemin de l'exécution.

D'autres documents décrivent l'élégance de certains chefs de bande. On a déjà évoqué John Sheppard qui « *was equipped every way like a gentleman*[7] » et l'*Histoire de la vie et du procès du fameux Louis-Dominique Cartouche* où il est dit la même chose de Cartouche[8] ». L'*Histoire de la vie et du procès du fameux Louis-Dominique Cartouche* considère d'ailleurs que

5 *Chanson nouvelle sur Madame Lescombat*, s.l.n.d., Archives Nationales, ADIII, 8, pièce 115.

6 *Jugement souverain qui a condamné à la roue Louis Mandrin*. 24 mai 1755. Archives Nationales, ADIII, 8, pièce 153, p. 1.

7 Il était habillé en tous points comme un gentilhomme. *The Weekly Journal or British Gazeteer*, 7 November 1724.

8 *Histoire de la vie et du procès de Louis-Dominique Cartouche, et de plusieurs de ses complices*, Amsterdam, Gertrude de Ruyter, 1738, p. 17.

la principale raison pour laquelle Cartouche sombra dans la criminalité fut à la fois son appât du gain et le désir de s'élever dans l'échelle sociale. Quant à la version de colportage de *Moll Flanders*, elle explique que c'est son amour des belles robes et des bijoux qui poussa l'héroïne à braver la loi[9]. Ces jugements moraux qui se glissent dans les biographies n'ont rien de surprenant. Ils soulignent des conduites transgressives qui sont, à leur manière, hors-la-loi. En effet, dans la société hiérarchisée des XVIIe et XVIIIe siècles, le costume fonctionne avant tout comme un marquage social. En France, les lois somptuaires promulguées au XVIIe siècle interdisaient par exemple l'usage des tissus de soie pour les classes populaires. S'habiller comme un gentilhomme quand on est un brigand brouille les identités et met en danger l'ordre social.

Une preuve de courage et d'esprit de résistance, souvent relevée dans les textes, est l'indifférence à la mort. Il est dit ainsi de Madame Lescombat qu'« elle aime beaucoup la lecture : on lui porte des livres ; elle paroît plus sensible au plaisir de lire des Romans que sa situation ne l'exige. Elle cause assez familièrement avec ceux qui l'approchent : en un mot rien n'annonce sur sa phisionomie, une malheureuse qui doit bientôt faire une fin tragique[10] », et de Mandrin sur l'échafaud, « Il porta sur l'échaffaud le même front qu'il avoit aux combats » ; s'adressant à un de ses compagnons d'infortune, « il lui disoit d'un ton de fanfaronnade [...] qu'il ne valoit pas la peine de s'attrister, qu'un mauvais quart d'heure est bien-tôt passé[11] ».

Un autre condamné à mort, qui était charbonnier dans la forêt, volait les passants, les tuait et les brûlait ensuite dans ses fourneaux tel plus tard Landru, « rit, chante et se réjouit dans sa prison », selon la feuille criminelle relatant ses méfaits[12]. Quant à Jack Sheppard, selon un journal de Londres, *The Whitehall Evening Post*, il tente jusqu'au

9 Le roman de Daniel Defoe fut publié dans une version abrégée destinée à la littérature de colportage, en même temps que l'édition complète de l'ouvrage.

10 *Lettre d'un François à un Anglois*, Paris, 1er juillet 1755, Archives Nationales, ADIII, 8, pièce 117, p. 10.

11 *Précis de la vie de Louis Mandrin, chef de contrebandiers*, s.l.n.d., Archives Nationales, ADIII, 8, pièce 154, p. 3.

12 *Relation de la prise d'un fameux Voleur de Beaune en Bourgogne, nommé Belhomme, qui tuoit, assassinoit, & bruloit ensuite les Passans dans des Fourneaux et qui s'est fait redouter « comme un second Cartouche »*, Paris, Impr. de Debats, rüe des Noyers, 1731, Archives Nationales, ADIII, 5, pièce 165.

bout de résister, en se débattant de toutes ses forces lorsqu'on lui met les menottes et dissimulant un couteau sur lui, le jour de l'exécution, pour pouvoir couper ses liens et se sauver dans la foule :

> *It was thought necessary, as he was an entreprizing fellow, to put him on a pair of hand-cuffs, in order to carry him with more security to the gallows; which could not be done but by main force, he struggling against it with all his might. And being searched before he was put into the cart, they found concealed about him, a clasp knife with which he designed to cut his halter, and then to leap among the mob as his last refuge. The crowd of spectators was indeed prodigiously great*[13].

On trouve effectivement dans les archives judiciaires quelques cas de condamnés à mort qui parviennent ainsi à s'échapper au dernier moment, avant de monter sur l'échafaud, en bénéficiant de la protection des spectateurs[14]. Ainsi, un condamné de la bande de Raffiat parvient-il à sauter de la charrette, place de Grève et à s'enfuir rue de la Verrerie à 8h du matin, le 31 janvier 1743.

En France et en Angleterre, les condamnés à mort demandent souvent qu'on leur serve un bon souper, la veille de leur exécution, et l'obtiennent en général. Cartouche, lui, aurait réclamé une bonne bouteille de Bourgogne, dès son premier interrogatoire : « il s'émancipa, dit-on, jusqu'à demander qu'on luy apportât une bouteille du meilleur vin de ce crû, pour lui donner des forces[15] ». Plusieurs fortes têtes refusent l'aide d'un confesseur. Ils disent que cela ne sert à rien, soit parce qu'ils se considèrent comme damnés sans rémission par la justice des hommes et du ciel, soit parce qu'ils veulent clamer leur incroyance. Dans le *Précis de la vie de Louis Mandrin, chef de contrebandiers*, une biographie criminelle assez bien informée, on apprend que Mandrin « n'avoit point de confiance aux Ecclésiastiques, il avoit déclaré qu'il ne vouloit se confesser ni à Prêtre ni à Religieux de la ville[16] » et qu'il

13 « On considéra qu'il était nécessaire de lui mettre les menottes comme c'était un garçon entreprenant, pour le conduire de façon plus sûre jusqu'au gibet ; ce qui ne put se faire que de force car il se débattait avec énergie. On le fouilla avant qu'il ne montât dans la charrette et l'on trouva, dissimulé sur lui, un canif qu'il avait l'intention d'utiliser pour couper ses liens, pour pouvoir ensuite sauter dans la foule et y trouver un dernier refuge. La foule des spectateurs était en effet immense ». *The Whitehall Evening Post* N° 966 (4 pages, in 4°), from Saturday November 14 to Tuesday November 17, p. 2.

14 Archives Nationales, ADIII, 7, pièce 36.

15 *Messager boîteux de Bâle*, Jean Conrad de Mechel, 1723, non paginé.

16 *Précis de la vie de Louis Mandrin, chef de contrebandiers*, s.l.n.d., Archives Nationales, ADIII, 8, pièce 154, p. 2.

« avoit demandé à la Dame qui lui parloit de confession & de salut, *combien il y avoit de cabarets d'ici en Paradis*, ajoutant qu'*il n'avoit que dix livr. à dépenser sur la route*[17] » (Mandrin a finalement accepté la présence d'un confesseur, le Père Gasparini). Le penchant à l'alcool est d'ailleurs un stéréotype, vrai ou faux, des portraits de brigands, qu'il s'agisse des pirates, de Cartouche, Mandrin ou Jack Sheppard. L'absence de principes religieux est évidemment en France et en Angleterre un facteur aggravant pour ces hommes « endurcis dans le crime », dont la société doit se débarrasser à tout prix. Les pirates, brigands des mers, ont une réputation particulièrement détestable dans ce domaine. Mécréants, ils peuvent aller jusqu'à renier Dieu et se consacrer au Diable comme Cusack qui, dans *The grand pyrate : or, the life and death of Cap. George Cusack, the great sea-robber*, jette la Bible par-dessus bord et demande à son équipage de le suivre jusqu'en enfer. En ce qui concerne un autre pirate, Alexander Dolzell, condamné à mort par le tribunal d'Old Bailey et exécuté le 5 décembre 1715, le chapelain constate qu'« *He had no sense nor Principles of any Religion whatsoever, that could restrain him from Evil* » et il ajoute « *Saying he hated to see my Face and would not go to the Chapel and he would do me some Mischief or other before he dy'd, or haunt me afterwards*[18] ».

Il faut donc prendre avec prudence les discours prononcés par les condamnés au moment de leur exécution et adressés au public du haut de l'échafaud. Dans les biographies criminelles anglaises, le *last-dying speech* est un genre en soi (voir le chapitre 3 du livre) qui peut contenir des éléments biographiques authentiques. Mais dans les biographies criminelles françaises, contrôlées de près par la Lieutenance de police, la véracité de ces discours est beaucoup moins évidente. Ainsi une feuille volante criminelle datant de 1728 prête-t-elle au condamné les paroles suivantes : « Vous tous grands & petits qui estes ici presens, je vous prie d'avoir compassion de ma pauvre ame qui a cette heure va se séparer de mon corps, & comparoistre au jugement de Dieu qui sera

17 *Ibid.*, p. 4.

18 « Il n'avait aucun sens ni principe de quelque religion que ce soit qui aurait pu l'empêcher de faire le Mal. [...] Il m'a dit détester mon visage et refuser d'assister aux offices religieux, menaçant de me nuire avant de mourir, ou de me hanter après sa mort ». *The Ordinary of Newgate. His account of the Behaviour, Confession, and Last Speech of Capt. Alexander Dolzell, A Pirate*, London, printed and sold by J. Morfew, 1715, 5 p. Price Three Half-pence.

tres facheux pour moi, n'étant pas digne d'entrer dans son royaume[19]. » Dans la mesure où la feuille volante comporte la signature d'Hérault, Lieutenant de police, on est en droit de se dire qu'un tel discours a été placé là pour sa valeur d'exemplarité vis-à-vis des lecteurs. On pourrait en dire autant des dernières paroles de Mandrin, fort bien tournées, qui figurent dans la très officielle *Histoire de Louis Mandrin, depuis sa naissance jusqu'à sa mort*, et nulle part dans les journaux du temps : « Voilà donc la fin que tu me préparois, malheureuse passion des richesses ! [...] Je rentre dans la nuit, puisse mon nom être oublié avec mes crimes[20] ! » Il n'en reste pas moins que, dans les archives judiciaires, plus proches de la vérité que les feuilles volantes et les biographies criminelles, l'approche de la mort est vécue par la plupart des condamnés avec angoisse et non avec désinvolture, et que les dernières paroles adressées aux spectateurs consistent le plus souvent à leur demander de chanter pour eux le « Domine salvum », cantique à la gloire de Dieu et du roi. Même le grand Mandrin, quand il voit la croix de Saint-André, l'instrument du supplice de la roue, demande à son confesseur de lui donner un peu d'alcool, eau des Carmes ou « eau de la Côte » selon les versions. En réalité, les vies de brigands, loin d'être romanesques, racontent des histoires terribles et dignes de pitié.

C'est probablement chez les pirates que l'esprit de résistance se manifeste le mieux. Leur trajectoire commence d'ailleurs toujours par une rébellion : on ne naît pas pirate, on le devient, à la suite d'une mutinerie plus ou moins sanglante. Or les mutins savent que leur sort, s'ils sont pris, est d'être pendus haut et court, même s'il existe quelques cas exceptionnels comme celui de Henry Morgan, finalement gracié par le roi d'Angleterre (voir le chapitre 4). Comme pour les brigands opérant sur la terre ferme, les récits mettant en scène les brigands des mers oscillent entre réalité et fiction. Pourtant, et c'est un leitmotiv tellement fréquent qu'il est certainement crédible, les textes font tous allusion au fait que les pirates inventent une nouvelle organisation sociale fondée sur l'égalité de ses membres et sur le partage du butin selon des règles établies. Ceci commence dès les premières heures suivant la mutinerie.

19 *Sentence de mort*, Paris, Coignard, 29 septembre 1728.

20 *Histoire de Louis Mandrin, depuis sa naissance jusqu'à sa mort*, Troyes, Vve Garnier, s.d. Reprint in *Histoires curieuses et véritables de Cartouche et de Mandrin*, H. J. Lüsebrink éd., p. 220-221.

Dans *The Grand Pyrate*, George Cusack prend la tête d'une mutinerie en 1676 à bord du navire *Hopewell of Tangiers*. Ayant la majorité des matelots avec lui, il force, sous la menace des armes, le capitaine et ses officiers à monter dans une chaloupe qu'il abandonne en pleine mer. Il fait ensuite sauter les verrous des coffres du capitaine, comptabilise les marchandises présentes à bord et en partage équitablement le contenu avec les membres de l'équipage. Il annonce que dorénavant, le navire attaquera tous les bateaux qui croiseront son chemin, à l'exception des bateaux anglais, et que le butin sera divisé à chaque fois à parts égales. Puis il fait approuver à l'unanimité la nouvelle hiérarchie du navire, lieutenant, quartiers-maîtres, et lui-même comme capitaine. Cusack rédige enfin une charte établissant ces nouvelles règles selon « the lawes of Pleron », c'est-à-dire selon les lois ou les « rôles d'Oléron », un code maritime légendaire qui aurait été promulgué par Richard Cœur de Lion ! Cusack la fait ensuite signer par ceux qui savent écrire[21].

Dans son *Histoire des aventuriers flibustiers*, Exquemelin parle aussi d'une constitution écrite qu'il appelle « chasse-partie » et qui doit être approuvée par les flibustiers avant toute expédition. On se reportera au chapitre 4 du livre pour plus de détails. Quant à la république pirate décrite en 1724 dans la *General History of the pyrates* et appelée Libertalia, elle n'appartient pas totalement au domaine de l'imaginaire. Il existait à Madagascar à la fin du XVIIe siècle une colonie française de pirates et dans l'île de la Providence aux Bahamas, à la même époque, un groupe de pirates qui y faisait la loi, au point qu'on a pu parler, à leur égard, de « république pirate[22]. » On citera également les pirates Jean et Pierre Lafitte, avec sous leurs ordres plus de mille hommes, qui s'enrichissent dans le trafic interdit d'esclaves des Antilles et créent au début du XIXe siècle le « royaume de Barataria » dans les marais et les bayous près de La Nouvelle-Orléans, afin de contrôler l'embouchure du Mississippi après l'achat de la Louisiane à la France par les États-Unis en 1803. En général, la durée de vie de ces compagnies pirates ne dépassait pas une dizaine d'années car elles étaient instables par nature : aucun capitaine pirate n'était à l'abri d'une mutinerie, les groupes se faisaient

21 *Voir The grand pyrate : or, the life and death of Cap. George Cusack, the great sea-robber*, déjà cité.

22 Voir Marcus Rediker, *Les Hors-la-loi de l'Atlantique. Pirates, mutins et flibustiers*, déjà cité, p. 81.

et se défaisaient en fonction des butins récoltés et partagés, en fonction des arrestations, des condamnations et des morts au combat.

La société flibustière peut donc apparaître comme une alternative sociale. « Sous une forme rudimentaire », comme l'écrit Jean-Michel Racault,

> elle incarne une sorte d'utopie pratique, au même titre que diverses expériences coloniales du temps qui ne sont pas de simples transplantations géographiques du modèle européen, mais des tentatives originales de construction, à partir de la table rase de l'état de nature, d'une société rénovée, comme l'État quaker de Pennsylvanie [...] ou encore les « Réductions » jésuites du Paraguay[23].

Voici enfin des sociétés parallèles et des démocraties rebelles, telle que les craignent les magistrats enquêtant sur les brigands. Mais le danger qu'elles présentent est tout relatif car ces expériences, qui pourraient être qualifiées de libertaires, se passent bien loin, dans le Nouveau Monde, et concernent des communautés limitées qui ne menacent en rien les monarchies européennes des XVIIe et XVIIIe siècles. De plus, elles ne semblent pas obéir à des revendications révolutionnaires. Elles expriment plutôt, comme la plupart des utopies, la nostalgie d'un retour à l'âge d'or. C'est au XIXe siècle, comme le pense Jean-Michel Racault, que leur histoire est réécrite, « l'héroïsation de la figure du pirate favorisant le glissement des réalités sanglantes de l'activité flibustière aux mythologies romantiques de la révolte anti-sociale et de l'aventure libertaire[24]. »

Une autre question est de savoir dans quelle mesure l'attitude rebelle des grands brigands, telle qu'elle est décrite au début de ce chapitre, rencontre ou inspire des mouvements collectifs de résistance aux XVIIe et XVIIIe siècles. En d'autres termes, peut-on considérer Cartouche, Mandrin, Jack Sheppard, Jonathan Wild etc. comme des « Primitifs de la révolte » au sens où l'entendait Eric J. Hobsbawm[25], c'est-à-dire comme des bandits d'honneur incarnant un désir de justice sociale ?

---

23 Jean-Michel Racault, « De l'aventure flibustière à la piraterie littéraire : Defoe, Leguat, les deux Misson et la République utopique de Libertalia », *Les Tyrans de la mer. Pirates, corsaires et flibustiers.* Textes réunis par Sylvie Requemora et Sophie Linon-Chipon, déjà cité, p. 246.

24 *Ibid.*, p. 244.

25 Eric J. Hobsbawm, *Les primitifs de la révolte* dans l'Europe moderne, Paris, Fayard, 1966 [*Primitive rebels. Studies in the Archaic Forms of Social Movement in the 19th and 20th centuries*, Manchester, Manchester University Press, 1959].

Il me semble que ce serait une erreur de faire des grands brigands des meneurs politiques, à l'exception de Mandrin qui combattait avec un large assentiment populaire les employés de la Ferme générale et le système des impôts sous l'Ancien Régime. Mais il est certain que leurs actions, leurs révoltes, leur résistance et leur énergie ont été des exemples à suivre pour ceux qui refusaient l'ordre établi. Hobsbawm, qui a surtout étudié les mouvements paysans du sud de l'Italie et de l'Espagne au XIXe et au XXe siècles, s'appuie dans un autre de ses livres, *Bandits*, sur la figure de Robin des Bois dont la légende veut qu'il ait volé les riches pour redistribuer son butin aux pauvres. Cet épisode romanesque contribue à l'idéalisation du brigand, particulièrement après les années 1750 et jusqu'au XIXe siècle, à un moment où le brigand commence à bénéficier d'une image positive. Des brigands réels comme Schinderhannes (Johannes Bückler) à la toute fin du XVIIIe siècle ou, dans les années 1840, Stefano Pelloni dit *Il Passator Cortese* en Emilie-Romagne, s'illustrent alors tout naturellement comme des hommes en lutte contre l'injustice et plus encore, comme des chefs patriotes qui se battent avec courage contre les troupes d'occupation : Schinderhannes passait pour s'attaquer aux troupes françaises postées au bord du Rhin, et Stefano Pelloni aux soldats du Pape et aux Autrichiens. L'un comme l'autre bénéficiait de l'appui des populations paysannes. Rejoignant les héros de Schiller dans la légende qui s'élabore de leur vivant, ces brigands de droit commun deviennent ainsi des porteurs d'espoir et des redresseurs de torts, sur fond de luttes d'indépendance nationales.

Il est indéniable que les grands brigands ont bénéficié de la sympathie du public. Ils incarnent une liberté et une insolence vis-à-vis des autorités, qui est séduisante. Dans *Dire et mal dire*, Arlette Farge évoque cette inventivité et cette violence verbale qui s'expriment au XVIIIe siècle sur la place publique, malgré les nombreux contrôles policiers[26]. Dans le même esprit, on trouve dans les archives des témoignages décrivant des scènes où la foule s'interpose pour empêcher l'arrestation d'un individu par les exempts de police. Il existe aussi, au moment des exécutions et malgré la présence des gardes, une tension chez les spectateurs qui peut tourner à l'émeute : si le bourreau ne « travaille » pas assez vite et fait souffrir inutilement le condamné, il peut être molesté par la foule. Après

26 Arlette Farge, *Dire et mal dire. L'opinion publique au XVIIIe siècle*, Paris, Seuil, 1992.

l'exécution, il arrive que les spectateurs récupèrent de force le cadavre pour éviter qu'il ne soit livré aux chirurgiens. C'est ce qui se passe à Londres pour le brigand de grand chemin Claude du Vall en 1669 dont la veillée mortuaire a lieu dans un pub près de Drury Lane, le corps entouré de flambeaux et les murs tendus de drap noir. Il en est de même pour Jack Sheppard que ses proches transportent dans une taverne de Long-Acre. Selon *The Whitehall Evening Post* du 14-17 novembre 1724,

> *An undertaker with a hearse followed him to Tyburn, in order, we are told, to bring back the corpse to be interred in St. Sepulchre's churchyard. But the populace having a notion that it was designed to convey him to the surgeons, carried off the body upon their shoulders to an ale-house on Long-Acre, and the undertaker and his men got off with great difficulty*[27].

D'autres mouvements de protestation populaire à bien plus large échelle se sont produits aux XVIIe et XVIIIe siècles, qu'il s'agisse en France des jacqueries paysannes et plus tard, dans la seconde moitié du XVIIIe siècle de la guerre des farines, de la grande peur de 1789 et de la lutte contre la conscription. Mais ces révoltes n'étaient pas menées ou suscitées par des brigands. Seules les activités de contrebande ont pu s'apparenter à des luttes collectives et c'est pourquoi Mandrin fait figure d'exception, comme il a été dit. Le chapitre suivant en parlera plus en détail. Dans le *Traité de justice criminelle* du juriste Daniel Jousse, publié en 1771, on lit :

> Les soldats, ou vagabonds, & gens sans aveu, attroupés au nombre de cinq & au dessus, armés de fusils, pistolets, bayonnettes, épées, gros bâtons, ou autres armes offensives, qui sont surpris entrant, ou escortant, tant de jour que de nuit en la ville & Faubourgs de Paris, les vins & autres boissons, pied-fourché [animaux aux sabots fendus], viande en morceaux, denrées & marchandises sujettes aux droits du Roi [...] ou qui s'opposent avec violence ou rébellion aux visites des Commis, forcent les bateaux, & en enlèvent les choses saisies, doivent être punis de mort. (Déclaration du 12 Juillet 1723, art. 1)[28].

---

27 « Un entrepreneur de pompes funèbres avec un corbillard le suivit jusqu'à Tyburn afin de récupérer le corps, nous a-t-on dit, pour l'enterrer dans le cimetière du Saint-Sépulcre. Mais la populace, persuadée que c'était pour le livrer aux chirurgiens, alla jusqu'à une taverne de Long-Acre en portant le corps sur les épaules. L'entrepreneur de pompes funèbres et ses hommes eurent le plus grand mal à s'échapper ». *The Whitehall Evening Post* N° 966 (4 pages, in 4°), from Saturday November 14 to Tuesday November 17, p. 2.

28 Daniel Jousse, *Traité de justice criminelle de France*, Paris, Debure, 1771, tome III, Titre XII, « Des contrebandiers, Faux-Sauniers, Faux-Tabatiers, Vendeurs de Toiles peintes, Fraudeurs, &c., p. 297.

Voici qui rend sans aucun doute avec exactitude ce que pouvait être le comportement agressif d'une bande armée de « gens sans aveu » qui, pour pouvoir se nourrir, franchissaient avec violence les barrières de l'octroi, au péril de leur vie.

Une lecture politique peut donc être faite des histoires de brigands comme de celles des pirates, une histoire en tout cas des rebelles issus des classes populaires. La geste de leurs exploits, de leurs soulèvements et de leurs paroles fortes trouve de plus en plus d'échos à la fin du XVIIIe siècle dans des mouvements populaires agités par une conscience sociale en train de se construire. Le brigand au grand cœur qui fait rêver les jeunes filles et dont il est question dans l'introduction de ce livre à propos de Lamiel, fait aussi rêver les pauvres, les exclus et ceux qui luttent pour l'indépendance de leur pays.

ÉCONOMIES BRIGANDES

Il n'existe pas, en apparence, sous l'Ancien Régime, de système économique parallèle entre les mains des brigands. Qu'il s'agisse de la pègre des villes ou des bandes qui s'attaquent aux fermes isolées dans les campagnes, on a plutôt affaire au trafic à large échelle d'objets volés, qui repose sur une économie tout à fait primitive ou archaïque de troc. On vole surtout des tissus, des vêtements, des chemises en particulier, des draps qui sèchent, des ustensiles, des petites cuillères qui serviront de monnaie d'échange, notamment dans les auberges où les brigands ont besoin de trouver un gîte comme tout voyageur, les aubergistes servant d'ailleurs souvent de recéleurs pour les bandes. Le numéraire étant rare, les échanges de service à la campagne se font souvent par des dons de biens en nature, de la nourriture, des objets. Il en est de même pour le vol. Les pauvres volent d'abord les pauvres : c'est plus facile et moins risqué[1].

L'héroïsation du brigandage ne vaut que pour quelques personnages d'envergure. Les almanachs parlent d'une réalité plus sordide et plus conforme à ce qui se passe dans l'Europe du XVIIIe siècle, à savoir l'existence de bandes d'hommes armés qui parcourent les campagnes et viennent piller des paysans souvent aussi misérables qu'eux. *Le Messager boîteux* de Bâle pour 1736 évoque « une bande de trente vagabonds bien armés » qui écume le Hainault[2] ». Le même almanach consacre en 1754 quatre pages à une rubrique intitulée « Histoire des bandes de voleurs », passant en revue les principales bandes sévissant en Europe à la même époque. Beaucoup sont constituées de soldats privés de solde et jetés sur les routes pendant les périodes de paix. Comme le dit avec pessimisme le *Messager boîteux* pour 1737 dans ses prédictions pour les quatre saisons de l'année,

1 Voir aussi Nicole Dyonet, « Les bandes de voleurs et l'histoire », *Cartouche, Mandrin et autres brigands du* XVIIIe *siècle*, Lise Andries (dir.), p. 196-225.

2 *Messager boîteux* pour 1736, Bâle, J. H. Decker.

en novembre « Les soldats ayant à combattre contre la pauvreté vont par tout à la maraude[3]. »

Ce monde n'a donc pas grand-chose à voir avec celui du crime organisé tel qu'il existe aujourd'hui, ni avec les réseaux tentaculaires et internationaux de la Maffia. Il existe pourtant au XVIIIe siècle quelques bandes qui agissent de part et d'autre des frontières et parcourent de vastes territoires, dont les objectifs sont autres que ceux des bandes paysannes prenant pour cibles les fermes isolées. Véritables spécialistes des attaques à main armée et prêts au meurtre si nécessaire, ce sont des hommes endurcis parmi lesquels on trouve d'anciens galériens et des criminels récidivistes, qui opèrent par exemple depuis la Suisse et la Savoie pour mener leurs opérations en France[4], comme on l'a vu au chapitre 9.

Un autre type d'activité illicite rapproche également la criminalité d'Ancien Régime de celle d'aujourd'hui : il s'agit de la contrebande, qui se déploie dans un vaste espace international englobant l'Ancien et le Nouveau Monde. Bien qu'il n'existe dans l'Europe des XVIIe et XVIIIe siècles rien d'équivalent au trafic de la drogue tel qu'il existe actuellement, diverses marchandises en provenance d'Amérique ou d'Orient ont fait alors l'objet d'un commerce légal mais aussi d'une active contrebande qui générait d'énormes profits. La circulation croissante des biens de consommation « associés dès le XVIIe siècle à la sociabilité et aux loisirs » et la multiplication des lieux publics, cafés, restaurants, salons ont favorisé le développement d'une économie parallèle et illicite[5].

Au XVIIIe, le commerce des « indiennes » est l'activité principale de vastes réseaux de contrebandiers souvent spécialisés. Les étoffes d'indienne de couleur vive, les « calicots », parées de l'attrait de l'exotisme et du luxe oriental, étaient produites et exportées par la Compagnie hollandaise des Indes orientales puis, à partir de sa création en 1664, par la Compagnie française des Indes orientales. Or ces étoffes étaient prohibées en France parce qu'elles faisaient concurrence à l'industrie textile. Même après la levée de l'interdiction en 1759, les droits de douane très

3 *Messager boîteux* pour 1737, Bâle, Vve Jean Conrad de Méchel.

4 Voir Michel Porret, « Les "tigres altérés de sang". Essai de typologie sur les circonstances aggravantes de la criminalité associative sous l'Ancien Régime », *Cartouche, Mandrin et autres brigands du XVIIIe siècle*, Lise Andries (dir.), p. 226-241.

5 Voir sur ce point Michael Kwass, *Louis Mandrin. La mondialisation de la contrebande au Siècle des Lumières*, Paris, Vendémiaire, 2016.

élevés, fixés à 25 % de la valeur de la marchandise, ne parvinrent pas à en empêcher l'écoulement à moindre prix par les contrebandiers. Produits très demandés, toutes classes sociales confondues, les indiennes ont transformé la mode et l'espace domestique, en y introduisant la couleur. Comme le dit Daniel Roche, « Dans le peuple, les Lumières s'achèvent en arc-en-ciel[6]. » Le commerce illicite des indiennes était celui qui rapportait le plus. C'était « une industrie textile de grande envergure où les marchands et les banquiers amassaient des fortunes, tout en restant au-dessus de la mêlée[7]. »

Quant à la vente du tabac, elle devient le monopole de la Couronne de France en 1674 (elle le restera jusqu'à la Révolution) et elle est confié à la Ferme générale dès 1681, ce qui n'empêche pas, ou plutôt encourage une intense contrebande depuis l'Amérique : « Dans le commerce du tabac, chaque chaînon de production et d'échange entre la plantation du Nouveau Monde et le consommateur français était corrompu[8]. » La Manche et la mer du Nord étaient le lieu de tous les trafics, dans une zone qui s'étendait des îles de Jersey et Guernesey à Dunkerque. Le tabac se cultivait aussi, de manière illicite, dans les Provinces-Unies, en Alsace et en Suisse. On le mélangeait avec le tabac américain de meilleure qualité provenant de Virginie et du Maryland, et des contrebandiers le faisaient passer en fraude par la frontière suisse. François-Véron de Fortbonnais, économiste et conseiller du contrôleur-général des finances Silhouette pendant le règne de Louis XV « considère qu'1/3 du tabac consommé provient de la contrebande[9]. »

Cependant, sous l'Ancien Régime, la contrebande la plus importante est celle du sel. Elle porte sur des quantités bien supérieures à celle du tabac et des tissus. Elle a ses réseaux et met en mouvement un grand nombre de personnes. Les frontières étant moins nationales qu'administratives, la population ordinaire s'implique régulièrement dans tout ce trafic. Le commerce du sel est confié comme celui du tabac à la Ferme générale qui, sous l'Ancien Régime, gère et reçoit la partie la plus importante de ce qu'on appelle aujourd'hui les impôts

6 Daniel Roche, *La Culture des apparences : une histoire du vêtement,* XVIIe-XVIIIe *siècle*, Paris, Seuil, 1990, p. 144.

7 Michael Kwass, *Louis Mandrin. La mondialisation de la contrebande au Siècle des Lumières*, p. 178.

8 *Ibid.*, p. 85 et p. 99.

9 *Ibid.*, p. 105.

indirects. À la fin de l'Ancien Régime, c'est en effet la Ferme générale qui constitue l'administration des droits indirects et aussi de la douane, et qui assure donc la police du commerce intérieur et extérieur. « Mais c'est une administration privée, libre de se gérer à sa guise, et simplement tenue de respecter les tarifs ainsi que les procédures de contrôle, de recouvrement, de constatation et de répression des fraudes fixées par ordonnances royales[10]. » La Ferme générale, État dans l'État, emploie plus de 30.000 agents. Elle est l'ennemi principal des réformateurs et des contribuables et, en 1789, le principal sujet de mécontentement et de demande de réforme qui s'exprime dans les cahiers de doléance.

C'est dans ce contexte qu'interviennent Mandrin et ses deux frères, une famille de petits propriétaires terriens de Saint-Étienne-de-Saint-Geoirs dans le Dauphiné, qui s'était ruinée, semble-t-il, dans l'approvisionnement en mules de l'armée française en Italie. Le tabac et les indiennes sont en effet, avec le sel, les deux marchandises les plus vendues par Mandrin et sa troupe. Dès 1753, Mandrin fait parler de lui par des pillages d'églises, des meurtres et de la contrebande. À la tête de plusieurs centaines d'hommes, il mène de véritables campagnes militaires en 1754-1755 sur un large territoire qui comprend successivement le Dauphiné jusqu'à Rodez, la région de Grenoble et le Rouergue, la Franche-Comté, l'Auvergne et le Jura. Il ne s'attaque qu'aux employés de la Ferme générale et les oblige même, à Bourg-en-Bresse et à Rodez, à acheter, sous la menace des armes, sa marchandise (venue de Suisse) au prix qu'il leur impose. Lui et ses hommes vendent aussi, sur le marché des villes où ils passent, tabac, indiennes et sel à moindre prix, et ils en profitent pour ouvrir les prisons et en libérer les prisonniers. Inutile de dire à quel point Mandrin et sa troupe sont populaires dans toutes les régions où ils passent. Ils font à la fois figure de libérateurs et ils s'attaquent exclusivement aux agents de la Ferme générale, bête noire de la population française. Les rébellions contre la Ferme générale sont en effet plus nombreuses au XVIIIe siècle que les émeutes contre la cherté du pain. Mandrin est arrêté en 1755 par des gardes de la Ferme générale déguisés en paysans, dans le duché de Savoie où il s'était replié. Il est ensuite roué et exécuté à Valence le 26 mai devant une foule immense. Il était déjà entré dans la légende deux ans plus tôt, au moment où ses exploits commencèrent à

10 Jean Clinquart, *La douane et les douaniers de l'Ancien Régime au Marché Commun*, Paris, Tallandier, 1990, p. 26.

être largement commentés dans les gazettes du temps, et célébrés dans des poèmes et des chansons[11].

Les pirates sont, eux-aussi, des acteurs importants de cette économie de la contrebande. Si la grande piraterie des Antilles décline au début du XVIIIe siècle comme le montre le chapitre 4 de ce livre, toutes sortes de trafics douteux continuent d'exister dans les îles au long du XVIIIe siècle, en particulier le trafic d'armes pendant la Guerre d'Indépendance américaine. La piraterie participe d'ailleurs au dynamisme du commerce, aux échanges monétaires (en prélevant sa part de butin en or et en argent sur les galions espagnols) et à la production de richesses, jusqu'au moment où les États, devenus forts, la trouve nuisible et font intervenir leur marine de guerre pour la combattre. Elle est même nécessaire à la constitution d'États organisés et au développement des empires coloniaux[12]. C'est pourquoi les pirates et les corsaires obtiennent si souvent le pardon de leurs souverains qui, non seulement leur pardonnent mais parfois les anoblissent : Henry Morgan est anobli par Charles II en 1674 et Jean Bart par Louis XIV en 1694.

C'est que la piraterie est encouragée et protégée par les autorités. Sur les côtes anglaises, par exemple, au début du XVIIe siècle, il est difficile de lutter contre la piraterie « dès lors que les ordonnateurs sont les autorités locales : la noblesse qui loue ses entrepôts, les shérifs, les officiers des douanes, les lieutenants de port, les juges de paix, les maires, tout ce monde relevant de la *gentry*[13]. » On peut évoquer aussi les *sea-dogs* d'Elizabeth 1re d'Angleterre, tel Walter Raleigh qu'elle encourageait à attaquer les galions espagnols ainsi que les villes et les possessions espagnoles du Nouveau Monde. Jonathan Swift écrit à ce sujet un texte lucide et prophétique dans les *Voyages de Gulliver* en 1726 :

> *A Crew of Pyrates are driven by a storm they know not wither; at length a Boy discovers Land from the Top-mast; they go on shore to rob and plunder; they see an harmless People, are entertained with kindness, they give the Country a new Name, they take possession of it from the King, they set up a rotten Plank or a Stone for a*

---

11 Voir Anne-Marie Mercier-Faivre, « Le feuilleton de Mandrin », *Cartouche, Mandrin et autres brigands du XVIIIe siècle*, Lise Andries (dir.), p. 293-315.

12 C'est l'hypothèse de Janice E. Thomson dans *Mercenaries, Pirates, and Sovereigns : State-Building and Extraterritorial Violence in Early Modern Europe*, Princeton, Princeton University Press, 1994.

13 *Histoire des pirates et des corsaires. De l'Antiquité à nos jours*, Gilbert Buti et Philippe Hrodej (dir.), p. 159.

> *Memorial, they murder two or three Dozen of the Natives and bring away a Couple more by Force for a Sample, return home, and get their Pardon. Here commences a new Dominion, acquired with a Title by Divine Right. Ships are sent with the first Opportunity; the Natives driven out or destroyed, their Princes tortured to discover their Gold; a free License given to all Acts of Inhumanity and Lust; the Earth reeking with the Blood of its Inhabitants; and this execrable crew of Butchers employed in so pious an Expedition, is a modern Colony sent to convert and civilize an idolatrous and barbarious People*[14].

Les camps de base des pirates anglais, avant qu'ils ne s'installent à la Jamaïque, se trouvent à la fin du XVIe siècle dans le comté de Cork en Irlande, dans les Cornouailles et le Pembrokeshire et leur terrain d'action concerne les Antilles mais aussi l'Atlantique Nord, la Manche et le détroit de Gibraltar[15]. Aux Antilles, leurs rapines profitent à l'économie de toutes les îles. Certains pirates possèdent esclaves et plantations comme on l'a vu. Pourtant les temps vont changer. En 1670, Charles II d'Angleterre signe un traité de paix avec l'Espagne. En 1700, des cours de justice pour juger les crimes sur mer (vice-Admiralty courts) sont créées dans les colonies britanniques les plus importantes et, la même année, sous l'impulsion du roi Guillaume d'Orange, le Parlement de Londres vote l'« Act for the More Effectual Suppression of Piracy ». Une partie des pirates anglais quitte alors les Antilles pour l'Océan indien et le Golfe persique[16].

Pour peupler le Nouveau Monde, l'Angleterre envoie également aux XVIIe et XVIIIe siècle des « *indentured servants* » (serviteurs sous contrat)

14 « Une tempête conduit un bateau de pirates dans des mers inconnues ; à la longue, un mousse découvre une terre du haut du mât ; les pirates arrivent à terre pour voler et piller ; ils rencontrent un peuple pacifique, sont traités avec bonté, donnent à ce pays un nouveau nom, en prennent possession au nom du roi, installent une planche pourrie ou une pierre en guise de mémorial, tuent deux ou trois douzaines d'autochtones, emmènent de force un homme et une femme comme exemples, retournent chez eux et reçoivent leur pardon. Ici commence une nouvelle colonie, acquise de droit divin. Des bateaux y sont envoyés à la première occasion ; les populations sont chassées ou détruites, leurs princes torturés pour découvrir leur or ; licence est donnée à tout acte d'inhumanité et à l'appât du gain, la terre infestée du sang de ses habitants ; et cet exécrable équipage de bouchers employés pour une expédition aussi pieuse est considéré comme une colonie moderne envoyée pour convertir et civiliser un peuple idolâtre et barbare ». *Travels into several Remote Nations of the World. In four parts. By Lemuel Gulliver, first a surgeon, and then a captain of several ships*, Prose writings of Jonathan Swift, ed. H. Davis, Oxford, Oxford University Press, 1939-1968, 14 volumes, vol. 2, p. 294.

15 Sur tous ces points, voir *British Piracy in the Golden Age : History and interpretation, 1660-1730*, Joel H. Baer editor, volume 1, p. XI.

16 *Ibid.*, volume 1, p. XII et suivantes.

qui sont des hommes et des femmes condamnés à la déportation pour une durée de trois ans ou plus, des prisonniers pour dettes ou des individus fuyant la misère et prêts à s'expatrier à condition qu'un futur « patron » leur paie le voyage. La monarchie française a recours, elle aussi, mais à moindre échelle, au système des « engagés », c'est-à-dire à des volontaires ou des prisonniers condamnés à la déportation qui doivent travailler pendant trois années sans salaire. Moll Flanders et Manon Lescaut, prostituées ou « femmes de mauvaise vie », sont, de la même façon, déportées dans les colonies. « Engagés » et « *indentured servants* » étaient vendus, comme des esclaves, sur la place publique et étaient souvent très mal traités par leurs maîtres qui comptaient profiter au maximum de leur temps de servitude. Beaucoup mouraient avant leur délivrance mais s'ils survivaient, ils retrouvaient la liberté. Les chiffres montrent combien « *indentured servants* » et « engagés » ont contribué à la colonisation de l'Amérique : « *The total number of European immigrants to all 13 colonies before 1775 was about 500,000 ; of these 55,000 were involuntary prisoners. Of the 450,000 or so European arrivals who came voluntarily, [we can] estimate that 48 % were indentured. About 75 % of these were under the age of 25*[17]. »

Le rôle économique de la piraterie est plus sensible encore en Méditerranée. Il s'agit là d'une piraterie encouragée directement par les États barbaresques, principalement les échelles du Levant d'Alger, de Tripoli, de Tunis et de Salé au Maroc, comme on le voit au chapitre 4. Si la piraterie en Méditerranée peut s'apparenter parfois à une guerre religieuse entre Musulmans et Chrétiens, la réalité est en général beaucoup plus nuancée. Il existe d'abord de complexes et contradictoires relations diplomatiques entre ces ports et les puissances européennes, dans la mesure où des traités commerciaux préférentiels sont signés par les deys qui dirigent ces Régences, tantôt avec l'Angleterre, tantôt avec la France ou l'Espagne, au gré des renversements d'alliances. La Méditerranée est en effet encore au XVIIe siècle un espace commercial

---

17 « Le nombre total d'immigrants européens venus dans les 13 colonies américaines avant 1775 était d'environ 500.000 individus ; parmi eux 55.000 étaient des prisonniers venus sous la contrainte. Sur les 450.000 Européens qui vinrent volontairement, on peut estimer que 48 % étaient "*indentured*". Environ 75 % d'entre eux avaient moins de 25 ans ». Christopher Tomlins, « Reconsidering Indentured Servitude : European Migration and the Early American Labor Force 1600-1775 », *Labor History*, 2001, vol. 42, Issue 1, p. 5-43.

dynamique, mettant aux prises les principales puissances européennes. Les corsaires maghrébins jouent de cette concurrence en signant des traités commerciaux tantôt avec les uns, tantôt avec les autres. Par ailleurs, il est fréquent que des pirates européens prêtent main forte aux « Barbaresques » car ils sont recherchés pour leur compétence et fort bien payés par les Régences. Dès le XVIIe siècle, les équipages sont constitués en majorité de marins européens qui apprennent aux pirates d'Afrique du Nord, jusqu'alors équipés de galères, à naviguer sur les lourds voiliers européens[18]. À la fin du XVIIe siècle, les ports barbaresques de Méditerranée abritaient une flotte d'environ 150 navires équipés d'un millier de canons et avaient à leur service une vingtaine de milliers d'hommes, dont beaucoup venaient d'Europe et s'étaient convertis à la religion musulmane.

Selon l'*Histoire des pirates et des corsaires*, « À Tunis, le commerce des produits issus des prises (bateaux, marchandises, monnaies, esclaves) constitue une activité lucrative pour les armateurs, les capitaines et les principales autorités de la Régence. [...] C'est le dey qui, avec l'appui des janissaires, s'occupe d'écouler les 3/4 des prises vendues par la Régence[19] » et prélève au passage 10 % de bénéfice. L'activité corsaire favorise la circulation des biens et des marchandises, mais aussi celle du numéraire et du crédit en Méditerranée. Le système de la rançon, c'est-à-dire du rachat des captifs, est également un secteur important du « commerce » entre le Maghreb et les pays européens. On peut comptabiliser en Afrique du Nord

> au moins 180.000 captifs entre 1574 et 1644. [...] L'économie de la rançon, qu'elle soit le fait des rédempteurs de captifs ou d'intermédiaires privés spécialisés, permet en particulier aux marchands catholiques d'obtenir des licences pour commercer au Maghreb et dans l'Empire ottoman, malgré les bulles pontificales interdisant les échanges avec l'« Infidèle[20] ».

En Afrique du Nord, la course assurait donc dans une large mesure les revenus de l'État. À Alger notamment, elle représentait la principale source de revenus pour l'économie.

---

18 Voir *British Piracy in the Golden Age : History and interpretation, 1660-1730*, Joel H. Baer editor, volume 1, p. XXV.

19 *Histoire des pirates et des corsaires. De l'Antiquité à nos jours*, Gilbert Buti et Philippe Hrodej (dir.), p. 236.

20 *Ibid.*, p. 238. Voir aussi Salvatore Bono, *Les corsaires en Méditerranée.*

Qu'en est-il du brigandage le long des côtes françaises et anglaises ? Louis XIV crée les « Conseils des prises » en 1676, tribunaux maritimes instruisant les prises de navires ennemis, et les installe dans quarante-deux « amirautés » correspondant aux principaux ports français de l'Ouest, dans les Flandres et le Nord, la Picardie, la Normandie, la Bretagne, le Poitou et la Guyenne. Il s'agit de faire appliquer la loi, c'est-à-dire pour l'essentiel l'Ordonnance royale de la Marine du 31 juillet 1681 qui codifie de façon complète les usages en matière de transports maritimes (marine marchande et vaisseaux privés armés en guerre). Selon l'Ordonnance royale, le corsaire agit avec l'autorisation de l'État en cas de conflit avec des puissances étrangères. Il remplit ainsi une fonction légale du point de vue du droit national et international. Le pirate, lui, opère pour son propre compte et il est hors-la-loi.

Les frontières semblent donc clairement établies entre piraterie et guerre de course. On lit pourtant dans cette même Ordonnance la définition suivante de la piraterie : « *Piraterie.* C'est le métier des Pirates, Corsaires & Voleurs de Mer, & de ceux qui font des Courses sur Mer, pour prendre, voler & emporter ce qu'ils peuvent prendre. La Piraterie est néanmoins permise en temps de guerre contre les Ennemis de l'État, & cela s'appelle armer en Guerre pour aller en Course[21] ». Voilà qui fait entrer dans le droit maritime une activité hors-la-loi et permet aux monarchies européennes comme aux Régences du Levant de rendre légitime une activité criminelle qui enrichit l'État. Selon l'*Histoire des pirates et des corsaires*, « La course mobilise une grande partie des gens de mer » parce qu'au XVIIe siècle tout au moins, elle peut rapporter d'importants bénéfices malgré les risques[22]. Il arrive d'ailleurs que des bateaux corsaires français s'associent à des bateaux de la Marine royale. En cas de prise, le roi reçoit dans ce cas un tiers du profit net. S'il s'agit de corsaires privés, les amirautés des ports français, c'est-à-dire les autorités portuaires, perçoivent 1/10e de la valeur des prises. Les navires corsaires sont ceux habituellement utilisés pour le commerce, qui conservent souvent le même capitaine. Ils ont la plupart du temps plusieurs armateurs qui sont des négociants du port d'origine plaçant

21 *Ordonnance de la Marine*, Livre Premier, Titre II « Des compétences des Juges de l'Amirauté », article X.

22 *Histoire des pirates et des corsaires. De l'Antiquité à nos jours*, Gilbert Buti et Philippe Hrodej (dir.), p. 203.

ainsi leurs capitaux. La guerre de course est aussi une guerre économique contre les autres puissances européennes. « Il faut se résoudre à faire la course », écrit Vauban qui voit là un moyen peu onéreux de faire la guerre, parce qu'il n'est pas à la charge du gouvernement, qu'il enrichit le royaume et forme de bons officiers[23].

« Sous le règne de Louis XIV, la course française devient la première d'Europe. [...] Plus de vingt ports y participent[24] », aux premiers rangs desquels on peut citer Dunkerque et Saint-Malo. Jean Bart, corsaire de Dunkerque, s'enrichit grâce à la course et entre en 1678 dans la marine royale. Les ports du Nord et du Pas-de-Calais arment pour la course de petits bateaux légers, rapides et maniables, jaugeant moins de 100 tonneaux, comme les « sloops », bateaux à un seul mât, les brigantins, petits navires de guerre à deux mâts, mais aussi des frégates et des flûtes, des navires marchands plus importants et comportant une douzaine de canons. Bien que l'activité de la course diminue dans l'Atlantique au XVIIIe siècle, elle redevient vivace en cas de conflit. Dès 1755, un an avant les débuts de la Guerre de Sept Ans, des amiraux anglais « s'emparent de 300 bateaux français – qui naviguaient dans la Manche, la mer du Nord et l'Atlantique – et de 6000 matelots et officiers qu'ils font prisonniers et emmènent sur les terribles pontons au sud de l'Angleterre[25] ». Grâce à ce véritable acte de piraterie décidé par la Monarchie anglaise, l'Angleterre exerce désormais une prééminence maritime en Europe. C'est seulement sous le ministère Choiseul, après la Guerre de Sept Ans, que la flotte française se reconstitue peu à peu. La course privée devient cependant moins rentable au cours du siècle, sauf aux colonies. C'est pourquoi Surcouf, le grand corsaire malouin, se tourne davantage dans les années 1780 vers les îles de l'Océan indien.

Il existe à la Bibliothèque Nationale de France dix-huit mémoires judiciaires, présentés par des avocats devant l'Amirauté des ports et relevant de la « guerre de course », qui ont été écrits entre 1706 et 1806. L'ensemble est quantitativement trop mince pour être représentatif de la période mais comme les mémoires, qui comportent en moyenne quatre à cinq pages, décrivent avec précision le sujet des litiges, ils donnent une

23 *Ibid.*, p. 204.

24 Patrick Villiers, *Pirates, corsaires et flibustiers*, Quentin, Éditions Jean-Paul Gisserot, 2018, p. 24.

25 *Histoire des pirates et des corsaires. De l'Antiquité à nos jours*, Gilbert Buti et Philippe Hrodej (dir.), p. 290.

assez bonne idée des pratiques maritimes au XVIIIe siècle. Ces mémoires comportent toujours, conformément à la loi, le nom de l'avocat, le(s) nom(s) de celui ou ceux qu'il défend, la description du litige et des circonstances, et à la fin les destinataires du mémoire, c'est-à-dire le Conseil des prises de l'amirauté du port où le bateau saisi est amené. Si tous ces mémoires judiciaires sont imprimés, c'est aussi pour mettre l'affaire sur la place publique et pouvoir éventuellement exercer une pression sur le Conseil des prises[26].

Les mémoires évoquent, pour une partie d'entre eux, des « prises » de navires qui interviennent en dehors des quatre grands conflits du XVIIIe siècle que sont la guerre de Succession d'Espagne (elle se termine en 1713), la guerre de Succession de Pologne (1740-1748) pendant laquelle l'Espagne et la France affrontent l'Angleterre et la Prusse, la Guerre de Sept ans (1756-1763) et la Guerre d'Amérique qui se déroule de 1775 à 1783. Comme le dit Pierre Berthiaume, le pillage constitue « le grand fléau de la course » et les corsaires, souvent, ne respectent pas la neutralité des navires, s'attaquant même aux vaisseaux alliés pendant les conflits, malgré la Grande Ordonnance de la Marine de 1681 : le roi dut en 1704 puis en 1712 publier de nouvelles Ordonnances « pour asseurer la navigation des Estats neutres & alliez pendant la guerre » de Succession d'Espagne][27]. En cas de prise injustifiée, les officiers de l'Amirauté du port vers lequel était acheminé le navire n'étaient pas toujours un recours fiable. Plusieurs mémoires judiciaires se plaignent, sans doute avec raison, de la partialité et de la lenteur de l'Amirauté pour émettre un jugement. Il arrivait d'ailleurs que certains de ses membres aient placé des capitaux dans les navires corsaires. Tout cela aboutit à la conclusion que « Les différentes formes de fraude qu'appelle la course témoignent de l'impossibilité de régir une pratique qui exclut, presque par définition, toute loi[28] ».

On a donc bel et bien affaire à des actes de piraterie, même si le terme est rarement utilisé dans ces textes. Les bateaux arraisonnés sont presque toujours des bateaux marchands, souvent « armés en guerre », c'est-à-dire pourvus de canons, dont la cargaison est l'objet de

26 Sur les mémoires judiciaires, voir Sarah Maza, *Vies privées, affaires publiques. Les causes célèbres de la France prérévolutionnaire*, Paris, Fayard, 1997.

27 Pierre Berthiaume, « L'ordre du désordre », *Les Tyrans de la mer. Pirates, corsaires et flibustiers*. Textes réunis par Sylvie Requemora et Sophie Linon-Chipon, p. 128.

28 *Ibid.*, p. 142-143.

la convoitise du corsaire/pirate. Par exemple, un mémoire est adressé en 1745 à l'Amirauté de Saint-Malo « pour Pierre Chauvet, capitaine du dogre *Le Saint-Louis* de l'Isle-Dieu (Île d'Yeu) contre le capitaine et les armateurs du corsaire *La Vestale* de Saint-Malo[29] » qui se sont emparés de la marchandise, ont vendu les « hardes » de l'équipage et le bateau lui-même. La cargaison du dogre[30] est pourtant légale, le capitaine ayant présenté un passeport du roi lui permettant d'aller vendre en Irlande « des vins et autres liqueurs » qu'il avait chargés à Bordeaux. Comme le dit l'avocat, M. de Serionne, « Depuis quand est-il permis aux Corsaires de s'emparer des Navires dont les papiers sont en règle ? ». Autre cas presque identique, la « prise du *Saint André* appartenant à André Forbes, bourgeois et habitant de Rotterdam », par le corsaire *L'aimable Grenot* de Granville. Ici aussi le corsaire fait main basse sur le vaisseau qui était chargé de « vin, eau de vie, liqueurs et autres marchandises » à destination de Saint-Eustache, une île des Caraïbes. Les corsaires ont aussi « brisé les coffres des gens de l'équipage, ont pillé tout ce qui y étoit, ont enlevé du tabac appartenant au Capitaine Harisson, & ont même déchiré & foulé aux pieds beaucoup des Papiers qui étoient dans les coffres des Matelots[31] ». Il était en effet courant de faire disparaître les traces d'un pillage, en détruisant « les documents qui donnaient des informations sur la cargaison et sur le navire[32] ».

Un an plus tôt, en 1744, Martin Mars, corsaire de Dunkerque, s'empare du navire *Le Saint Nicolas* d'Archangelsk. La prise est plus rustique puisque le bateau contenait du « suif, graines de lin, nattes, cire, grosses toiles, poil de cochon[33] ». Concernant cette cargaison qui appartenait à des « Négocians d'Archangel & d'Amsterdam », l'avocat s'en prend au « brigandage » et à l'« avarice » du corsaire et il conclut ainsi ce mémoire qui s'adresse au Conseil des prises de l'amirauté de Dunkerque : « C'est un attentat punissable commis contre le droit des gens. C'est rompre les nœuds de cette société primitive, qui lient les Nations, & les empêchent d'user de la liberté de mers, & de la navigation

29 *Mémoire pour Pierre Chauvet*, Paris, Veuve Knapen, 1745.

30 Le dogre est un voilier utilisé pour la pêche du hareng et du maquereau dans la Manche.

31 *A Son Altesse Serenissime Monseigneur le Duc de Penthièvre, amiral de France*, BnF, Fol-FM-6131.

32 Pierre Berthiaume, « L'ordre du désordre », *Les Tyrans de la mer. Pirates, corsaires et flibustiers*, p. 132.

33 *Mémoire pour Reinidzes, Maître sur le Navire Russien le Saint Nicolas*, rédigé par Maître Granet, Paris, D'Houry, 1744.

commune à tous les hommes[34] ». On reviendra sur « le droit des gens », notion importante à laquelle se réfèrent plusieurs de ces mémoires, et sur « cette société primitive », proche du droit naturel. Enfin, en 1762, trois négociants de Rotterdam, propriétaires du vaisseau *Le Maastrom*, font rédiger un mémoire contre « Balthazar Gaultier, armateur, et François Audibert, capitaine du corsaire *L'Aimable Thérèse*, de Marseille » qui n'ont pas respecté la neutralité des Provinces Unies dans le conflit qui oppose la France et l'Angleterre pendant la Guerre de Sept Ans, et se sont emparés du bateau[35]. Remarquons sans surprise que les principaux ports corsaires évoqués dans les mémoires sont Dunkerque et Saint Malo, tandis que le grand port marchand qui est au centre des échanges maritimes en Europe du Nord est Rotterdam, comme c'est encore le cas aujourd'hui. Il faut aussi souligner que les capitaines corsaires agissent presque toujours pour des armateurs et des négociants de leur ville. Loin d'être des actes de brigandage isolés, les saisies de navires français ou étrangers sont organisées au XVIIIe siècle par des armateurs de villes portuaires françaises, souvent associés, qui y trouvent évidemment une source de profit.

Les agissements des corsaires, tels qu'ils sont décrits dans ces mémoires, montrent que tous les coups sont permis et que leur mauvaise foi est sans limite (si l'on peut croire l'avocat de la partie adverse). Il arrive qu'un bateau corsaire vole sa proie à un rival moins rapide : ainsi en 1762, en pleine Guerre de Sept Ans, le capitaine et l'armateur du corsaire français *Le Franc-Maçon* de Cherbourg font rédiger un mémoire contre le capitaine du corsaire *Le Sans-Souci* de Dunkerque qui s'est emparé d'un navire marchand anglais qu'eux-mêmes pourchassaient.

Bien que les prises aient lieu en général au large des ports français de la Mer du Nord, de la Manche et de l'Atlantique, on quitte parfois ces eaux familières pour les Antilles ou l'Océan Indien. Un mémoire « pour Isaac Le Klerck, capitaine du senau[36] hollandais *Le Mercurius*, de Mildebourg en Zélande » est rédigé par l'avocat Maître Chery en 1762 contre « les sieurs Joseph Dufeau, armateur, et Jacques de Lastre, quartier-maître du Corsaire La Trompeuse et *Le Miquelet* », et adressé au Conseil des prises

34 *Ibid.*, p. 2.

35 *Précis pour Jacques Roquette, Adrien de Belledemuz, & autres Négocians de Rotterdam*, Paris, Knapen, 1762.

36 Le senau est un deux-mâts, gréé en voiles carrées, utilisé dans le commerce ou la marine de guerre.

de Fort-de-France à la Martinique. Il s'agit à nouveau du non-respect, pendant la Guerre de Sept Ans, de la neutralité de ce vaisseau hollandais (qui est un bateau négrier transportant plus de 285 esclaves). Comme le dit le mémoire, « le capitaine Le Klerck réclame les règles qui doivent s'observer dans la visite des Bâtiments neutres : elles ont été reçues chez toutes les Puissances par les Traités où on a en vûe la Sûreté du Commerce et de la Navigation. » Mais les deux vaisseaux corsaires ont fait pire : postés en embuscade dans l'embouchure du fleuve Surinam, c'est-à-dire dans des eaux territoriales hollandaises, ils ont hissé alternativement, de manière trompeuse, le pavillon anglais puis français, accueillant ensuite *Le Mercurius* à coups de canon. Ainsi que le dit l'avocat dans le mémoire judiciaire, « À ces violences, le capitaine Le Klerck ne douta plus qu'il n'eût affaire à des Pirates[37] » et il conclut ainsi : il s'agit d'« une violation du Droit des gens qui ne sçauroit être trop sévèrement réprimée[38] ».

La mauvaise foi n'est pas toujours du côté des corsaires. En 1762, un navire suédois, pourtant allié à la France, refuse d'amener les voiles au large de Saint-Jean de Luz, malgré la demande du capitaine corsaire français. Le capitaine suédois, Pierre Alberg, explique que le pavillon français était caché par la grand-voile, qu'il faisait nuit [il était en réalité six heures du soir, au début du mois d'octobre] et que la fumée des canons l'avait empêché de bien voir à qui il avait affaire[39] ! On terminera par le mémoire du sieur Labat, « Négociant & Armateur du Corsaire *La Palombe* à Bayonne » contre des négociants de Rotterdam qui ont fait charger à Falmouth en Angleterre « 750 barriques de sardines » destinées à Saint-Sébastien en Espagne. Le sieur Labat se saisit de la cargaison et les confisque, considérant que ces « sardines sont de pêche anglaise » et qu'il s'agit de concurrence illicite. Un mot enfin sur les noms des bateaux, poétiques et parfois trompeurs : des bateaux corsaires comme *Le Faucon* ou *Le chasseur* de Bayonne, *La Trompeuse* et la *Marie Tapage* aux Antilles annoncent ce qu'ils sont mais que dire de *L'Aimable Thérèse* et de *La Sardine* de Marseille, de *La Marquise de Tourny* de Bordeaux ou de *La Vestale* de Saint Malo et du *Sans-Souci* de Dunkerque ?

Si l'on se réfère au droit maritime tel qu'il existe pendant l'Ancien Régime, il faut reconnaître qu'il est loin de répondre avec clarté aux

37 *Mémoire pour Isaac Le Klerck*, Paris, Veuve Lamesle, rue Vieille Bouclerie, 1762, p. 2.
38 *Ibid.*, p. 26.
39 *Mémoire pour Jacobé La Roche*, Paris, J. Lamesle, 1762.

questions soulevées par les mémoires judiciaires : le pavillon national suffit-il pour protéger la marchandise, l'équipage et les passagers ou bien « un corsaire est-il en droit de prendre une cargaison ennemie sur un bateau ami ou neutre ? [...] Peut-il saisir des biens amis lorsqu'ils se trouvent sur des bateaux ennemis ? Et qu'en est-il du droit de visite, ces inspections que le corsaire mène sur les navires amis ou neutres ? Les réponses ne sont pas unifiées, y compris chez les théoriciens du droit des gens[40] ». Le droit des gens qu'évoquent plusieurs mémoires est une notion juridique importante qui vient du droit romain, le « jus gentium », mais dont la signification change au XVIIIe siècle. Pour l'historienne du droit Marie-France Renoux-Zagamé qui explique cette évolution par la naissance des États-nations aux XVIIe-XVIIIe siècles, le terme se rapproche au XVIIIe siècle de la notion de « droit international », alors que, dans le droit romain, il relève du droit naturel et de la généralité des institutions réglant la vie des hommes en société. « Lorsqu'il indique à son fils qu'il convient de distinguer, à côté du droit public et du droit privé, une troisième sorte de droit, "qui appartient en quelque manière au droit public" et "qu'on appelle le droit des gens", le chancelier d'Aguesseau ajoute qu'il faudrait "pour parler plus correctement", nommer cette partie "droit entre les nations", dans *Instructions sur les études propres à former un magistrat*, écrites pour son fils en 1716[41] ». Il existe dans l'*Encyclopédie* de Diderot un long article du juriste Boucher d'Argis sur le DROIT DES GENS qui date de 1755[42]. S'appuyant sur Grotius et surtout sur le *De jure naturae et gentium* de Pufendorf, Boucher d'Argis définit ainsi le Droit des gens : c'est « une jurisprudence que la raison naturelle a établie sur certaines matieres entre tous les hommes, & qui est observée chez toutes les nations » et un peu plus loin,

> Les différentes nations, quoique la plûpart divisées d'intérêt, sont convenues entre elles tacitement d'observer, tant en paix qu'en guerre, certaines regles de bienséance, d'humanité, & de justice : comme de ne point attenter à la personne des ambassadeurs, ou autres personnes envoyées pour faire des propositions de paix ou de treve ; de ne point empoisonner les fontaines ; de respecter les temples ; d'épargner les femmes, les vieillards, & les enfans : ces

40 *Histoire des pirates et des corsaires de l'Antiquité à nos jours*. Gilbert Buti et Philippe Hrodej (dir.), p. 245.

41 Marie-France Renoux-Zagamé, *Du droit de Dieu au droit de l'homme*, Paris, PUF, 2003, p. 19.

42 DROIT DES GENS, volume V.

> usages & plusieurs autres semblables, qui par succession de tems ont acquis force de loi, ont formé ce que l'on appelle droit des gens, ou droit commun aux divers peuples.

On comprend donc mieux à quoi font allusion les mémoires judiciaires quand ils se réfèrent au droit des gens : il s'agit des lois de la guerre, du respect de la neutralité des États au moment des conflits mais aussi, plus largement, de la manière de traiter autrui « avec bienséance, humanité et justice », qui relève du droit naturel.

On voit que pirates, corsaires et brigands nous entraînent au loin, non seulement dans des contrées exotiques mais dans des territoires juridiques qui ouvrent sur la modernité. Il en est de même en ce qui concerne la contrebande. Si les ordonnances royales qui la punissent sont à la fois extrêmement sévères et relèvent de l'ancien droit, les réflexions des hommes des Lumières à ce sujet posent des questions d'avenir sur le libre-échange des marchandises et la fiscalité. Dans le *Traité de justice criminelle de France* de Daniel Jousse qui fait autorité auprès des juristes du XVIIIe siècle et qui date de 1771[43], « On appelle *Contrebandiers*, ceux qui vendent & débitent du sel, du tabac, des toiles peintes, & autres marchandises prohibées en fraude, et contre les dispositions des Ordonnances du Royaume. » En application de la Déclaration du 2 août 1729 (article 1), la justice royale les condamne à mort et confisque leurs biens s'ils sont « au nombre de cinq au moins avec port d'armes », et aux galères pour cinq ans avec cent livres d'amende chacun,

> s'ils sont sans armes & en dessous du nombre de cinq. [...] À l'égard des femmes, [elles seront] condamnées au fouet, à la fleur-de-lys, au bannissement pour trois ans, & en cinq cent livres d'amende pour la première fois ; & en cas de récidive, au bannissement à perpétuité & mille livres d'amende ; ou à être renfermées pendant leur vie dans l'Hôpital ou maison de force la plus proche (*Ibid.*, art. 6)[44].

S'il s'avère que des commis des Fermes générales sont complices des contrebandiers, ils sont punis de mort. Enfin, complétant cet arsenal répressif par une mesure plus radicale encore, « l'article 6 de la Déclaration

43 Daniel Jousse, *Traité de justice criminelle de France*, Paris, Debure, 1771, tome III, titre XII, « Des contrebandiers, Faux-Sauniers, Faux-Tabatiers ; Vendeurs de Toiles peintes, Fraudeurs, &c. », p. 296.

44 *Ibid.*, p. 297.

du 12 juillet 1723 défend de faire aucunes poursuites contre les Commis, Brigadiers & Gardes aux entrées de la Ville & Faubourgs de Paris, qui auront tué les fraudeurs, ou complices, en leur faisant violence, ou rébellion ; & impose silence à cet égard aux Procureurs du Roi[45] ». La Déclaration royale de 1723 place ainsi les employés de la Ferme générale au-dessus des lois et leur permet de tuer fraudeurs et contrebandiers en toute impunité.

Or l'article détaillé de François Véron de Fortbonnais[46] sur CONTREBANDE dans l'*Encyclopédie* place la question sur un tout autre terrain. Selon Fortbonnais, « La contrebande est en général tout commerce qui se fait contre les lois d'un état. » et il ajoute :

> Dans tous les états d'une certaine étendue, il est presque impossible de déraciner la contrebande, si elle présente un profit considérable. Aussi a-t-on regardé par-tout la punition de ceux qui font usage des denrées prohibées, comme l'expédient le plus court & le plus simple pour faire périr ce ver rongeur. (je souligne) Les acheteurs sont en effet toûjours aussi coupables que les vendeurs, & leurs motifs sont en général encore plus honteux.

Fortbonnais ne met donc pas en cause, dans un premier temps, la législation punissant le délit de contrebande. Mais il s'inquiète ensuite des répercussions économiques induites par la situation de monopole de la Ferme générale, un mal auquel s'attaquent au fond les contrebandiers :

> Les droits se perçoivent dans la consommation intérieure, ou aux entrées des lieux où elle se fait, ou à l'entrée des provinces, ou enfin sur des denrées dont l'état s'est reservé le monopole. [...] La fraude sur les droits qui se perçoivent de province à province, est commune en raison du profit qu'elle donne à celui qui la fait ; & la barriere qu'il est absolument nécessaire d'établir

45 *Ibid.*, p. 299.

46 *Encyclopédie*, volume IV, 1754. François Véron de Fortbonnais est nommé inspecteur général des monnaies en 1756, puis il est placé en 1759 auprès d'Étienne de Silhouette, le nouveau contrôleur général des finances, pour participer aux réformes entreprises par ce ministre. Cependant il ne tarde pas à être écarté des affaires par les intrigues de Madame de Pompadour. En 1763, il est devenu simple conseiller au parlement de Metz. Il décide de se retirer en partie dans ses terres et de se consacrer à la composition de ses ouvrages. Il est pendant quelque temps le directeur du supplément intitulé *Journal de l'agriculture, du commerce et des finances* mais en 1767, publiant ses *Principes économiques*, Forbonnais affirme son opposition aux Physiocrates, tandis que François Quesnay produit un commentaire critique sur ses articles parus dans l'*Encyclopédie*. Sur François Véron de Fortbonnais, voir Michel Marion, *Histoire financière de la France depuis 1715*, Paris, 1914, tome I.

> contr'elle exige tant de dépenses, que ces sortes de droits ne rendent jamais le quart de ce qu'ils coûtent aux peuples. Mais leur plus grand inconvénient est d'arrêter la circulation intérieure & extérieure des denrées, & dès lors de nuire à l'occupation des sujets, à la population.

Fortbonnais fait partie des « économistes » des Lumières. Ses *Éléments du commerce* publiés en 1754 en font un personnage écouté qui inspirera un peu plus tard Quesnay et les physiocrates. Au moment où émergent la « science du commerce » et l'économie politique, au moment où se multiplient des journaux spécialisés comme le *Journal économique* (1751-1772), *Le Nouvelliste économique et littéraire*, le *Journal du commerce* (1759-1762), les philosophes s'interrogent sur les formes du gouvernement, la régulation de l'approvisionnement, les relations internationales. Le libéralisme économique prôné par les physiocrates et, en partie, par Fortbonnais est dans la continuité de la conquête des libertés demandée par les Lumières[47]. Pourtant Fortbonnais est un adepte d'une circulation des marchandises, tempérée par un interventionnisme modéré de l'État. C'est pourquoi il se sépare des physiocrates au moment des débats qui conduisent à la suppression provisoire de la police des grains et aux réformes libérales de 1763 et 1764. La contrebande pratiquée sous l'Ancien Régime conduit donc à s'interroger sur les failles de la Monarchie absolue, sur l'archaïsme et l'injustice de son système fiscal. En inondant le marché français de produits « détaxés », Mandrin et ses adeptes ouvrent la voie d'un libéralisme économique qui sera inscrit au XIXe siècle dans le cadre de la loi.

---

47 Voir sur ces questions Steven L. Kaplan, *Raisonner sur les blés. Essais sur les lumières économiques*, Paris, Fayard, 2017, p. 33-35.

LE DÉLIT ET LA PEINE DANS L'*ENCYCLOPÉDIE*

En Angleterre, dès la seconde moitié du XVIIe siècle, en France à partir des années 1720 et de l'affaire Cartouche, les feuilles et biographies criminelles se multiplient. S'y ajoutent des recueils de cas judiciaires, le *Newgate Calendar* et les *last-dying speeches* mais aussi le recueil de *Causes célèbres* de François Gayot de Pitaval qui paraît de 1739 à 1750. Après les années 1750, l'inflation de textes judiciaires de part et d'autre de la Manche devient spectaculaire. La publication en Italie de l'ouvrage de Beccaria en 1764, *Des délits et des peines*, provoque chez les philosophes des Lumières une onde de choc et suscite de nombreux débats sur le fonctionnement de la justice et sur la rigueur des châtiments[1]. Cependant, comme la traduction en français de l'ouvrage de Beccaria date de 1765 et que les derniers volumes de textes de l'*Encyclopédie* paraissent la même année, il faut conclure que la pensée de Beccaria, loin d'avoir exercé une influence sur celle-ci, est fille de l'*Encyclopédie*, même si elle la radicalise.

Dans le « Système figuré des connaissances humaines » qui se trouve dans le Discours préliminaire de l'*Encyclopédie* de d'Alembert, la notion de droit apparaît sous le nom de « Science des Loix, ou Jurisprudence ». C'est une branche particulière de la « morale » issue de la « science de l'homme » qui est elle-même un sous-ensemble de la grande catégorie appelée « Philosophie » dépendant de la « Raison ». On voit donc d'emblée que la science des lois relève de la morale et s'éloigne définitivement de l'histoire ou de la théologie. À partir de 1753, les deux principaux contributeurs de l'*Encyclopédie* concernant les articles sur le droit sont Antoine-Gaspard Boucher d'Argis et le chevalier Louis de Jaucourt.

1 Voir *Beccaria et la culture juridique des Lumières*, Michel Porret éd., Genève, Droz, 1997 et Michel Porret, « Cesare Beccaria : le temps du libéralisme pénal », *L'Avenir des Lumières / The Future of Enlightenment*, Lise Andries et Marc André Bernier (dir.), Paris, Hermann, 2019, p. 201-220.

Boucher d'Argis est le fils d'un avocat au Parlement de Paris. Il est conseiller au Tribunal du Châtelet, et l'auteur de nombreux traités de jurisprudence, parmi lesquels on trouve la nouvelle édition du *Recueil des principales questions de droit* de Barthélemy-Joseph Bretonnier. C'est aussi un esprit éclairé, un ami de Turgot et de Malesherbes. Le chevalier de Jaucourt, qui a étudié la théologie protestante à l'Académie de Genève, est membre de l'Académie des Sciences de Bordeaux et, à partir de 1765, de la Royal Society. C'est surtout le principal contributeur de l'*Encyclopédie*, l'auteur à lui seul de 18.000 articles, que Diderot appelait « l'esclave de l'*Encyclopédie* ». Voltaire disait du chevalier de Jaucourt : « Vous ne sauriez croire combien il me fait aimer sa belle âme et combien je m'instruis avec lui[2] ».

Si Boucher d'Argis rédige avant tout des articles techniques et descriptifs, Jaucourt veut contribuer, lui, à la réforme du système judiciaire, « une mission dont il se sent investi[3] ». Pour ce faire, il met en cause la culture juridique de son temps, fondée sur l'absolutisme de droit divin, en choisissant pour référence essentielle *De l'Esprit des lois* de Montesquieu. Mais il ne reprend pas à son compte le relativisme juridique de Montesquieu, préférant construire un ordre juridique à valeur universelle[4]. Avec Boucher d'Argis et Jaucourt dont les articles se complètent plutôt qu'ils ne se contredisent, on assiste à « deux manières de penser le droit : celle des juristes, attentifs à l'histoire, à la réalité et à la diversité des lois ; et celle des philosophes et des moralistes, moins soucieux de ce qui est légal que de ce qui est légitime[5] ».

À lire les grands articles de l'*Encyclopédie* consacrés au droit, DROIT NATUREL, LOI, CRIME, PEINE, QUESTION, VOL[6], on s'aperçoit que le principal domaine juridique qui va déclencher les foudres des opposants à l'entreprise des philosophes est le droit pénal, et non le droit civil. C'est que le droit pénal pose la question du droit de vie et de mort octroyé aux magistrats sur les coupables, ainsi que celle de la souffrance des corps

2 Correspondance de Voltaire. Lettre à Charles Léopold Chazel, avril-mai 1770. Cité par Luigi Deglia, *Droit et philosophie à la lumière de l'Encyclopédie*, Oxford, Voltaire Foundation, 2015, note 36, p. 113.

3 Luigi Deglia, *Droit et philosophie à la lumière de l'Encyclopédie*, Oxford, Voltaire Foundation, 2015, p. 3 et 5.

4 *Ibid.*

5 *Ibid.*, p. 2.

6 Je me suis servi, pour lire ces articles, de l'excellente Édition Numérique Collaborative et Critique de l'*Encyclopédie* (ENCCRE) mise à disposition sur internet.

torturés et suppliciés pour des fautes commises à l'égard de Dieu. En critiquant le système criminel de l'Ancien Régime, Jaucourt mais aussi Diderot s'attaquent à des magistrats puissants et à des juristes qui sont des hommes d'influence, alors que Boucher d'Argis se cantonne dans des articles techniques de jurisconsulte. Deux sont des criminalistes célèbres, Daniel Jousse qui publie en 1753 un *Nouveau commentaire sur l'ordonnance criminelle du mois d'août 1670. Avec un abrégé de la justice criminelle*[7], ouvrage technique d'une grande clarté qui devint au XVIIIe siècle un outil de référence, et Pierre-François Muyart de Vouglans, conseiller au Grand Conseil du Roi. Muyart de Vouglans, qui est beaucoup plus réactionnaire que Daniel Jousse et dont l'œuvre a eu nettement moins d'influence que celle de son prédécesseur[8], est l'auteur de deux recueils de lois criminelles, l'un en 1757[9] et l'autre en 1780 sous le titre *Les loix criminelles de la France dans leur ordre naturel*. Il publie par ailleurs en 1767 une *Réfutation des Principes hasardés dans le* Traité des délits et des peines[10], ainsi qu'une *Lettre sur le système de l'auteur de l'Esprit des Loix touchant la modération des peines*, deux ouvrages violents et polémiques. Proche de ce dernier juriste, on trouve aussi Joseph Omer Joly de Fleury, président à mortier du Parlement de Paris, qui fera interdire l'*Encyclopédie* en 1759. Celui dont Voltaire disait qu'il n'était ni Homère, ni joli, ni fleuri, est un des plus farouches adversaires des philosophes. Pour ces hommes, le système judiciaire français repose sur l'absolutisme monarchique de droit divin : le pouvoir d'exercer la justice a été conféré par Dieu au roi de France qui en délègue une partie aux magistrats (le roi conserve le droit de grâce). Les magistrats se considèrent donc comme des représentants de Dieu et du roi dans l'exercice de leurs fonctions. Il découle de ce système un certain nombre de conséquences en ce qui concerne le droit criminel. Les peines ne sont pas destinées à aider le coupable à s'amender mais à lui faire expier ses pêchés. Elles ne visent pas à améliorer la société mais à en extirper les corps malades. Le texte

7 Daniel Jousse, *Nouveau commentaire sur l'ordonnance criminelle du mois d'août 1670. Avec un abrégé de la justice criminelle*, Paris, Debure, 1753.

8 Voir André Laingui et Arlette Lebigre, *Histoire du droit pénal*, Paris, Cujas, 1979, tome I, p. 17.

9 Pierre-François Muyart de Vouglans, *Institutes au droit criminel, ou Principes généraux en ces matières, suivant le droit civil, canonique, et la jurisprudence du royaume [...] avec un traité particulier des crimes*, Paris, Le Breton, 1757.

10 Pierre-François Muyart de Vouglans, *Réfutation des principes hasardés dans le* Traité des délits et peines, déjà cité.

de référence pour Daniel Jousse comme pour Muyart de Vouglans est l'Ordonnance criminelle de 1670 voulue par Louis XIV et mise en œuvre par Colbert, qui fait de la question ou torture judiciaire l'une des étapes de la reconnaissance de la culpabilité. Selon Daniel Jousse, « On a toujours regardé l'ordonnance criminelle de 1670 comme l'une des plus belles qui ayent paru dans le Royaume[11] ». Cette Ordonnance criminelle est une référence juridique majeure pendant l'Ancien Régime, dans la mesure où elle unifie les lois du royaume et permet d'établir une procédure dite inquisitoire, confiée à un juge d'instruction. En France, le droit pénal est encore aujourd'hui partiellement régi par cette procédure.

On comprend combien les principes et les valeurs auxquels s'attachent Jaucourt et Diderot dans l'*Encyclopédie* sont en totale opposition avec ce système, qu'il s'agisse de la torture judiciaire, des supplices publics ou de la peine de mort. Pour Muyart de Vouglans, « Ne vouloir réformer les Loix que pour en adoucir la rigueur, c'est vouloir dénaturer absolument notre Législation criminelle ; puisqu'un pareil adoucissement (surtout dans un siècle aussi corrompu que le nôtre) serviroit moins de frein que d'encouragement au crime[12] ». C'est ce que Michel Porret appelle « une pédagogie de l'effroi[13] », conception archaïque, religieuse et punitive qui n'a rien de commun avec celle des encyclopédistes.

L'article CRIME, largement traité dans le volume IV de l'*Encyclopédie* (1754), comporte un premier article, écrit par d'Alembert, qui établit une différence lexicale entre crime, faute, péché, délit et forfait. À sa suite, un long article du chevalier de Jaucourt, classé sous le désignant « Droit naturel », définit quatre « classes » de crimes : contre la religion, contre les mœurs, contre la tranquillité et contre la sûreté des citoyens. « Les crimes de la quatrième classe » sont, dit Jaucourt, « ceux qui troublant la tranquillité, attaquent en même tems la sûreté des citoyens : tels sont le rapt, le viol, le meurtre, l'assassinat, l'empoisonnement, &c. » Pour Jaucourt, s'appuyant sur *De l'Esprit*

---

11 Daniel Jousse, *Nouveau commentaire sur l'ordonnance criminelle du mois d'août 1670*, Avertissement, p. I.

12 Muyart de Vouglans, *Lettre sur le système de l'auteur de l'*Esprit des Loix *touchant la modération des peines*, Bruxelles et Paris, Durand et Belin, 1785, p. 26.

13 Voir Michel Porret, « Pierre-François Muyart de Vouglans, *Lettre sur le système de l'auteur de L'Esprit des lois touchant la Modération des Peines* », *Revue Montesquieu* Numéro 1, Genève, Droz, 1997, p. 71.

des lois, ces crimes doivent être punis de mort (il s'en faut pourtant de beaucoup dans la pratique judiciaire pour que le viol et le rapt soient vraiment punis de mort, surtout quand ils sont commis par des membres de l'aristocratie). Déjà cet article s'interroge sur la légitimité de la torture : « La sévérité des supplices n'est pas le moyen le plus efficace pour arrêter le cours des crimes. »

Onze ans plus tard, en 1765, l'article QUESTION[14], est beaucoup plus incisif. Un premier article descriptif et historique de Boucher d'Argis, qui ne met pas en cause la torture judiciaire mais reconnaît qu'« en Angleterre, l'usage de la question est inconnu », distingue la « question préparatoire », destinée à faire avouer sa culpabilité à celui qui la subit, et la « question préalable » pour obtenir le nom de ses complices. Un second article signé par le chevalier de Jaucourt sur QUESTION (*procédure criminelle*) se porte, lui, sur un tout autre terrain : « On vient de lire des détails instructifs pour des juges criminels », écrit Jaucourt ; « mais puisqu'il n'est point défendu d'examiner les matieres les plus délicates du droit, nous profiterons de ce privilege en suivant l'exemple de plusieurs savans & citoyens, qui de tout tems ont osé exposer les inconvéniens qu'ils croyoient appercevoir dans la pratique de la question, ou pour mieux parler de la torture. » C'est ici raisonner en philosophe et prendre pour interlocuteurs non pas les spécialistes du droit mais les « savants » et surtout les « citoyens », et même l'humanité tout entière, au nom de la raison, de la justice et de la sensibilité. Se livrant à une attaque argumentée contre la torture, Jaucourt poursuit ainsi son discours : « Indépendamment de la voix de l'humanité, la question ne remplit point le but auquel elle est destinée. Que dis-je, c'est une invention sûre pour perdre un innocent, qui a la complexion foible & délicate, & sauver un coupable qui est né robuste. » Il s'adresse directement au roi, laissant volontairement de côté les magistrats, en lui demandant de réformer cette procédure cruelle : « La soumission des sujets demande bien qu'on obéisse aux magistrats, mais non pas qu'on les croie infaillibles, & qu'entre deux usages, ils n'aient pû embrasser le pire. C'est pour cela qu'il est permis de représenter avec respect les abus, afin d'éclairer le souverain, & de le porter par sa religion & par sa justice, à les réformer. » Dans l'article CRIME, Jaucourt énonce aussi cette règle qui est toujours d'actualité : « Un principe qu'on ne peut

14 *Encyclopédie*, volume XIII, 1765.

trop répéter, est que dans le jugement des *crimes*, il vaut mieux risquer de laisser échapper un criminel, que de punir un innocent. »

Bien que Jaucourt ne mette pas en cause la peine de mort contrairement à Beccaria, on est là en totale résonance avec *Des délits et des peines*. De Beccaria, Muyart de Vouglans disait avec mépris que ce « disciple obscur de la Philosophie qui ose s'ériger en Précepteur du genre humain », voulait abolir la torture et la peine de mort et considérait que « le crime n'est que la violation du Pacte social[15] ». Muyart de Vouglans s'est également attaqué à *De l'Esprit des lois* de Montesquieu dont il considère à juste titre qu'il est à l'origine des critiques du système judiciaire par « nos philosophes modernes[16] ». Daniel Jousse s'insurge lui aussi, mais de manière beaucoup plus modérée que son contemporain Muyart de Vouglans, contre l'idée d'abolir la torture : « L'usage de la question a prévalu chez la plupart des nations, surtout en Europe ; & l'on peut même autoriser cet usage pour de bonnes raisons, fondée non seulement sur l'intérêt public, mais encore sur l'équité[17] ».

Même s'il ne partage pas le conservatisme de ces deux criminalistes et l'intolérance de Muyart de Vouglans, il est certain que les conceptions de Boucher d'Argis sont en décalage dès les premiers volumes avec celles de Diderot ou du chevalier de Jaucourt. Pour Boucher d'Argis comme pour la plupart des magistrats et des juristes du temps, l'exercice de la justice est d'essence divine. Comme le rappelle Marie-France Renoux-Zagamé à propos des magistrats des XVIIe et XVIIIe siècles, « L'idée qu'ils tiennent leur office à la fois du Roi et de Dieu est une constante du discours des juges[18] ». Jaucourt et Diderot au contraire donnent à la loi, qui pour eux relève du « droit naturel », un fondement purement humain et laïc. Dans l'article LOI (*Droit naturel, moral, divin & humain*)[19], Jaucourt souligne la dimension humaine de la législation et la place centrale de l'homme, inspiré par la raison, dans le système des lois :

---

15 Pierre-François Muyart de Vouglans, *Réfutation des principes hasardés dans le* Traité des délits et peines, p. 22 et p. 9.

16 Muyart de Vouglans, *Lettre sur le système de l'auteur de « l'Esprit des loix », touchant la modération des peines*, Bruxelles et Paris, Durand et Belin, 1785. Sur Muyart de Vouglans, voir Michel Porret, « "Les lois doivent tendre à la rigueur plutôt qu'à l'indulgence". Muyart de Vouglans *versus* Montesquieu », *Revue Montesquieu* N° 1, Genève, Droz, 1997, p. 65-76.

17 Daniel Jousse, *Traité de justice criminelle de France*, Paris, Debure, 1771, tome II, p. 476.

18 Marie-France Renoux-Zagamé, *Du droit de Dieu au droit de l'homme*, Paris, PUF, 2003, p. 203.

19 *Encyclopédie*, volume IX, 1765.

« La loi en général est la raison humaine, en tant qu'elle gouverne tous les peuples de la terre ; et les lois politiques & civiles de chaque nation ne doivent être que les divers cas particuliers où s'applique cette raison humaine. » Aucune référence à Dieu non plus dans l'article DROIT NATUREL de Diderot qui fixe les règles d'une morale laïque dans la conduite des hommes :

> C'est à la volonté générale que l'individu doit s'adresser pour savoir jusqu'où il doit être homme, citoyen, sujet, pere, enfant, & quand il lui convient de vivre ou de mourir. C'est à elle à fixer les limites de tous les devoirs. Vous avez le droit naturel le plus sacré à tout ce qui ne vous est point contesté par l'espece entiere. C'est elle qui vous éclairera sur la nature de vos pensées & de vos desirs. Tout ce que vous concevrez, tout ce que vous méditerez, sera bon, grand, élevé, sublime, s'il est de l'intérêt général & commun. Il n'y a de qualité essentielle à votre espece, que celle que vous exigez dans tous vos semblables pour votre bonheur & pour le leur.

À l'article POLICE (*Jurisprudence*)[20], Boucher d'Argis, qui se réfère au *Traité de la police* du commissaire Delamare[21], insiste à nouveau sur la dimension religieuse de la justice royale et de la répression :

> Les François ont conservé le même ordre que les Romains ; ils ont comme eux établi différens magistrats pour maintenir une bonne police dans le royaume, & en particulier dans chaque ville. Mais au lieu que les payens se proposoient pour premier objet de la police, la conservation de la vie naturelle, les premiers empereurs chrétiens, & nos rois après eux, ont rapporté le premier objet de la police à la religion.

et plus loin : « Les fonctions de la police par rapport à la religion, consistent à ne rien souffrir qui lui soit préjudiciable, comme d'écarter toutes les fausses religions & pratiques superstitieuses ; faire rendre aux lieux saints le respect qui leur est dû ; faire observer exactement les dimanches & les fêtes » etc. L'hérésie comme le blasphème relèvent donc de la bonne police du royaume.

Leur système de références constitue une autre différence profonde entre les deux contributeurs : alors que Jaucourt cite les philosophes du droit comme Pufendorf et Grotius et surtout Montesquieu, Boucher

---

20 *Encyclopédie*, volume XII, 1765.

21 Nicolas Delamare, *Traité de la police*, Paris, J. et P. Cot, 1705-1710, 2 volumes. Sur Delamare, voir Nicole Dyonet, *Nicolas Delamare, théoricien de la police*, Paris, Classiques Garnier, 2017.

d'Argis s'appuie sur le droit romain, toujours appliqué au XVIIIe siècle dans la législation française, et sur la grande ordonnance criminelle de 1670. Il ne faut cependant pas réduire Boucher d'Argis à un simple technicien de la chose juridique. Dans l'article LOI (*jurisprudence*), il a cette belle profession de foi encyclopédiste : « La première de toutes les *lois*, est celle de la nature, les premiers hommes vivoient selon cette loi naturelle, qui n'est autre qu'un rayon de lumière & un principe de la droite raison que Dieu a donné aux hommes pour se conduire, & qui leur fait apercevoir les règles communes de la justice et de l'équité. »

Peut-on parler d'une évolution de la manière de penser le droit et la peine dans l'*Encyclopédie*, au fur et à mesure de la parution des volumes, y compris chez Jaucourt lui-même ? Il me semble que oui. À propos de la question, et de la torture judiciaire, il est clair que la position de Jaucourt évolue. Dans son article CRIME (*droit naturel*) qui date de 1754, Jaucourt considère encore que « Quelquefois pour produire plus d'effet, [le souverain] doit ajoûter à la peine de la mort que peut exiger l'atrocité du *crime*, l'appareil public le plus propre à faire impression sur l'esprit du peuple qu'il gouverne. » et dans l'article DÉFENSE DE SOI-MÊME paru en 1754, où il prend soin de distinguer ce qu'il appelle l'état de nature où l'on se fait justice soi-même et la « société civile » qui est la nôtre, Jaucourt justifie qu'en l'absence d'un magistrat ou d'un policier, l'on puisse recourir à « la force ouverte » pour se défendre : « C'est pour cette raison qu'il est permis de tuer un corsaire, un voleur de nuit ou de grand chemin[22] ». Mais il s'agit après tout d'une situation de légitime défense, avec circonstances atténuantes.

L'article PEINE de Jaucourt, paru en 1765, donc dix ans plus tard, annonce, lui, un net changement d'attitude à propos des voleurs de grand chemin que la loi condamne à la peine capitale : « C'est un grand mal parmi nous de faire subir la même peine à celui qui vole sur un grand chemin, & à celui qui vole & assassine. Il est visible que pour la sûreté publique il faudroit mettre quelque différence dans la peine. » Ce sont d'ailleurs les articles VOL et VOLEUR parus dans le dernier volume de l'*Encyclopédie* en 1765 qui témoignent le mieux de l'évolution des idées de Jaucourt et d'autres contributeurs de l'*Encyclopédie*. Dans l'article VOL (*Droit naturel*), Jaucourt décrit le vol comme l'

22 C'est moi qui souligne.

> Action de prendre le bien d'autrui malgré le propriétaire à qui seules les lois donnent le droit d'en disposer. Comme cette action est contraire au bien public, soit dans l'état de nature, soit dans l'état civil, tout voleur mérite d'être puni ; mais cette punition doit être réglée suivant la nature du vol, les circonstances & la qualité du voleur ; c'est pour cela qu'on punit plus sévérement le vol domestique, le vol à main armée, le vol de nuit que le vol de jour. Il paroit que le simple vol ne doit pas mériter la peine de mort[23].

Mais c'est surtout l'article VOLEUR *(Droit civil)* dont les auteurs sont successivement Jaucourt, le marquis de Marnesia et M. de Montlovier qui témoigne le mieux d'un changement significatif d'attitude. Jaucourt évoque d'abord le vol dans une perspective historique en remontant à l'Antiquité et en insistant sur la diversité des châtiments : « Le voleur est puni différemment chez les divers peuples de l'Europe », écrit-il. Il cite en particulier Lacédémone où les enfants étaient encouragés à voler pour mieux développer leur agilité et leur hardiesse. Cet exemple est tiré de *De l'esprit des lois* dans lequel Montesquieu rappelle qu'à Lacédémone, « On exerçoit les enfants au larcin ; et l'on ne punissoit que ceux qui se laissoient surprendre en flagrant délit[24] ». La relativité des mœurs est donc un premier argument en faveur d'un adoucissement des peines pour les voleurs. Jaucourt critique ensuite le système pénal français dont il souligne l'injustice :

> Parmi nous, les voleurs souffrent une peine capitale, & cette peine n'est pas juste. Les voleurs, qui ne tuent pas, ne méritent point la mort, parce qu'il n'y a aucune proportion entre un effet quelquefois très modique qu'ils auront dérobé, & la vie qu'on leur ôte. On les sacrifie, dit-on, à la sûreté publique. Employez-les comme forçats à des travaux utiles : la perte de leur liberté, plus ou moins long-tems, les punira assez rigoureusement de leur faute, assurera suffisamment la tranquillité publique, tournera en même tems au bien de l'état, et vous éviterez le reproche d'une injuste inhumanité.

Morale utilitariste qui peut choquer aujourd'hui mais qui va dans le sens d'une amélioration de l'individu et de l'affirmation du lien social, tel que le concevaient les philosophes des Lumières. À l'article PEINE, Jaucourt disait aussi : « En général, il est certain que le souverain ne doit jamais punir qu'en vûe de quelque utilité. [...] En un mot, la souveraineté est fondée en dernier ressort, sur une puissance bienfaisante »

23 C'est moi qui souligne.
24 Montesquieu, *De l'esprit des lois*, réédition, Paris, Veuve Dabo, 1824, tome 3, p. 361.

puis, citant Grotius, « Le bien public est le grand but des *peines*. Dans les punitions, on a en vûe ou le bien du coupable même, ou l'avantage de celui qui avoit intérêt que le crime ne fût pas commis, ou l'utilité de tous généralement. » L'article VOLEUR du *Dictionnaire universel* de Trévoux de 1771 se garde bien, lui, de mettre en cause la sévérité des châtiments. Rappelons que Daniel Jousse, dans son *Nouveau commentaire sur l'ordonnance criminelle du mois d'août 1670* paru en 1763[25] considère le vol sur les grands chemins comme un crime de lèse-majesté passible de la peine de mort.

Dans l'article VOLEUR, Jaucourt entame un véritable plaidoyer destiné à disculper en partie les voleurs, dont le ton est bien plus véhément que dans ses autres articles, CRIME, LOI et PEINE, publiés dans des volumes antérieurs de l'*Encyclopédie* : « Mais il a plû aux hommes de regarder un voleur comme un homme impardonnable, par la raison sans doute que l'argent est le dieu du monde, & qu'on n'a communément rien de plus cher après la vie que l'intérêt. » La suite de l'article est d'abord du marquis de Marnesia, capitaine dans les armées du roi, qui s'insurge contre les soldats s'adonnant au brigandage dans les campagnes, qu'il appelle « maraudeurs ». Mais le ton qu'il emploie est loin d'être celui du magistrat ou du censeur. Marnesia en appelle à la sensibilité des soldats :

> Qu'ils se peignent la situation cruelle où se trouvent réduits les infortunés habitans des campagnes ruinées par la guerre ; que leur imagination les transporte dans ces maisons dévastées que le chaume couvroit, & que le désespoir habite ; ils y verront l'empreinte de la plus affreuse misere, leurs cœurs seront émus par les larmes d'une famille que les contributions ont jettée dans l'état le plus déplorable.

C'est aussi à la sensibilité de ses lecteurs que s'adresse Cesare Beccaria dans *Des délits et des peines*, ce qui lui vaut la remarque ironique de Muyart de Vouglans : il s'agit, dit le Traducteur, d'« exciter dans les cœurs ce doux frémissement par lequel les âmes sensibles répondent à la voix du défenseur de l'humanité. [...] Je me pique de sensibilité comme un autre ; mais sans doute que je n'ai point l'organisation des fibres aussi déliée que celle de nos criminalistes modernes, car je n'ai

25 Daniel Jousse, *Nouveau commentaire sur l'ordonnance criminelle du mois d'août 1670*, Paris, Debure Père, 1763, p. XXI.

pas ressenti ce doux frémissement dont ils parlent[26] ». Quant au texte de Montlovier, « gendarme de la garde du roi » qui évoque les soldats déserteurs (devenus voleurs), il va plus loin encore. Pour lui, la désertion s'explique par « la dureté avec laquelle on les traite, la misere des camps, le libertinage, le changement perpétuel de nouvel exercice, le changement de vie & de discipline. » Citant l'armée romaine comme modèle, Montlovier considère que la solution est d'avoir une armée issue du peuple qui apprendra « aux citoyens à être bons & vertueux » et non une armée de mercenaires. Les révolutionnaires s'en souviendront.

Dans l'article PEINE, Jaucourt ne conteste nullement le droit de punir, sans lequel aucune société ne peut fonctionner : « Le souverain est non seulement en droit, mais encore il est obligé de punir le crime. » Mais Jaucourt souhaite l'adoucir et en bannir les supplices. Citant *De l'Esprit des lois*, il voit en effet dans le recours aux supplices la marque des régimes tyranniques qui se fondent sur la terreur pour être obéis. Mais il y a plus. À l'article AUTORITÉ POLITIQUE[27], Diderot déclare : « Aucun homme n'a reçû de la nature le droit de commander aux autres. La liberté est un présent du ciel, & chaque individu de la même espece a le droit d'en joüir aussi-tôt qu'il joüit de la raison. » Concédant que Dieu est « un maître supérieur au dessus de tout, à qui seul [l'homme] appartient tout entier », Diderot fait du prince un homme comme les autres dont l'autorité repose sur un « contrat » ou sur le « consentement » de ses sujets :

> Le prince tient de ses sujets mêmes l'autorité qu'il a sur eux ; & cette autorité est bornée par les lois de la nature & de l'état. Les lois de la nature & de l'état sont les conditions sous lesquelles ils se sont soûmis, ou sont censés s'être soûmis à son gouvernement. L'une de ces conditions est que n'ayant de pouvoir & d'autorité sur eux que par leur choix & de leur consentement, il ne peut jamais employer cette autorité pour casser l'acte ou le contrat par lequel elle lui a été déférée : il agiroit dès-lors contre lui-même, puisque son autorité ne peut subsister que par le titre qui l'a établie.

Tout ceci montre à quel point les articles de droit des encyclopédistes s'éloignent des conceptions des hommes politiques et des juristes de leur temps, et provoquent leur opposition. Non seulement Dieu devient une instance lointaine dont le lien avec le souverain se délite, mais ce

26 Muyart de Vouglans, *Réfutation des principes hasardés dans le* Traité des délits et peines, p. 5.
27 *Encyclopédie*, volume I, 1751.

dernier ne tire la légitimité de son autorité que grâce au contrat social qui l'unit aux citoyens, contrat social défini par Diderot en 1751, au moment même où Jean-Jacques Rousseau écrit *Du contrat social.* Pour Marie-France Renoux-Zagamé, historienne du droit, « Si on considère, tant les structures du passé, que les structures politiques et sociales antérieures à l'irruption de la modernité, tout semble interdire de parler de droits de l'homme » et elle ajoute, « Le droit n'est pas affirmation et reconnaissance d'une liberté antérieure à tout lien social, il traduit au contraire l'existence première de ce lien, et la soumission de l'individu à l'égard du collectif. [...] En un sens, les droits des particuliers ne font qu'un avec les droits de l'État[28] ». Ceci me paraît valable pour la période antérieure aux années 1750. Mais l'*Encyclopédie* est précisément une époque de basculement et d'irruption de la modernité qui, en plaçant l'homme au cœur du débat, révolutionne la manière de penser la relation entre le droit naturel, la loi qui repose sur le droit naturel et le droit du souverain. La notion de liberté individuelle évolue, elle aussi, de façon fondamentale. À l'article PEINE, Jaucourt déclare : « Il seroit aisé de prouver que dans tous ou presque tous les états d'Europe, les peines ont diminué ou augmenté à mesure que l'on s'est rapproché ou éloigné de la liberté. » Finalement ce sont les encyclopédistes et Beccaria qui triomphent de criminalistes comme Jousse ou Muyart de Vouglans puisque Louis XVI supprime la question préparatoire en 1780 et la question préalable en 1788. Il est vrai que le recours à la question était alors largement tombé en désuétude et que Louis XVI ne faisait qu'entériner la pratique réelle des magistrats. Quant à « l'arbitraire » des magistrats, critiqué par Beccaria dans son *Traité des délits et des peines,* il répond plus à un souci de modération, selon Boucher d'Argis, qu'à l'exercice tyrannique de l'autorité judiciaire. La définition qu'en donne Boucher d'Argis dans l'article CRIME en témoigne :

> À l'égard des peines, on dit communément qu'elles sont arbitraires en France ; ce qui ne signifie pas que les juges puissent prononcer des peines qui ne sont point décernées par la loi contre le crime dont il s'agit, ils ne peuvent au contraire prononcer contre chaque crime une peine plus grave que celle qui est établie par la loi : ainsi ils ne peuvent condamner à mort dans un cas où il n'y a point de loi qui prononce la peine de mort ; mais l'application des peines plus ou moins rigoureuses est arbitraire, c'est-à-dire qu'elle dépend

28 Marie-France Renoux-Zagamé, *Du droit de Dieu au droit de l'homme*, p. 16.

> des circonstances & de la prudence du juge, lequel peut absoudre ou infliger une peine plus legere, s'il ne croit pas que l'accusé soit précisément dans le cas d'une peine plus rigoureuse.

Voyons maintenant quel sort est fait aux brigands, pirates et hors-la-loi dans l'*Encyclopédie.* L'article BRIGAND *(Histoire moderne)*, dont l'auteur est curieusement le théologien Edme-François Mallet, reprend la définition du dictionnaire de Furetière, revue par le *Dictionnaire* de Trévoux, qui donne pour origine au mot la fausse étymologie de brigandine, une « sorte de cote d'armes ». L'article est platement descriptif : le brigand est un « vagabond qui court les campagnes pour piller & voler les passans. On donne quelquefois ce nom aux soldats mal disciplinés qui desolent les pays où ils font des courses, & qui n'attendent point l'ennemi pour le combattre. Ainsi les Hordes des Tartares, & ces pelotons d'Arabes qui insultent les voyageurs dans le Levant, ne sont que des troupes de brigands. » Plus intéressant est l'article PIRATE *(Marine)* de Jaucourt[29] :

> On donne ce nom à des bandits, qui, maîtres d'un vaisseau, vont sur mer attaquer les vaisseaux marchands pour les piller & les voler. Ils se retirent pour l'ordinaire dans des endroits écartés & peu fréquentés, où ils puissent être à l'abri de la punition qu'ils méritent. On aura de la peine à croire que la *piraterie* ait été honorable, & l'emploi des Grecs & des Barbares, c'est-à-dire, des autres peuples qui cherchoient des établissemens fixes, & les moyens de subsister.

Jaucourt semble donc condamner la piraterie. Il en fait pourtant un portrait ambigu, citant Thucydide et Plutarque :

> Il faut avouer que de la maniere dont Plutarque nous décrit la vie des corsaires, il n'est pas surprenant que des personnes riches, & même d'une famille illustre, aient pris leur parti. Leurs vaisseaux étoient magnifiques, l'or & la pourpre y éclatoient de toutes parts, leurs rames mêmes étoient argentées ; & s'étant rendus maîtres d'une partie de la côte maritime, ils descendoient pour se reposer, & tâchoient de se dédommager de leurs fatigues par toutes sortes de débauches. On n'entendoit, dit Plutarque, tout le long de la côte que des concerts de voix & d'instrumens ; & ils soutenoient les dépenses qu'ils faisoient, par les grosses rançons qu'ils exigeoient des personnes & des villes, & même par le pillage des temples.

29 *Encyclopédie*, volume XII, 1765.

Riches, mélomanes et voluptueux, ces brigands des mers que dépeint l'histoire ancienne ne sont pas sans attraits.

Cependant les plus séduisants des hors-la-loi restent sans conteste ceux qui proviennent du Nouveau Monde. Boucaniers et flibustiers font rêver certains des contributeurs de l'*Encyclopédie*. L'article FLIBUSTIERS (*Histoire marine*) est de Bellin, ingénieur hydrographe du ministère de la Marine, auteur de cartes de l'Amérique et membre de l'Académie des Sciences. Son article nous apprend qu'« on donne ce nom aux corsaires ou avanturiers des îles de l'Amérique, qui s'associerent pour courir les mers & les côtes de l'Amérique, & faire la guerre aux Espagnols. » Les articles ARMES BOUCANIERES, « on appelle ainsi les fusils dont se servent les chasseurs des îles, & principalement ceux de Saint-Domingue », et BOUCANIER (*Histoire moderne*)[30], dont les auteurs sont Diderot et Mallet, complètent le tableau :

> Boucanier « est le nom que l'on donne dans les Indes occidentales à certains sauvages qui font fumer leur viande sur une grille de bois de Bresil placée à une certaine hauteur du feu, qu'on appelle boucan. Oexmelin de qui nous tenons ces faits, ajoûte qu'il y a des habitans qui envoyent dans ces lieux leurs engagés[31] lorsqu'ils sont malades, afin qu'en mangeant de la viande boucanée ils puissent recouvrer la santé.

et plus loin, « En certaines occasions ces boucaniers se joignent aux troupes réglées dans les colonies, & servent aux expéditions militaires ; car il y en a parmi toutes les nations européennes qui ont des établissemens en Amérique. »

Diderot a donc lu l'*Histoire des aventuriers flibustiers* d'Exquemelin, publiée en 1678, qui décrit les mœurs et aventures des pirates des Antilles. Dans l'*Histoire des deux Indes*, on peut lire un portrait particulièrement flatteur des flibustiers dans le chapitre 10 du livre X, sous le titre « Les Flibustiers désolent les mers d'Amérique : origine, mœurs, expéditions, décadence de ces corsaires. » Parlant du « principe qui mettait en activité ces hommes extraordinaires et romanesques », Diderot, auquel est attribué une partie de ce chapitre[32], en fait de véritables héros de la révolte et de la liberté :

30 *Encyclopédie*, volume II, 1752.

31 Sur les « engagés », voir la note 36 du chapitre 5.

32 Voir Muriel Brot, « Les brigands de l'*Histoire des deux Indes* : le mot et la chose », *Cartouche, Mandrin et autres brigands du XVIIIe siècle*, Lise Andries (dir.), p. 370.

> Le ressort de la liberté comprimé dans les ames depuis des siècles eut une activité incroyable, & produisit les plus terribles phénomènes qu'on ait encore vu en morale. [...] La fidélité, la probité, le désintéressement, la générosité même qu'ils pratiquoient entre eux, n'empêchoient pas les outrages qu'ils faisoient tous les jours à l'humanité. Mais comment ne pas admirer au milieu de ces forfaits, une foule d'actions héroïques qui auroient fait honneur aux peuples les plus vertueux[33] ?

Le Nouveau Monde incarne pour Diderot « un monde sauvage et libre[34] », donnant toute leur place aux hommes d'énergie que sont les flibustiers. Il énumère ensuite leurs exploits et souligne leur courage. C'est peut-être lui qui mentionne le contrat signé avant chaque expédition par les pirates pour un partage équitable du butin, contrat qu'Exquemelin appelle la « chasse-partie » (voir le chapitre 4 de ce livre) : « Les premières distributions étoient toujours pour ceux qui avoient été mutilés dans les combats. La perte d'une main, d'un bras, d'un pied se payoit deux cens écus. Pour un œil ou pour un doigt, on ne recevoit que la moitié de cette somme » et il conclut : [C'était] « la société la plus singulière qui eût jamais existé. Sans systême, sans loix, sans subordination, sans moyens, elle devint l'étonnement de son siècle, comme elle le sera de la postérité. Elle auroit subjugué l'Amérique entière, si elle avoit eu l'esprit de conquête comme elle avoit celui de brigandage[35] ».

Voltaire partage, lui aussi, cette admiration pour les bandits du Nouveau Monde. Dans *l'Essai sur les mœurs* qui s'inspire également d'Exquemelin, il écrit : « Le nom qu'ils prirent alors fut celui de *frères de la Côte.* Ils s'entassaient dans un misérable canot qu'un coup de canon ou de vent aurait brisé, et allaient à l'abordage des plus gros vaisseaux espagnols, dont quelquefois ils se rendaient maîtres. Point d'autres lois parmi eux que celle du partage égal des dépouilles ; point d'autre religion que la naturelle, de laquelle encore ils s'écartaient monstrueusement[36] » et un peu plus loin, « Si ces aventuriers avaient pu se réunir sous un chef, ils auraient fondé une puissance considérable en Amérique. Ce n'était, à la

33 *Histoire des deux Indes*, J. L. Pellet, 1780 ; Livre X, chapitre 10, p. 315-316. Voir aussi Muriel Brot, « Les brigands de l'*Histoire des deux Indes* : le mot et la chose », *Cartouche, Mandrin et autres brigands du* XVIIIe *siècle*, Lise Andries (dir.).

34 Michel Delon, *L'idée d'énergie au tournant des Lumières 1770-1820*, p. 456.

35 *Histoire des deux Indes*, J. L. Pellet, 1780 ; Livre X, chapitre 10, p. 312.

36 Voltaire, « Essai sur les mœurs » dans *Œuvres complètes*, Paris, Garnier, 1878, tome 12, chapitre 152, « Des îles françaises et des flibustiers », p. 414.

vérité, qu'une troupe de voleurs : mais qu'ont été tous les conquérants[37] ? » et il ajoute, « Les gouvernements de France et d'Angleterre cessèrent de les protéger quand on n'eut plus besoin d'eux; enfin il ne reste de ces héros du brigandage que leur nom et le souvenir de leur valeur et de leurs cruautés. » Diderot, dans l'*Histoire des deux Indes*, partage avec Voltaire le sentiment que les flibustiers ont été utilisés avec cynisme par les puissances coloniales pour peupler et coloniser les îles des Antilles et la côte américaine. Une fois ces territoires conquis, on envoya la flotte de guerre pour pourchasser les flibustiers. L'*Histoire des deux Indes* évoque également deux autres formes de brigandage qui continuent, elles, de s'exercer en toute impunité au XVIIIe siècle, celle exercée par les grandes Compagnies de commerce maritime aux dépens des colonies et celle des « traitants », c'est-à-dire les fermiers généraux de France[38].

Ces comparaisons entre un banditisme des hors-la-loi et un banditisme d'État sont intéressantes. Elles reprennent le vieux thème, récurrent depuis l'Antiquité, du rapprochement entre la vie des brigands et celle des conquérants, celle d'Alexandre le Grand en particulier[39]. Exquemelin lui-même écrit au début de l'*Histoire des aventuriers flibustiers* : « Pour revenir à ceux qui prennent pour roman tout ce qu'ils lisent avec surprise, que diraient-ils si on leur rapportait les expéditions d'Alexandre ? On ne doit pas trouver la comparaison étrange car enfin Alexandre, tout Alexandre qu'il était, était-il autre chose qu'un aventurier[40] ? » On peut évoquer aussi le poème burlesque de Ragot de Grandval, « Le vice puni ou Cartouche », dans lequel Cartouche voit chez une vieille sorcière dans un miroir liquide ses prédécesseurs, les grands voleurs : Alexandre, César, Sylla, Attila, Bajazet, Barberousse, Cromwell « et tous ceux qui jadis ont ravagé la terre. »

Ces mises en parallèle donnent lieu à des réflexions politiques et critiques qui se développent tout au long du XVIIIe siècle. Le *Testament politique de Louis Mandrin, généralissime des troupes de contrebandiers*, ouvrage anonyme publié en 1756 et attribué à Ange Goudar, fait par exemple du

---

37 *Ibid.*, p. 416.

38 Voir Muriel Brot, « Les brigands de l'*Histoire des deux Indes* : le mot et la chose », *Cartouche, Mandrin et autres brigands du XVIIIe siècle*, Lise Andries (dir.).

39 Voir en particulier Cicéron, *Paradoxes stoïciens* IV.

40 Real Ouellet et Patrick Villiers, introduction, Alexandre-Olivier Exquemelin, *Histoire des aventuriers flibustiers*. Établissement du texte, glossaire et index par Real Ouellet. Introduction et notes par Real Ouellet et Patrick Villiers, p. 249.

brigand Louis Mandrin le porte-parole de ceux qui veulent réformer le système fiscal et la Ferme générale. En Angleterre, Henry Fielding écrit en 1743 *The Life and Death of Jonathan Wild, the Great* qui lui permet, en racontant l'histoire du brigand anglais Jonathan Wild, de mettre en cause la corruption de la haute société londonienne. Le rapprochement entre conquérants et brigands est également une thématique largement développée par les philosophes des Lumières après les années 1750. Helvétius dans *De l'Esprit* rapproche Cartouche et Cromwell qui, pour lui, ne présentent pas de différence sur le plan politique et moral. Sur le rapprochement entre Cartouche et Cromwell, Rousseau écrit en 1751 dans *Observations sur la Réponse qui a été faite à son Discours :* « On aurait pu raisonnablement tenter la conversion de Cartouche, jamais un homme sage n'eût entrepris celle de Cromwell[41] ». Au fond, pour Jean-Jacques Rousseau, le simple chef de brigands vaut mieux que le grand homme machiavélique. Enfin, dans l'édition de 1780 de l'*Histoire des deux Indes*, la description de l'organisation sociale des flibustiers, toute désordonnée qu'elle soit, « sans systême, sans loix, sans subordination, sans moyens », ressemble à une critique ouverte de la monarchie. Telle une république idéale, elle pratique l'égalité et la justice entre ses membres, retrouvant là avec beaucoup plus de force le thème de la république pirate de Libertalia.

41 Passage cité par Jacques Berchtold dans sa contribution très documentée sur ce sujet, « Rousseau et Cartouche », *Cartouche, Mandrin et autres brigands du* XVIII*e* *siècle*, Lise Andries (dir.), p. 345.

BIBLIOGRAPHIE GÉNÉRALE

ARCHIVES

Les archives judiciaires que j'ai utilisées proviennent de trois sources :

Archives du Musée de la Préfecture de police, série A Ancien Régime AA 4, 5, 6, 7)

Archives Nationales, série ADIII (3 à 9), soit plusieurs milliers de documents de la collection constituée au XVIIIe siècle par Thomas-Simon Gueullette, substitut du procureur du tribunal du Châtelet et regroupant des pièces liées aux affaires criminelles, actes du Parlement de Paris, brochures, chansons, gravures, manuscrits de Gueullette.

Archives de la Bastille, *Prisonniers. Dossiers individuels et documents biographiques*, année 1713, Ms 10606-10607-10608.

OUVRAGES DES XVIIe-XVIIIe SIÈCLES

BROCHURES DE COLPORTAGE

An account of the Conduct and Proceeding of the late John Gow alias Smith, Captain of the late Pirates, London, Printed and Sold by John Applebee, Blackfryers, 1725.

A Narrative of all the Robberies, Escapes etc. of John Sheppard, London, Applebee's Original Weekly Journal, 1724.

A story of all the thefts, escapes etc. of John Sheppard, London, John Applebee, Black-Fryers, 1724.

A true tale of Robin Hood, London, E. Midwinter, London Bridge, s.d.

Attaque de la diligence de Laval en plein jour, par vingt brigands armés de fusils à deux coups, de pistolets et de poignards, Paris, Garson, s.d.

Calendar of the Prisoners at the Chelmsford Summer Assizes for the County of Essex Holden on Monday, Aug. 13, 1810. All found guilty and sentenced to be executed This (Saturday) morning, London, Printed and sold by Jennings, N° 13, Water-lane, Fleet-street.

Cheating sollicitor cheated : being a true & perfect relation of the life and death of Richard Farr with an exact character of his wench, Mrs Eleanor Chadwick, The, London, printed for T. J., 1665.

Cruel et sanglant assassinat commis par Mme Doineau, maîtresse voiturière et marchande de vin à l'étape de Versailles, Le, s.l., 1709, Archives Nationales.

Détail de l'horrible assassinat d'une famille entière arrivé cette nuit à Clignancourt, près Montmartre, Paris, Imprimerie patriotique, s.d.

Dialogue entre Louis Capet, d'Angremont, Laporte et Mirabeau aux Enfers, Paris, Impr. de Milscent-Créole, s. d.

English Gusman or the history of that unparallel'd thief James Hind, The, London, St Paul's Churchyard, 1652.

Grand pyrate : or, the life and death of Cap. George Cusack, the great sea-robber With an account of all his notorious robberies both at sea and land. Together with his trial, condemnation and execution. Taken by an impartial hand, The, London, Jonathan Edwin at the Sign of the Three Roses in Ludgate-Street, 1676.

Jugement souverain qui a condamné à la roue Louis Mandrin. 24 mai 1755. Archives Nationales.

Histoire de la vie et du procès de Louis-Dominique Cartouche, et de plusieurs de ses complices, Amsterdam, Gertrude de Ruyter, 1738.

Histoire de la vie et du procès du fameux Louis-Dominique Cartouche, et plusieurs de ses complices, Troyes, Baudot, s.d. [XIXe siècle]

History of Moll Flanders, who was born in Newgate, and during a life of continued variety for threescore years, was twelve years a whore, five times a wife, whereof once to her own brother, twelve years a thief, was eighteen times in Bridewell […], twenty-five times in Newgate, fifteen times whipt at the Carts Arse, four times burnt in the hand, once condemned for life, eight years a transported felon to Virginia. At last grew rich and liv'd honest, and died penitent, *The*, London, E. Midwinter, London Bridge, 21 p., s.d.

History of the life & death of that noted highwayman Mr. William Nevison. The, Nottingham, Burbage and Stretton [1801].

Jackson's Recantation or the life and death of the notorious highwayman now hanging in chains at Hampstead delivered to a Friend, a little before execution, London, printed for T. B., 1674.

Kent Gaol Calendar for the Summer Assizes At Maidstone, On Monday, the 24th of July, 1820 Before The Right Honourable Sir Charles Abbott, Knt., Chief Justice of the Court of King's Bench, And Sir George Wood, Knt. One of the Barons of the Court of Exchequer ; Sir Thomas Dyke, Bart. High Sheriff.

King of Pirates being an Account of the Famous Enterprises of Captain Henry Every the Mock King of Madagascar [...] *In Two Letters from himself, The*, London, Printed for A. Bettesworth, Pater-Noster Row, 1720.

Lawyers Clarke trappaned by the crafty whore of Canterbury. Or a true relation of the whole life of Mary Mauders, The, London, printed for J. Johnson, 1663.

Lettres amoureuses de la dame Lescombat et du sieur Mongeot, ou l'histoire de leurs criminelles amours, Troyes, Veuve Garnier, s.d.

Lettre d'un François à un Anglois [sur Madame Lescombat], Paris, 1er juillet 1755, Archives Nationales.

Life and death of colonel James Turner, the grant pyrate, The, London, 1663.

Life and death of Margaret Sullivan Burnt at a stake, in the Old Bailey, on Wednesday the 25th of June, for counterfeiting the silver coin of this realm, The, s.l.n.d.

Life and death of Mary Frith, commonly called Moll Cutpurse, The, London, Gilbertson, 1662.

Memoirs of Monsieur Du Vall containing the history of his life and death, The, London, H. Brome, 1670.

Memoirs of the life and time of the famous Jonathan Wild [by Alexander Smith], London, S. Briscoe, 1726.

Messager boîteux de Bâle pour 1723, Bâle, Jean Conrad de Mechel.

Messager boîteux pour 1736, Bâle, J. H. Decker.

Messager boîteux pour 1737, Bâle, Vve Jean Conrad de Méchel.

Ordinary of Newgate, dying words of the pyrate who was executed at Execution-Dock on Wednesday the 20th of December 1738, The, London, John Applebee, 1738-1739.

Ordinary of Newgate. His account of the Behaviour, Confession, and Last Speech of Capt. Alexander Dolzell, A Pirate, The, London, J. Morfew, 1715.

Précis de la vie de Louis Mandrin, chef de contrebandiers, s.l.n.d., Archives Nationales.

Relation de la prise d'un fameux Voleur de Beaune en Bourgogne, nommé Belhomme, qui tuoit, assassinoit, & bruloit ensuite les Passans dans des Fourneaux et qui s'est fait redouter « comme un second Cartouche », Paris, Impr. de Debats, rüe des Noyers, 1731, Archives Nationales.

Sadler's Memoirs or the history of the life and death of that famous thief Thomas Sadler Executed at Tyburn on Friday the sixteenth of march 1677, With Allowance Ro. L'Estrange, P. Brooksby, in Westsmithfield, 1677.

Sentence de mort, Paris, Coignard, 29 September 1728.

THOMPSON G., *Newgate Calendar containing the lives of the most notorious characters*, London, J. S. Pratt, 1842.

Trials of all the felon prisoners Tried, Cast, and condemned, At Justice Hall, in the Old Bailey, The, Sold at N° 42, Long-Lane [1794].

True and authentic trials of all the felon prisoners Tried, Cast, and condemned, At Justice Hall, in the Old Bailey, The, Printed and sold in London, [1797].

Tryals of Captain John Rackam and other Pirates, The, Jamaica, Robert Baldwin, 1711.

Whole life and death of long Meg of Westminster, The, London, T. Norris, London Bridge [circa 1711].

Witty rogue arraigned or the history of the incomparable thief Richard Hainam, The, London, printed for E. S. & are to be sold at the Greyhound in St Pauls'churchyard, 1656.

MÉMOIRES

A Son Altesse Serenissime Monseigneur le Duc de Penthièvre, amiral de France, Paris, Veuve Knapen, 1744.

Mémoire pour Isaac Le Klerck, Paris, Veuve Lamesle, rue Vieille Bouclerie, 1762.

Mémoire pour Jacobé La Roche, Paris, J. Lamesle, 1762.

Mémoire pour Pierre Chauvet, Paris, Veuve Knapen, 1745.

Mémoire pour Reinidzes, Maître sur le Navire Russien le Saint Nicolas, rédigé par Maître Granet, Paris, D'Houry, 1744.

Précis pour Jacques Roquette, Adrien de Belledemuz, & autres Négocians de Rotterdam, Paris, Knapen, 1762.

OUVRAGES

BALZAC, Honoré (de), *La femme de trente ans*, Paris, Gallimard, Folio, 2016 [1842].

BERTHOD, *Le tracas de Paris*, s.l.n.d.

BOULLAULT, C., *Les brigands de la Vendée.* Opéra-vaudeville en deux actes, mêlé de combats et incendies. Représenté au Théâtre des Variétés amusantes, Boulevard du Temple le 3 octobre 1793, l'an 2e de la République, Paris, citoyenne Toubon, 1793.

BURKE, Edmund, *Recherche philosophique sur l'origine de nos idées du sublime et du beau*, Paris, Vrin, 1990 [1757].

CAPTAIN SMITH, *A compleat history of the lives and robberies of the most noted highwaymen*, London, J. Morphew and A. Dodd, 1714.

Cartouche ou Les voleurs : comédie, 1721 / Marc-Antoine Legrand. L'opéra du gueux : 1728 / John Gay ; trad. française de A. Hallam, 1750, édition établie et présentée par Christian BIET ; avec la collaboration de Martial POIRSON et Romain JOBEZ, Vijon, Lampsaque, 2004.

CHALLE, Robert, *Les Illustres Françaises*, présentation et notes par Frédéric Deloffre et Jacques Cormier, Genève, Droz, 1991.

CHALLE, Robert, *Les Illustres Françaises*, présentation et notes par Jacques CORMIER et Frédéric DELOFFRE, Paris, Le Livre de Poche, 1996.

Corsaire, Le, comédie en vers et en trois actes. Mise en musique par M. d'Alayrac. Paroles de La Chabeaussière, Paris et Bruxelles, Gambier, 1787.

DANICAN, Auguste, *Les Brigands démasqués ou Mémoire pour servir à l'histoire du temps present*, Londres, Baylis, 1796.

DEFOE, Daniel, *Colonel Jack* (1722).

DEFOE, Daniel, *Moll Flanders* (1722).

DEFOE, Daniel, *Lady Roxana* (1724).

DELAMARE, Nicolas, *Traité de la police*, Paris, J. et P. Cot ; M. Brunet ; J. F. Hérissant, 1705-1738, 4 volumes.

DIDEROT, Denis, *Les deux amis de Bourbonne* [1770] ; *Entretiens d'un père avec ses enfants, ou Du danger de se mettre au-dessus des lois*, [1771] dans *Contes et romans*. Édition publiée sous la direction de Michel DELON avec la collaboration de Jean-Christophe ABRAMOVICI, Henri LAFON et Stéphane PUJOL, Paris, Gallimard, Bibliothèque de la Pléiade, 2004.

EXQUEMELIN, Alexandre-Olivier, *Histoire des aventuriers flibustiers*. Établissement du texte, glossaire et index par Real OUELLET. Introduction et notes par Real OUELLET et Patrick VILLIERS, Paris, PUPS, 2005. [1679]

FIELDING, Henry, *Jonathan Wild*, edited by David NOKES, London, Penguin, 1982. [1743]

FIELDING, Henry, *Tom Jones*, New York-London, Norton and Company, 1973. [1749]

FOREST, Michel, *Chroniques d'un bourgeois de Valence au temps de Mandrin*. Introduction et notes par Roger CANAC, Grenoble, Presses universitaires de Grenoble, 1980.

Fraternity of vacabondes by John Awdeley ; A caveat of warening for common cursetors vulgarely called vacabondes ; the ground worke of conny-catching, The. Edited by E. VILLES and F. J. FURNIVALL, London, 1869.

GAY, John, *The Beggar's Opera as it is acted at the Theatre-Royal in Lincolns-Inn-Fields*, Edinburgh, David Paterson, 1773.

GAY, John, *L'Opéra du gueux*. Introduction de Pierre MICHON, Paris, Aubier, 1983.

Histoire générale des plus fameux pirates, Michel LE BRIS éd., Paris, Payot, 1992, 2 tomes.

Honnête Corsaire ou La femme vendue, L', Amsterdam et Paris, chez les Marchands de Nouveautés, 1782.

HUGO, Victor, *Notre-Dame de Paris*, Paris, J. Hetzel et A. Lacroix, 1865. [1831]

JOHNSON, Charles, *A General History of the Robberies and Murders of the most notorious Pyrates*, London, Charles Rivington, 1724 ; *A General History of the Pyrates*, London, T. Warner, 1724 ; *A General History of the Pyrates*, London, T. Woodward, 1728, 2 volumes.

JOUSSE, Daniel, *Nouveau commentaire sur l'ordonnance criminelle du mois d'août 1670*, Paris, Debure Père, 1763.

JOUSSE, Daniel, *Traité de la justice criminelle de France*, Paris, Debure, 1771, 4 tomes.

LA MARTELIÈRE, *Robert, chef de brigands*, drame en cinq actes, imité de l'allemand, 1792, s.l.

LA MARTELIÈRE, *Robert, chef de brigands*, Paris, Maradan, 1793.

LECLAIR, P., *Histoire des brigands, chauffeurs et assassins d'Orgères*, Chartres, imprimerie de Lacombe, an VII. Le texte a été réédité à Paris, Éditions la Bibliothèque, 2006.

LESAGE, A. R., *Histoire de Gil Blas de Santillane*, Livres I à VI, Paris, Flammarion, 2008. [1715]

LIENDON, *Discours et résumés dans l'affaire d'Orgères*, Paris, le Livre d'Histoire, 2010. [an VIII]

LOAISEL DE TRÉOGATE, Joseph-Marie, *La forêt périlleuse, ou les brigands de la Calabre*, Marseille, J. Massy, 1798.

MERCIER, Louis-Sébastien, *Tableau de Paris*. Édition établie sous la direction de Jean-Claude Bonnet, Paris, Mercure de France, 1994, 2 tomes. [1781-1788]

MERCIER, Louis-Sébastien, *Parallèle de Paris et de Londres*. Éd. Claude BRUNETEAU et Bernard COTTERET, Paris, Didier, 1982. [1781]

MURALT, Béat-Louis de, *Lettres sur les Anglois et les François*, s.l., 1725.

MUYART DE VOUGLANS, Pierre-François, *Institutes au droit criminel, ou Principes généraux en ces matières, suivant le droit civil, canonique, et la jurisprudence du royaume [...] avec un traité particulier des crimes*, Paris, Le Breton, 1757.

MUYART DE VOUGLANS, Pierre-François, *Réfutation des principes hasardés dans le* Traité des délits et peines, Lausanne & Paris, Desaint, 1767.

MUYART DE VOUGLANS, *Lettre sur le système de l'auteur de l'*Esprit des Loix *touchant la modération des peines*, Bruxelles et Paris, Durand et Belin, 1785.

NARDOUET (comtesse du), *Les brigands des Pyramides, ou le mystérieux Dom Ténébros*, Paris, Pigoreau, 1819.

Pièces de la procédure criminelle tenue contre les accusés dans l'affaire d'Orgères, Chartres, Labalte et Durand, Imprimeurs du Département et du Tribunal criminel d'Eure et Loir, an VIII, 3 tomes.

PIGANIOL DE LA FORCE, Jean-Aymar, *Description historique de la ville de Paris*, Paris, Théodore Legras, 1742.

PIXERÉCOURT, Guilbert (de), *La forêt de Sicile, drame lyrique en deux actes et en prose*, Paris, Barba, an VI.

PIXERÉCOURT, Guilbert (de), *Victor, ou l'enfant de la forêt*, mélodrame en trois actes, Paris, Barba, 1803.

Pour et contre, Le, Nos 1-60, édition de Steve LARKIN, Oxford, The Voltaire Foundation, 1993, 2 volumes.

PRÉVOST D'EXILES, Antoine, *Mémoires et aventures d'un homme de qualité qui s'est retiré du monde*, Paris, Veuve Delaulne, 1729. [1728-1731]

PRÉVOST D'EXILES, Antoine, *Mémoires et aventures d'un homme de qualité*, Paris, Desjonquères, 1995. Préface de Jean SGARD.

PRÉVOST D'EXILES, Antoine, *Histoire du chevalier des Grieux et de Manon Lescaut*, Paris, Gallimard, Folio, 2008. Édition de Frédéric DELOFFRE et Raymond PICARD. [1731]

PRÉVOST D'EXILES, Antoine, *Cleveland*. Édition présentée, établie et annotée par Jean SGARD et Philippe STEWART, Paris, Desjonquères, 2006. [1731-1739]

PRÉVOST D'EXILES, Antoine, *Histoire de Marguerite d'Anjou*, Amsterdam, 1784. [1740]

RAVENEAU DE LUSSAN, Jacques, *Journal de voyage fait à la mer de Sud avec les flibustiers de l'Amérique*, Paris, J. B. Coignard, 1689.

RAYNAL (abbé), *Histoire des deux Indes*, Genève, J. L. Pellet, 1780, tomes VIII à X.

ROSSET, François (de), *Histoires tragiques de notre temps ou sont contenues les morts funestes et lamentables de plusieurs personnes arrivees par leurs ambitions, vols, rapines et par autres accidents divers et mémorables*, Cambrai, Jean de la Rivière, 1614.

SADE (marquis de), « Idée sur les romans », *Les Crimes de l'amour*, Paris, Gallimard, Folio, 1987, texte établi et présenté par Michel DELON. [1799]

SADE (marquis de), *Œuvres*, Paris, Gallimard, Bibliothèque de La Pléiade, 1990, Édition établie par Michel DELON.

SADE (marquis de), *Justine ou Les malheurs de la vertu*, Paris, Livre de poche, 1973. [1791]

SCHILLER, Friedrich, *Œuvres complètes*, tome I, *Les Brigands*, Paris, Ladvocat, 1821. [1781]

SCHILLER, Friedrich, *Œuvres complètes*, tome II, *La conjuration de Fiesque*, Paris, Ladvocat, 1821. [1783]

STENDHAL, *Lamiel*, Paris, Gallimard, Folio Classique, 1983 [1842].

SWIFT, Jonathan, *Travels into several Remote Nations of the World. In four parts. By Lemuel Gulliver, first a surgeon, and then a captain of several ships*, Oxford, Oxford University Press, 2008. [1721]

VOLTAIRE, *Essai sur les mœurs et l'esprit des nations*, Paris, Antoine-Augustin Renouard, 1819. [1756]

Voyages and adventures of Capt. Barth. Sharp and others in the South Sea being a journal of the same : also Capt. Van Horn with his buccanieres surprizing of la Veracruz : to which is added the true relation of Sir Henry Morgan his expedition against the Spaniards in the West-Indies and his taking Panama, The, printed by B. W. and S. T., sold by Walter Davis in Amen-Corner, 1684 [écrit par Philip Ayres].

OUVRAGES CRITIQUES

OUVRAGES GÉNÉRAUX

BANCART-MAËNEN, Florence, *Le Roman de formation au XVIIIe siècle*, Paris, Armand Colin, 1998.

BENABOU, Erica-Marie, *La prostitution et la police des mœurs au XVIIIe siècle*, Paris, Perrin, 1987.

BERCHTOLD, Jacques, PORRET, Michel, *Être riche au siècle de Voltaire*, Genève, 1996.

CABANTOUS, Alain, *Histoire de la nuit : XVIIe-XVIIIe siècle*, Paris, Fayard, 2009.

CORBIN, Alain, *Le Miasme et la jonquille*, Paris, Flammarion, 1986.

DELATTRE, Simone, *Les douze heures noires. La nuit à Paris au XIXe siècle*, Paris, Albin Michel, 2000.

COMECHE, Martinez, *Le bandit et son image au Siècle d'Or*, Actes du colloque international de Madrid, 1989, Publications de la Casa Velasquez, 1991.

DELEUZE, Gilles, *Entretiens avec Claire Parnet*, Paris, Flammarion, 1996.

DELON, Michel, *L'idée d'énergie au tournant des Lumières 1770-1820*, Paris, PUF, 1988.

EGMOND, Florike, *Underworlds. Organized crime in the Netherlands 1650-1800*, Cambridge, Polity Press, 1993.

FARGE, Arlette, *La vie fragile : Violence, pouvoirs et solidarités à Paris au XVIIIe siècle*, Paris, Hachette, 1986 ; *Effusion et tourment. Le récit des corps*, Paris, Odile Jacob, 2007.

FARGE, Arlette, *Dire et mal dire. L'opinion publique au XVIIIe siècle*, Paris, Seuil, 1992.

FARGE, Arlette, « Familles. L'honneur et le secret », *Histoire de la vie privée*, Paris, Seuil, vol. 3.

FARGE, Arlette et FOUCAULT, Michel éd., *Le Désordre des familles : lettres de cachet des archives de la Bastille au XVIII siècle*, Paris, Gallimard, 1982.

FARGE, Arlette et REVEL, Jacques, *Logiques de la foule. L'affaire des enlèvements d'enfants Paris, 1750*, Paris, Hachette, 1988.

FERRAND, Nathalie, *Livre et lecture dans les romans français du XVIIIe siècle*, Paris, PUF, 2002.

FOUCAULT, Michel, *Surveiller et punir : naissance de la prison*, Paris, Gallimard, 1975.

GEVREY, Françoise, *L'illusion et ses procédés. De « La Princesse de Clèves » aux « Illustres françaises »*, Paris, José Corti, 1988.

HOBSBAWM, E. J., *Les Primitifs de la révolte dans l'Europe moderne*, Paris, Fayard, 1966 [*Primitive rebels. Studies in the Archaic Forms of Social Movement in the 19th and 20th centuries*, 1959] ; *Les bandits*, Paris, la Découverte, 1999. [1969]

KALIFA, Dominique, *L'encre et le sang. Récits de crimes et société à la Belle Époque*, Paris, Fayard, 1995 ; « Usages du faux. Faits divers et romans criminels au XIXe siècle », *Annales E.S.C.*, N° 4, novembre-décembre 1999, p. 1345-1362 ; *Naissance de la police privée. Détectives et agences de recherches*, Paris, Plon, 2000 ; *Crime et culture au XIXe siècle*, Paris, Perrin, 2005.

LAVOCAT, Françoise, *Fait et fiction. Pour une frontière*, Paris, Seuil, 2016.

Livre des vies coupables. Autobiographies de criminels, Le, édité par Philippe ARTIÈRES, Paris, Albin Michel, 2000.

MARCANDIER-COLARD, Christine, *Crimes de sang et scènes capitales. Essai sur l'esthétique romantique de la violence*, Paris, PUF, 1998.

MAZA, Sarah, *Vies privées, affaires publiques*, Paris, Fayard, 1997.

Moi, Pierre Rivière, ayant égorgé ma mère, ma sœur et mon frère : un cas de parricide au XIXe siècle. Présenté par Michel FOUCAULT, Paris, Gallimard, 1973.

MOUREAU, François, *Le Mercure Galant de Dufresny (1710-1714) ou le journalisme à la mode*, Oxford, Voltaire Foundation, 1982.

NICOLAS, Jean, *La rébellion française. Mouvements populaires et conscience sociale 1661-1789*, Paris, Seuil, 2002.

PERROT, Michelle, *Les ombres de l'histoire. Crime et châtiment au XIXe siècle*, Paris, Flammarion, 2001.

ROCHE, Daniel, *Le Peuple de Paris : essai sur la culture populaire au XVIIIe siècle*, Paris, Aubier-Montaigne, 1981.

Romans picaresques espagnols. Introd., chronologie, bibliographie par Maurice MOLHO ; trad., notes et glossaire par M. MOLHO et J. F. REILLE, Paris, Gallimard, Bibliothèque de la Pléiade, 1979.

RUFF, Julius R., *Violence in Early Modern Europe, 1500–1800*, Cambridge, Cambridge University Press, 2001.

RUSTIN, Jacques, « L'"Histoire véritable" dans la littérature romanesque du XVIIIe siècle français », *Cahiers de l'Association internationale des études françaises* N° 18, 1966, p. 89-102.

SGARD, Jean, « La littérature des causes célèbres », *Approches des Lumières. Mélanges offerts à Jean Fabre*, Paris, Klincksieck, 1974, p. 459-470 ; « L'écriture du fait divers », *Orages. Littérature et culture 1760-1830*, N° 7, mai 2008, p. 53-66.

Suite à l'ordinaire prochain. La représentation du monde dans les gazettes, La, Denis REYNAUD et Chantal THOMAS (dir.), Lyon, PUL, 1999.

Théâtre de la cruauté et récits sanglants en France (XVIe-XVIIe siècles), édité par Christian BIET, Paris, Laffont, collection Bouquins, 2006.

VAREILLE, Jean-Claude, *L'Homme masqué, le justicier et le détective*, Limoges, PUL, 1989.

Ville promise. Mobilité et accueil à Paris fin XVIIIe-début XIXe siècle, La, Daniel ROCHE (dir.), Paris, Fayard, 2000.

DROIT ET JUSTICE

BAKER, J. H., « Criminal Court and Procedure at Common Law 1550-1800 », *Crime in England 1550-1800*, J. S. Cockburn (dir.), London, Methuen & Co, 1977, p. 15-48.

BEATTIE, John, *Crime and the courts in England 1660-1800*, Princeton, Princeton University Press, 1986.

BIET, Christian, *Droit et littérature sous l'Ancien Régime : le jeu de la valeur et de la loi*, Paris, Honoré Champion, 2002.

CARBASSE, Jean-Marie, *Histoire du droit pénal et de la justice criminelle*, Paris, PUF, 2000.

CASTAN, Nicole, *Justice et répression en Languedoc à l'époque des Lumières*, Paris, Flammarion, 1980.

CONSTANS, Ellen et VAREILLE, Jean-Claude, *Crime et châtiment*, Limoges, PUL, 1994.

DEGLIA, Luigi, *Droit et philosophie à la lumière de l'Encyclopédie*, Oxford, Voltaire Foundation, 2015.

FARCY, Jean-Claude, *Deux siècles d'histoire de la justice 1789-1989*, Paris, CNRS-Éditions, 1996.

Justice et argent. Les crimes et les peines pécuniaires du XIIIe au XXIe siècles, Benoît GARNOT (dir.), Dijon, Éditions de l'université de Dijon, 2005.

LAINGUI, André et LEBIGRE, Arlette, *Histoire du droit pénal*, Paris, Cujas, 1979.

MC LYNN, Frank, *Crime and punishment in 18th century England*, London, Routledge, 1989.

Nœud gordien. Police et justice : des Lumières à l'État libéral 1750-1850, Le, Marco CICCHINI et Vincent DENIS (dir.), Genève, Georg Éditeur, 2018.

PAYEN, Philippe, *Les arrêts de règlement du Parlement de Paris au XVIIIe siècle*, Paris, PUF, 1997.

PECH, Thierry, *Conter le crime. Droit et littérature sous la Contre-Réforme : les histoires tragiques (1559-1644)*, Paris, Honoré Champion, 2000.

PIASENZA, Paolo, « Juges, lieutenants de police et bourgeois à Paris aux XVIIe et XVIIIe siècles », *Annales E.S.C.*, N° 5, 1990, p. 1189-1215.

PORRET, Michel, *Le crime et ses circonstances. De l'esprit de l'arbitraire au siècle des Lumières selon les réquisitoires des procureurs généraux de Genève*, Genève, Droz, 1995 ; *Beccaria et la culture juridique des Lumières*, Michel PORRET (dir.), Genève, Droz, 1997 ; *Sur la scène du crime. Pratique pénale, enquête et expertises judiciaires à Genève (XVIIIe-XIXe siècles)*, Montréal, Presses de l'université de Montréal, 2008.

PORRET, Michel, « Cesare Beccaria : le temps du libéralisme pénal », *L'Avenir des Lumières / The Future of Enlightenment*, Lise ANDRIES et Marc André BERNIER (dir.), Paris, Hermann, 2019.

PORRET, Michel, « Pierre-François Muyart de Vouglans, *Lettre sur le système de l'auteur de* L'Esprit des lois *touchant la Modération des Peines* », *Revue Montesquieu* N° 1, Genève, Droz, 1997.

PORRET, Michel Porret, « "Les lois doivent tendre à la rigueur plutôt qu'à l'indulgence". Muyart de Vouglans *versus* Montesquieu », *Revue Montesquieu* N° 1, Genève, Droz, 1997, p. 65-76.

RADZINOWICZ, Leon, *A history of English criminal law and its administration from 1750*, London, Stevens & sons, 1948, 5 volumes.

RENOUX-ZAGAMÉ, Marie-France, *Du droit de Dieu au droit de l'homme*, Paris, PUF, 2003.

ROUSSEAUX, Xavier, « Crime, Justice and Society in Medieval and Early Modern Times : Thirty Years of Crime and Criminal Justice History. A Tribute to Herman Diederiks » dans *Crime, Histoire & Sociétés / Crime, History & Societies*, n° 1, 1, 1997, p. 87-118 ; ROUSSEAUX, Xavier, VAEL, C., BOUCHAT, M. S., *Révolutions et Justice pénale en Europe (1780-1830). Modèles français et traditions nationales*, Paris, L'Harmattan, 1997.

SCHNAPPER, Bernard, *Les peines arbitraires du XIIIe au XVIIIe siècle*, Paris, Librairie générale de droit et de jurisprudence, 1974.

VIMONT, Jean-Claude, *La prison politique en France. Genèse d'un mode d'incarcération spécifique XVIIIe-XXe siècles*, Paris, Anthropos, 1993.

PIRATES

British Piracy in the Golden Age : History and interpretation, 1660-1730, édité par Joel H. BAER, London, Pickering & Chatto, 2007, 4 volumes.

BERTHIAUME, Pierre, « L'ordre du désordre », *Les Tyrans de la mer. Pirates, corsaires et flibustiers.* Textes réunis par Sylvie REQUEMORA et Sophie LINON-CHIPON, Paris, PUPS, 2002.

BONO, Salvatore, *Les corsaires en Méditerranée*, Paris, EDIF, 1998.

CAMUS, Michel-Christian, « L'inexistence du pirate Misson de Daniel Defoe », *Dix-Huitième Siècle*, vol. 30, 1998, p. 489-498.

COULET DU GARD, René, *La Course et la piraterie en Méditerranée*, Paris, Éditions France-Empire, 1980.

Dictionnaire des corsaires et des pirates, Gilbert BUTI et Philippe HRODEJ (dir.), Paris, CNRS Éditions, 2013.

Histoire des pirates et des corsaires. De l'Antiquité à nos jours. Gilbert BUTI et Philippe HRODEJ (dir.), Paris, CNRS Éditions, 2016.

LAPOUGE, Gilles, *Les pirates. Forbans, flibustiers, boucaniers et autres gueux de mer*, Paris, Gallimard, Libretto, 2012. [1987]

PANZAC, Daniel, *Les corsaires barbaresques. La fin d'une épopée 1800-1820*, Paris, CNRS, 1999.

PANZAC, Daniel, « La course barbaresque : les hommes, les navires, les pratiques (fin XVIIIe-début XIXe) », *Les Tyrans de la mer. Pirates, corsaires et flibustiers.* Textes réunis par Sylvie REQUEMORA et Sophie LINON-CHIPON, Paris, PUPS, 2002.

PORTERFIELD, Jason, *Treasure Island and the Pirates of the 18th century*, New York, Rosen, 2004.

RACAULT, Jean-Michel, « De l'aventure flibustière à la piraterie littéraire : Defoe, Leguat, les deux Misson et la République utopique de Libertalia », *Les Tyrans de la mer. Pirates, corsaires et flibustiers.* Textes réunis par Sylvie REQUEMORA et Sophie LINON-CHIPON, Paris, PUPS, 2002, p. 243-263.

REDIKER, Marcus, *Les Hors-la-loi de l'Atlantique. Pirates, mutins et flibustiers*, Paris, Seuil, 2017. [1981]

REQUEMORA, Sylvie, « L'imagerie littéraire du "Tiran de la Mer" au XVIIe siècle : des récits de voyage et des histoires de flibustiers aux traitements romanesques et dramaturgiques », *Les Tyrans de la mer. Pirates, corsaires et flibustiers.* Textes réunis par Sylvie REQUEMORA et Sophie LINON-CHIPON, Paris, PUPS, 2002, p. 298-314.

THOMSON, Janice E., *Mercenaries, Pirates, and Sovereigns*, Princeton, Princeton University Press, 1994.

Tyrans de la mer : pirates, corsaires et flibustiers, *Les*, textes réunis par Sylvie REQUEMORA et Sophie LINON-CHIPON, Paris, Presses de l'université de Paris-Sorbonne, 2002.

VILLIERS, Patrick, *Pirates, corsaires et flibustiers*, Quintin, Éditions Jean-Paul Gisserot, 2018.

WOODARD, Colin, *The Republic of Pirates : Being the True and Surprizing Story of the Caribbean Pirates and the man who brought them down*, Boston, Harcourt, 2007.

ANGLETERRE

Albion's fatal tree : crime and society in 18th century England, Douglas HAY, Peter LINEBAUGH, John G. RULE, E. P. THOMPSON, Cal WINSLOW (dir.), New York, Pantheon Books, 1975.

BEATTIE, J. M., « The criminality of women in Eighteenth-Century England », *Journal of social history*, vol. VIII, 1975 ; *Crime and the Courts in England (1660-1800)*, Oxford, Clarendon Press, 1986.

BREWER, John, *Sentimental murder. Love and madness in the 18th century*, London, Harper Collins, 2004.

CHANDLER, F. W., *The literature of roguery*, Boston and New York, Houghton Mifflin and Co, 1907, 2 vol.

CHASSAIGNE, Philippe, *Ville et violence. Tensions et conflits dans la Grande-Bretagne victorienne (1840-1914)*, Paris, Presses de l'université de la Sorbonne, 2005.

CLIVE, Emsley, *Crime and society in England 1750-1900*, London and New York, Longman, 1996.

Crime in England 1550-1800, J. S. COCKBURN (dir.), Londres, Methuen & Co, 1977.

DAUNTON, M. J., *Progress and poverty. An economic and social history of Britain 1700-1850*, Oxford, Oxford University Press, 1995.

DURSTON, Gregory, *Moll Flanders. An analysis of 18th century criminal biography*, Chichester, Barry Rose Law Publishers, 1997.

DUVAL, Gilles, *Littérature de colportage et imaginaire collectif en Angleterre à l'époque des Dicey (1720-v. 1800)*, Bordeaux, Presses universitaires de Bordeaux, 1991.

Drunks, whores, and Idle Apprentices, Criminal Biographies of the eighteenth century, Philip RAWLINGS (dir.), London, Routledge, 1992.

FURBANKS, P. N. and OWENS, W. R., *Defoe De-Attributions : A critique of J. R. Moore's checklist*, London, The Hambledon Press, 1994.

GATRELL, V. A., *The Hanging-Tree. Execution and the English People 1770-1868*, Oxford, Oxford University Press, 1994.

HIBBERT, Christopher, *The Road to Tyburn. The story of Jack Sheppard and the Eighteenth-Century London Underworld*, Cleveland, The World Publishing Company, 1957.

HOLLINGWORTH, Keith, *The Newgate novel 1830-1847*, Detroit, Wayne State University Press, 1963.

HOWSON, Gerald, *The Thief-Taker General : the Rise and Fall of Jonathan Wild*, New Brunswick (USA) and Oxford (UK), Transaction Books, 1970.

KNIGHT, Stephen, *Robin Hood : a complete study of the English Outlaw*, Cambridge (Mass.), Blackwell, 1994.

LINEBAUGH, Peter, « The Ordinary of Newgate and his account », *Crime in England 1550-1800*, J. S. COCKBURN ed., Londres, Methuen & Co, 1977, p. 246-269 ; *The London hanged. Crime and civil society in the eighteenth century*, London, Verso, 2003.

MAC KENZIE, Andrea, *Tyburn's Martyrs : Execution in England 1675-1775*, London, Bloomsbury, 2007.

MOORE, J. R., *Defoe in the Pilory and other studies*, Bloomington, Indiana, 1939.

NEUBURG, Victor, *Popular literature, a history and guide from the beginning of printing to the year 1897*, London, Penguin, 1977.

POLLARD, A. J., *Imagining Robin Hood. The late-medieval stories in historical context*, Londres et New York, Routledge, 2004.

RAVEN, James, *The Business of Books. Booksellers and the English Book Trade 1450-1850*, Yale, Yale University Press, 2008.

RITCHIE, Robert C., *Captain Kidd and the war against pirates*, Cambridge/ London, Harvard University Press, 1986.

ROGERS, Pat, *Grub Street : studies in a subculture*, London, Routledge, 2014.

SHARPE, J. A., « Last dying speeches : religion, ideology and public executions in seventeenth-century England », *Past and Present*, 1995, N° 106-109, p. 144-167.

SHARPE, J. A., *Dick Turpin. The Myth of the English Highwayman*, London, Profile Books, 2005.

SHEEHAN, W. J., « Finding Solace in Eighteenth-Century Newgate », *Crime in England 1550-1800*, p. 229-245.

SHOEMAKER, Robert, *The London mob : Violence and disorder in Eighteenth Century England*, Cambridge, Cambridge University Press, 2007 [2004] ; « The Street Robber and the Gentleman Highwayman : Changing Representations and Perceptions of Robbery in London (1690-1800) », *Cultural and Social History*, N° 3, 2006, p. 381-405 ; « The Old Bailey Proceedings and the Representation of Crime and Criminal Justice in Eighteenth-Century London », *Journal of British Studies*, vol. 47, N° 3, July 2008, p. 559-580.

SHORE, Heather, *Artful dodgers. Youth and crime in Early Nineteenth-Century London*, London, The Royal Historical Society, 1999.

SORBIER, Françoise (du), *Récits de gueuserie et biographies criminelles de Head à Defoe*, Berne, Peter Lang, 1983.

SPUFFORD, Margaret, *Small Books and Pleasant Histories*, London, Methuen & Co, 1981.

SUGDUR, John and SUGDUR, Philip, *The Thief of Hearts : Claude Duval and the Gentlement Highwaymen in facts and fiction*, York, Fourty Steps, 2016.

UNDERDOWN, Daniel, *Revel, riot and rebellion. Popular politics and culture in England 1603-1660*, Oxford, Oxford University Press, 1985.

The World of Rural Dissenters 1520-1725, Margaret SPUFFORD (dir.), Cambridge, Cambridge University Press, 1995.

FRANCE

BALZANI, Roberto, « Le brigandage à l'époque napoléonienne et papale en Romagne », Daniel ANGELINI – Dino MENGOZZI (dir.), *Una societa violenta. Morte pubblica e brigantaggio*, Manduia, Piero Lacaita Editore, 1996.

BASTIEN, Pascal, *L'exécution publique à Paris au XVIIIe siècle. Une histoire des rituels judiciaires*, Seyssel, Champ Vallon, 2006.

BASTIEN, Pascal, *Thomas-Simon Gueullette, Sur l'échafaud. Histoires de larrons et d'assassins ((1721-1766)*, Paris, Mercure de France, 2010 ; *Une histoire de la peine de mort*, Paris, Seuil, 2011.

BERCHTOLD, Jacques, « Rousseau et Cartouche », *Cartouche, Mandrin et autres brigands du XVIII*[e] *siècle*, Lise ANDRIES (dir.), Paris, Desjonquères, 2010.

BERLIÈRE, Jean-Marc et LÉVY, René, *Histoire des polices en France de l'Ancien Régime à nos jours*, Paris, Nouveau Monde, 2011.

BERTHIAUME, Pierre, « Furori sacrum », dans *L'Abbé Prévost au tournant du siècle* (textes présentés par Richard A. FRANCIS et Jean MAINIL), Oxford, Voltaire Foundation, 2000, p. 47-54.

BOUDRIOT, Pierre-Denis, « Les égoûts de Paris aux XVIIe et XVIIIe siècles. Les humeurs de la ville préindustrielle », *Histoire, économie et société*, 1990, vol. 9, N° 9-12, p. 197-211.

Brigands. Criminalité et protestation politique (1750-1850), Les, Valérie Sottocasa (dir.), Rennes, PUR, 2013.

BRIOIST, Pascal, DRÉVILLON, Hervé, SERNA, Pierre, *Croiser le fer : violence et culture de l'épée dans la France moderne : XVI*[e]*-XVIII*[e] *siècle*, Seyssel, Champ Vallon, 2002.

BROT, Muriel, « Les brigands de l'*Histoire des deux Indes* : le mot et la chose », *Cartouche, Mandrin et autres brigands du XVIII*[e] *siècle*, Lise ANDRIES (dir.), Paris, Desjonquères, 2010.

Cartouche, Mandrin et autres brigands du XVIIIe *siècle*, Lise ANDRIES (dir.), Paris, Desjonquères, 2010.

CASTAN, Yves, « Mentalités rurale et urbaine en Languedoc », *Crimes et criminalité en France 17*[e] *18*[e] *siècles*, A. ABBIATECCI, F. BILLACOIS, N. CASTAN, Y. CASTAN, P. PETROVITCH, Y. BONGERT (dir.), Paris, Armand Colin, 1971, p. 165.

CASTAN, N. et PETIT, J. G., *Histoire des galères, bagnes et prisons dans la France d'Ancien Régime*, Toulouse, Privat, 1992.

CHARTIER, Roger, « Les élites et les gueux », *Revue d'histoire moderne et contempo*raine, juillet-sept. 1974, p. 376-389 ; « Les Arts de mourir 1450-1600 », *Annales ESC*, N° 31, 1976, p. 51-75 ; « La "Monarchie d'argot" entre le mythe et l'histoire », *Les Marginaux et les exclus dans l'histoire*, Paris, UGE, 1979, p. 275-311.

CHAGNIOT, Jean, *Paris et l'armée au XVIII*[e] *siècle*, Paris, Economica, 1985.

CHARLES, Shelly, *Récit et réflexion. Poétique de l'hétérogène dans « Le Pour et le contre » de Prévost*, Oxford, Voltaire Foundation, SVEC, 1992.

CHASSAIGNE, Marc, *La lieutenance générale de police*, Genève, Slatkine, 1975 [1906].

CLÉMENT, Pierre, *Histoire de Colbert et de son administration*, Genève, Slatkine, 1980.

CLINQUART, Jean, *La douane et les douaniers de l'Ancien Régime au Marché Commun*, Paris, Tallandier, 1990.

CORBIN, Alain, *Les filles de noce*, Paris, Aubier Montaigne, 1978.

CRÉPIN, M. Y., « Le chant du cygne du condamné : les testaments de mort en Bretagne au XVIIIe siècle », *Revue d'histoire du droit*, 1992, N° 4, p. 491-509.

Criminel endurci. Récidive et récidivistes du Moyen Âge au XXe siècle, Le, Françoise BRIEGEL et Michel PORRET (dir.), Genève, Droz, 2006.

DELPUECH, Laurent, « L'État en guerre contre le brigandage. Un cas exemplaire : le département de l'Aveyron de 1799 à 1815 », *Les Brigands. Criminalité et protestation politique (1750-1850)*, Valérie Sottocasa (dir.), Rennes, PUR, 2013.

DENIS, Vincent, *Une histoire de l'identité en France 1715-1815*, Seyssel, Champ Vallon, 2008.

DUBIED, C., « La lie de la canaille : larrons, brigands et filous de profession, la répression du banditisme à Genève (1682-1792) », *Crime, histoire et société*, 2001, 5, 2, p. 107-132.

DYONET, Nicole, « Les paroles et les écritures. Fonctionnement et bénéfices de la procédure criminelle en France au XVIIIe siècle », *Déviance et société*, Genève, 1987, p. 225-249 ; « Les bandes de voleurs et l'histoire », *Cartouche, Mandrin et autres brigands du XVIIIe siècle*, Lise ANDRIES (dir.), Paris, Desjonquères, 2010, p. 196-225.

DYONET, Nicole, *Nicolas Delamare, théoricien de la police*, Paris, Classiques Garnier, 2017.

Enfants de la Truche, Les, Claudine NÉDÉLEC (dir.), Toulouse, Société de littératures classiques, 1998.

Exécution capitale. Une mort donnée en spectacle XVIe XXe siècles, L', Régis BERTRAND et Anne CAROL (dir.), Aix-en-Provence, Publications de l'université de Provence, 2003.

Figures de la gueuserie, Textes choisis et présentés par Roger CHARTIER, Paris, Montalba, 1982.

FORREST, Alan, *Conscripts and deserters. The army and French Society during the Revolution and Empire*, Oxford, Oxford University Press, 1989.

FRANCALANZA, Eric, « La Violence dans les *Illustres françaises* de Robert Challe », *Imaginaire et Inconscient*, 2001/4, p. 115-132.

FRANTZ, Pierre, « Naissance d'un public », *Europe*, « Le mélodrame », novembre-décembre 1987, p. 26-37 ; FRANTZ, Pierre, « Le crime devant le tribunal du théâtre : *Les Brigands* de Schiller et leur fortune sur la scène française », *Littératures classiques* 2008/3, N° 67, p. 219-230.

Frontière et criminalité 1715-1815. Études réunies par Catherine DENYS, Arras, Artois Presses Université, 2000.

GAINOT, Bernard, « La "guerre de police" contre les "brigands" : une innovation tactique sous le Directoire ? », *Les Brigands. Criminalité et protestation politique (1750-1850)*, Valérie SOTTOCASA (dir.), Rennes, PUR, 2013, p. 79-89.

GARNOT, Benoît, *Être brigand du Moyen Âge à nos jours*, Paris, Armand Colin, 1993 ; *Vivre en prison au XVIIIe siècle. Lettres de Pantaléon Gougis, vigneron chartrain 1758-1762*, Paris, Publisud, 1994 ; *La petite délinquance du Moyen Âge à l'époque contemporaine*, Benoît GARNOT (dir.), Dijon, Éditions de l'université de Dijon, 1998.

GARNOT, Benoît, « Une approche juridique et judiciaire du rapt dans la France du XVIIIe siècle », *Rapts. Réalités et imaginaire du Moyen Âge aux Lumières*, Gabriele VICKERMANN-RIBÉMONT et Myriam WHITE-LE GOFF (dir.), Paris, Classiques Garnier, 2014.

GEREMEK, Bronislaw, *Les fils de Caïn. L'image des pauvres et des vagabonds dans la littérature européenne du XVe au XVIIe siècle*, Paris, Flammarion, 1991.

GODECHOT, Jacques, *Les Institutions de la France sous la Révolution et l'Empire*, Paris, PUF, 1951.

GUILLOREL, Eva, *La Complainte et la plainte. Chanson, justice, cultures en Bretagne*, Rennes, PUR, 2010.

HAASE-DUBOSC, D., « De l'engouement littéraire pour la thématique de l'enlèvement au XVIIIe siècle en général et pour l'enlèvement des hommes en particulier », *Rapts. Réalités et imaginaire du Moyen Âge aux Lumières*, Gabriele VICKERMANN-RIBÉMONT et Myriam WHITE-LE GOFF (dir.), Paris, Classiques Garnier, 2014.

Histoires curieuses et véritables de Cartouche et de Mandrin, Textes choisis et présentés par H. J. LÜSEBRINK, Paris, Montalba, 1984.

Histoire et dictionnaire de la police du Moyen Âge à nos jours, M. AUBOUIN, A. TEYSSIER, J. TULARD (dir.), Paris, Laffont, coll. Bouquins, 2005.

KALIFA, Dominique, « Les lieux du crime. Topographie criminelle et imaginaire social à Paris au XIXe siècle », *Sociétés et représentations*, 2004 (1, N° 17), p. 131-150.

KAPLAN, Steven L., *Raisonner sur les blés. Essais sur les lumières économiques*, Paris, Fayard, 2017.

KWASS, Michael, *Louis Mandrin. La mondialisation de la contrebande au Siècle des Lumières*, Paris, Vendémiaire, 2016.

KRAMPL, Ulrike, *Les secrets des faux sorciers. Police, magie et escroquerie à Paris au XVIIIe siècle*, Paris, Éditions de l'EHESS, 2012.

LAUFER, Roger, *Lesage ou le métier de romancier*, Paris, Gallimard, 1971.

LEFÈBVRE, Georges, *La grande peur de 1789*, Paris, Armand Colin, 1970 [1932].

LEBORGNE, Erik, « Fictions du politique dans les romans de Prévost : une vision pathologique du pouvoir », *Les expériences romanesques de Prévost après 1740*, Études réunies et présentées par Erik LEBORGNE et Jean-Paul SERMAIN, Louvain, Peeters, 2003, p. 305-326.

LEVER, Maurice, *Canards sanglants. Naissance du fait divers*, Paris, Fayard, 1993.

LÉVY, Maurice, *Le Roman « gothique » anglais (1764-1824)*, Paris, Albin Michel, 1995.

LIEBEL, Silvia, *Les Médées modernes. La cruauté féminine d'après les canards imprimés (1574-1651)*, Rennes, PUR, 2013.

LÜSEBRINK, H. J., *Les représentations sociales de la criminalité en France au XVIIIe siècle*, Lille, Service de reproduction des thèses, 1983.

MANDROU, Robert, *Magistrats et sorciers en France au XVIIe siècle : une analyse de psychologie historique*, Paris, Plon, 1968.

« Le mélodrame », sous la responsabilité de Jean-Marie THOMASSEAU, *Europe*, nov. déc. 1987.

Mélodrames et romans noirs 1750-1890, S. BERNARD-GRIFFITHS et Jean SGARD (dir.), Toulouse, Presse universitaires du Mirail, 2000.

Mémoires policiers 1750-1850. Écritures et pratiques policières du Siècle des Lumières au Second Empire, Les, Vincent MILLIOT (dir.), Rennes, Presses universitaires de Rennes, 2006.

MERCIER-FAIVRE, Anne-Marie, « Le feuilleton de Mandrin », *Cartouche, Mandrin et autres brigands du XVIIIe siècle*, Lise ANDRIES (dir.), Paris, Desjonquères, 2010, p. 293-315.

MILLIOT, Vincent, *« L'admirable police ». Tenir Paris au siècle des Lumières*, Ceyzérieu, Champ Vallon, 2016 ; « L'œil et la mémoire : réflexions sur les compétences et les savoirs policiers à la fin du XVIIIe siècle, d'après les "papiers" du lieutenant général Lenoir », *Revue d'Histoire des Sciences Humaines*, 2008/2 n° 19, p. 51-73.

MILLIOT, Vincent, « La surveillance des migrants et des lieux d'accueil à Paris du XVIe siècle aux années 1830 », *La ville promise. Mobilité et accueil à Paris fin XVIIe-début XIXe siècle*, Daniel ROCHE (dir.), Paris, Fayard, 2000, p. 21-76 ; « Paris, une ville sans brigands ? », *Cartouche, Mandrin et autres brigands du XVIIIe siècle*, Lise ANDRIES (dir.), Paris, Desjonquères, 2010, p. 175-195.

NÉDÉLEC, Claudine, « L'Argot des gueux aux XVIe et XVIIe siècles », *XVIIe siècle*, n° 186, janvier-mars 1995, p. 147-154 ; « L'argot, langue des gens d'une même cabale », Lise ANDRIES (dir.), *Cartouche, Mandrin et autres brigands du XVIIIe siècle*, Paris, Desjonquères, p. 62-83.

PARDAILHÉ-GALABRUN, Annick, *La naissance de l'intime. 3000 foyers parisiens XVIIe-XVIIIe siècles*, Paris, PUF, 1988.

PÉVERI, Patrice, « *"Cette ville était alors comme un bois…"*. Criminalité et opinion publique à Paris dans les années qui précèdent l'affaire Cartouche (1715-1721) », *Crime, Histoire & Sociétés*, N° 2, vol. 1, 1997 ; « L'exempt, l'archer, la mouche et le filou. Délinquance policière et contrôle des agents dans le Paris de la Régence », *Contrôler les agents du pouvoir*, L. FELLER éd., Limoges,

PULIM, 2004 ; « De Cartouche à Poulailler : L'héroïsation du bandit dans le Paris du XVIIIe siècle », *Être parisien*, C. GAUVARD et J. L. ROBERT éd., Paris, Publications de la Sorbonne, 2005 ; « La criminalité cartouchienne : vols, voleurs et culture criminelle dans le Paris de la Régence », *Cartouche, Mandrin et autres brigands du XVIIIe siècle*, Lise ANDRIES (dir.), Paris, Desjonquères, 2010, p. 156-174.

Police et migrants : France 1667-1939, Caroline DOUKI et Marie-Claude BLANC-CHALÉARD (dir.), Rennes, Presses universitaires de Rennes, 2001.

PORRET, Michel, « Les "tigres altérés de sang". Essai de typologie sur les circonstances aggravantes de la criminalité associative sous l'Ancien Régime », *Cartouche, Mandrin et autres brigands du XVIIIe siècle*, Lise ANDRIES (dir.), Paris, Desjonquères, 2010, p. 226-241.

Réformer la police : les mémoires policiers en Europe au XVIIIe siècle, Catherine DENYS, Brigitte MARIN et Vincent MILLIOT (dir.), Rennes, Presses universitaires de Rennes, 2009.

ROCHE, Daniel, *La Culture des apparences : une histoire du vêtement, XVIIe-XVIIIe siècle*, Paris, Seuil, 1990.

ROUSSEAUX, Xavier, « Rebelles ou brigands ? La "guerre des paysans" dans les départements "belges" (octobre-décembre 1798) », *Cahiers d'histoire. Revue d'histoire critique*, 94-95, 2005, p. 101-132 ; « Le banditisme aux frontières nord-est de la France », *Frontière et criminalité 1715-1815*. Études réunies par Catherine DENYS, Arras, Artois Presses Université, 2000.

SAINTE FARE GARNOT, Nicolas, « L'Hôpital général de Paris ; institution d'assistance, de police ou de soins ? », *Histoire, économie et société*, 1984, vol. 3, N° 3-4, p. 535-542.

SETH, Catriona, « Des amours de brigands. Figures romanesques du bandit au tournant des Lumières », dans *Cartouche, Mandrin et autres brigands*, Lise ANDRIES (dir.), Paris, Desjonquères, 2010, p. 316-337.

SGARD, Jean, *Labyrinthes de la mémoire*. Douze études sur l'abbé Prévost, Paris, Hermann, 1986 ; *Prévost romancier*, Paris, J. Corti, 1968 ; « De Prévost à Sade », *Eighteenth-Century Fiction*, vol. 1, issue 1, 1988, p. 1-12.

SOTTOCASA, Valérie, *Les Brigands et la Révolution. Violences politiques et criminalité dans le midi ((1789-1802)*, Ceyzérieu, Champ Vallon, 2016.

VIDONI, Nicolas, *La Police des Lumières XVIIe-XVIIIe siècle*, Paris, Perrin, 2018.

VOVELLE, Michel, *Ville et campagne au 18e siècle (Chartres et la Beauce)*, Paris, Éditions sociales, 1980.

ZYSBERG, André, *L'affaire d'Orgères 1790-1800*, Société archéologique d'Eure-et-Loir, Mémoires XXX-1, année 1985.

INDEX DES PERSONNAGES RÉELS

INDEX DES PERSONNAGES IMAGINAIRES

TABLE DES MATIÈRES

TROISIÈME PARTIE

LE DÉSORDRE ET LA LOI

COLLECTION
« L'EUROPE DES LUMIÈRES »

De ce qu'on appelle la crise de la conscience européenne à la Révolution française, la littérature et la pensée ont pour espace une Europe, souvent francophone, éprise d'idées nouvelles et d'expérimentations formelles. La collection rend compte de recherches qui sollicitent des disciplines et des méthodes diverses pour mieux connaître et comprendre la vie intellectuelle, scientifique, artistique et littéraire du XVIIIe siècle, ainsi que l'histoire des idées et des représentations.

Retrouvez tous les titres de la collection en scannant ce code QR :

Et pour recevoir nos dernières actualités, abonnez-vous ici :